JN388065

침묵의 추구

—

소.란.한. 삶.에. 찾.아.온. 의.미. 있.는. 변.화

침묵의 추구

In Pursuit of Silence

조지 프로흐니크 지음
안기순 옮김

고즈윈
God's Win

차 례

서문

어느 봄날, 나는 브루클린 도심에서 침묵을 찾기 시작했다.

내가 사는 곳은 침묵 찾기를 시작한 그곳에서 그리 멀지 않다. 길가에 가로수가 무성하고, 모든 것이 숨 가쁘게 돌아가는 도심에 비해 상대적으로 조용한 안식처로서 자그마한 정원이 딸려 있는 집이다. 오래되고 두툼한 벽으로 둘러싸인 방에서는 사랑하는 가족과 시간을 보내고, 또 잠을 자고 일을 한다. 그렇더라도 이따금씩 헬리콥터 소리에 잠을 설치고, 건설 현장의 소음과 사이렌에 신경이 곤두선다. 요즘은 실제로 건물 짓는 소리보다 현장에 틀어 놓은 음악 소리 때문에 더 괴로울 때가 많다. 버스 브레이크 소리와 맨홀 뚜껑 위를 덜컹거리며 지나가는 트럭 소리도 들린다. 예상치 못한 시간에 옆집에서 음악 소리가 왕왕 울려 나오기도 한다. 매사에 투덜대는 까다로운 사람으로 비치겠지만, 나는 조용한 것이 언제나 좋다. 들으려고 애쓰지 않으면서 편안하게 대화하기를 좋아하고, 책을 읽다가 눈을 들어 허공을 바라보며 어떤 소리에도 방해 받지 않고 꼬리에 꼬리를 물며 생각에 잠기기를 좋아한다. 욕조에서 물장난을 하는 아이에게 순간순간 들리는 온갖 소리가 무엇인지 맞혀 보게 하는 놀이를 좋아한다. 파이프를 타고 물이 졸졸 내려가는 소리, 아련히 지지거리는 형광등 소리, 고양이가 소파에서 살포시 내려앉는 소리, 집 밖 나뭇가지에서 다람쥐들이 토닥거리는 소리 같은 것 말이다. 나는 이처럼 유별나게 튀지 않으면서 귀 기울일 수 있는 풍성한 소음에 파묻히기를 좋아한다.

침묵을 유지하려고 지나치게 법석을 떨고 있지나 않은지 걱정이 앞설 때에는, 침묵을 옹호했던 사람들의 기품 있는 사례를 머릿속에 떠올려 본다. 연방 대법원 판사였던 펠릭스 프랭크퍼터의 멋진 인용구가 생각난다.

"미국 헌법을 제정하기 위해 애썼던 사람들은 통행인과 자동차의 소음이 헌법 심의에 방해가 되지 않도록 독립기념관 바깥 거리를 흙으로 덮었다. 헌법 심의 과정은 유권자의 책임 있는 선택과 사고를 대표하는 절차로서 민주주의의 전제 조건이기 때문이다."[1)]

침묵과 민주적 과정이 조화를 이룬다는 개념이 고무적으로 다가온다. 하지만 소리에 민감하기 때문에 느끼는 불안이 완전히 가라앉게 되지는 않는다. 게다가 내게는 끊임없이 침묵을 유지하고픈 열망이 도사리고 있다. 그래서 아침 일찍부터 작업을 서두르는 건설업자를 고발하기도 하고, 요란하게 파티를 벌이는 이웃과 목소리를 높이기도 하고, 때로는 방법을 바꾸어 소음 자체에 익숙해질 요량으로 이웃이 파티에 빠져들도록 그냥 놔두기도 한다. 그동안 사용해 본 강력한 성능의 귀마개를 한 줄로 늘어놓으면 아마 뉴욕 시를 한 바퀴 돌고도 남을 것이다. 가족들은 침묵을 유지하고픈 나의 열망을 놀리기도 하고, 어떤 때는 정말 희한하다며 눈을 휘둥그레 뜨기도 하고, 길게 한숨짓기도 한다. 소음을 둘러싸고 웃지 못 할 일도 있었다. 언젠가 전원을 껐는데도 디브이알(DVR, 디지털 영상 저장 장치-옮긴이)에서 여전히 소리가 나서 회사에 전화를 걸어 수리를 요청했다. 직원이 방문했을 때 하필 나는 볼일이 있어 외출을 한 상태였고, 나 대신 아내가 기계 깊숙이에서 희미하게 들리는 찰깍 소리를 직원이 들을 수 있게 하려고 무던히 애를 써야 했다.("바로 이 소리예요. 들리세요? 잠깐만요. 이 소리 같아요. 맞아요, 이 소리예요. 들으셨죠? 기계에 귀를 좀 더 가까이 대 보시면…") 세월이 지나도 결코 잊히지 않을 사건이다. 설사 디브이알에서 나는 소리가 결코 크지 않았더라도, 그 소리만 아니었다면 아주 조용했을 방의 침묵이 깨져 정말 고통스러웠다고 어떻게 설명할 수 있을까?

2년 전에는 더 이상 참을 수 없다는 생각이 들었다. 소음 자체도 문제지만 내가 투덜대는 소리에 스스로 신물이 났다. 무슨 조치든 취해야 했다. 소리에 대한 민감성과 침묵을 향한 열망이 정말 터무니없는 정도는 아닌지 알고 싶었다. 에드가 앨런 포의 『고자질하는 심장』에서 "무엇보다 청각이 예민하다. 저승과 이승의 온갖 것에서 소리가 들린다. 지옥의 소리가 들린다. 그렇다면 나는 미쳤을까?"라고 외쳤던 내레이터와 내 정신 상태가 같은지 알고 싶었다. 우리 사회의 온갖 소음으로 위기에 처한 침묵이 진정한 가치를 지니고 있다면, 그 가치는 정확하게 무엇을 말하는 것일까? 침묵의 가치를 더욱 북돋우려면 어떻게 해야 할까? 소음이 괴롭다고 불평을 늘어놓거나 울음을 터트리거나 혼자 찡찡거리지만 말고 침묵의 긍정적 측면을 적극적으로 찾아보면 어떨까? 소음에 맞서려고만 하지 말고 침묵을 추구해야 할 이유를 찾아보면 어떨까? 이것이 바로 내가 침묵을 찾기 시작한 출발점이었고 그렇게 노력해서 거둔 열매가 바로 이 책이다.

침묵을 추구하기 위한 첫 시도로 나는 퀘이커 교도들을 만났다. 신앙이 있는 사람들은 거의 예외 없이 신과 신성, 침묵의 관련성을 추구하기 마련이다. 서로 다른 종교에서 동일한 신학적 배경을 찾는다면 침묵이 좋은 출발점이 될 수 있다. 신앙을 가진 사람이라면 누구나 침묵이 평온과 명상 같은 성스러운 감정을 불러일으키는 이유를 나열할 수 있을 것이다. 하지만 주제를 조금만 깊이 파고들어 가 보면 관련성은 설명하기 어려워진다. 무한하고 전능하다고 연상하는 대상과 침묵을 연결시키게 되는 이유는 무엇일까? 또한 무관심, 더 나아가 악과의 결탁을 침묵과 연결 짓는 이유는 무엇인가? 나는 사람들이 침묵을 신에 도달하기 위한 경로이자, 신이 지닌 본성의 반영으로 생각하는 이유를 제대로 이해하고 싶었다.

맨 먼저 브루클린 프렌드 모임(Brooklyn Friends Meeting, 퀘이커 교도는 서로를 프렌드라 부른다.-옮긴이)을 찾아갔다. 그날 모임은 은은한 담황색의 기다란 유리 창문에 멋진 자태를 자랑하는 19세기 중기 석조 건물에서 열렸다. 처음 들어선 방의 분위기는 이 세상이 아니다 싶을 정도로 고요했다. 창틀의 그림자가 하늘을 떠도는 구름과 함께 연한 다갈색 카펫 위에 나타났다 사라지기를 반복했다. 참석자들은 헛기침조차 하지 않았다. 모두들 다리를 모으고 손을 무릎 위에 포갠 채 의자에 똑바로 앉아 꼼짝도 하지 않았다. 사람들이 방 안에 하나둘 모여들자 여러 인종과 세대가 섞인 집단이 이루어졌다. 나는 우선 퀘이커 교도들의 침묵이 본질적으로 개개인을 겨냥한 것 같지 않아 매우 마음에 들었다. 눈을 감고 있는 사람이 많았지만 그들이 만들고 있는 침묵은 자기 내면에 초점을 맞췄다기보다 공동으로 인식하는 침묵이라고 느껴졌다. 꽤 긴 시간이 흐른 듯했으나, 사람들이 들어오느라 이따금씩 문이 여닫히고 나무 의자가 삐걱거리는 소리가 나는 것 말고는 아무 소리도 들리지 않았다.

20분가량 지나자 전자 진동음이 몇 번 들리다가 꺼졌다. 조금 있다가 40대 초반으로 보이는 땅딸막한 남자가 벌떡 일어섰다. 하나로 묶은 적갈색 곱슬머리가 돋보였다.

"휴대전화 소리가 나게 해서 죄송합니다. 들어오기 전에 전원을 꺼야 하는데 깜빡 잊었습니다. 사실 전화가 울리기 전까지 잡다한 세상사가 머릿속을 맴돌고 있었습니다. 해야 할 이런저런 일들이 계속 생각났고 여기 이렇게 한가하게 앉아 있을 시간이 있는지 회의가 들었거든요. … 바로 그때 전화가 울린 겁니다."

방 여기저기서 나지막한 웃음소리가 들렸다.

"하지만 세속적인 일 때문에 중요한 일을 멀리하면 안 된다고 생각했습니다. 모임에 참석할 시간은 반드시 내야 합니다."

그는 말을 마치고 자리에 앉았다.

그 후 30분 동안 몇몇 사람이 그렇게 불쑥 일어나 말을 했다. 문득 내게서 조금 떨어진 자리에 반백의 수염을 늘어뜨리고 손을 허벅지에 올린 자세로 앉아 있는 쉰 살 정도의 남자가 눈에 들어왔다. 입고 있는 데님 셔츠가 예사롭지 않게 펄럭이고 있었는데 마치 격렬하고 종교적인 숨결이 가슴에서 튀어나오려고 요동치는 듯했다. 신기하게도 근육을 움직이는 모습은 보이지 않는데 셔츠가 요란하게 들썩거렸다. 잠시 후 그 남자는 벌떡 일어나 잠깐 꼿꼿하게 서 있다가 말문을 열었다.

"우리는 지식은 많지만 실천하지 않습니다."

그는 우화 하나를 이야기하기 시작했다. 전 세계를 구하려는 욕구가 오히려 세상을 나아지게 하는 작은 행동에 방해가 될 수 있다는 교훈을 담은 우화였다.

모임이 끝난 후 여러 참석자들이 내게 퀘이커 교도의 침묵에 대한 자신들의 생각을 들려주었다. 상업에 종사하는 짙은 수염의 남자는 침묵에 여러 수준이 있으며 "때때로 모든 사람이 침묵에 잠겨 있다고 느껴질 때도 있고 실제로 침묵이 노래한다고 느낄 때도 있어요."라고 말했다. 중세 역사를 전공한 점잖은 여교수는 소음으로 인해 생겨나는 혼란을 방지하기 때문에 침묵을 숭배한다고 말했다. 대머리에 눈썹이 진하고 최근 유행하는 모양의 안경을 쓴 남자는 "근본적으로 퀘이커 교도는 인간 모두의 내면에 신의 침묵이 깃들어 있다고 믿기 때문에 침묵은 명백히 경청의 일종"이라 강조했다.

성서의 〈열왕기〉 상권에 따르면, 신은 자신을 사나운 비바람이나 지진으로 나타내지 않고 재앙이 누그러진 후에 '침묵의 가느다란 소리'로 드러낸다. 이는 많은 신앙에 공통으로 들어 있는 개념이다. 많은 이들이 신은 침묵을 통해 우리에게 말하고, 우리는 침묵하는 가운데 영혼의 언어를 말한다고 여긴다. 솔직히 나는 이런 경험을 해 보지 못했다. 늘 종교적인 삶을 꿈꿔 왔지만 스스로에게, 때로는 특정 종교에 실망하곤 했기 때문이다. 하지만 천장이 높은 방에서 침묵하며 앉아 있는 사람들에 둘러싸여 있었던 짧은 시간 동안, 오히려 건물 바깥에 서 있었을 때보다 훨씬 화사한 햇살을 느낄 수 있었다.

침묵 탐색을 시작한 초기에 나는 자연계를 이해하는 일에 침묵이 어떤 영향을 미칠 수 있는지를 알려 주는 경험을 하게 되었다.

당시 나는 우주 비행사를 만나 봐야겠다고 생각하고 있었다. 우주 비행사라면 소음과 침묵이 가장 극적으로 대립하는 상황을 경험했으리라 여겼기 때문이다. 로켓을 발사할 때 나는 것보다 큰 소리가 있을까? 우주의 심연보다 조용한 곳이 있을까? 우주 비행사는 이처럼 대조적인 두 가지 경험을 그것도 짧은 시간 안에 하기 때문에 정적의 본질에 대해 특유한 통찰력을 갖게 되었으리라는 생각이 들었다.

몇 주 동안 휴스턴 측과 연락을 주고받은 끝에 우주 비행사 수니 윌리엄스로부터 15분 동안 인터뷰에 응하겠다는 반가운 소식을 받았다. 나는 나사가 발표한 그녀의 이력을 훑어보았다. 윌리엄스는 30종의 비행선으로 2,700시간 이상을 비행했고, 우주 유영 세계신기록을 보유하고 있다. 헬리콥터 전투 중대와 해군 잠수 부대에서 복무했고, 국제 우주정거장과 로봇 팔 개발에 참여했다. 취미는 '달리기, 수영, 자전거 타기, 3종 경기(수영, 자전거, 마라톤의 세 종목을 하루에 치르는 경기-옮긴이), 윈드서핑, 스노보드 타기, 활사냥'으로 기록되어 있었다. 심상치 않은 이력이었다.

윌리엄스를 만나고 나서 나는 내 짐작의 90퍼센트가 틀렸음을 알게 되었다. 로켓을 발사할 때 나는 소리는 사람들이 비행기를 탔을 때 들게 되는 소음보다 크지 않다고 했다. 실제로 나사는 여러 해에 걸쳐 최첨단 소음 완화 작업을 계속 추진했고, 그 결과 우주정거장의 취침 장소는 세상에서 가장 조용하다. 나사는 소음 완화 노력의 일환으로 환기 장치를 재설계했고, 새로운 종류의 맞춤형 귀마개를 개발했으며, 벽과 문에 새로운 '소음 기준'을 적용했다.

윌리엄스의 설명에 따르면, 로켓을 발사할 때 나는 소리는 그다지 크지 않지만 우주를 유영할 때 주위 환경은 그다지 조용하지 않다. 지상 관제탑과 계속 연락을 유지해야 하기 때문이다.

"지구에 있는 사람들로부터 '이렇게 해라, 저렇게 하지 마라.'는 지시를 끊임없이 들어야 하니까 우주의 정적을 느낄 짬이 거의 없어요."

물론 우주 비행사들이 미아가 되거나 부과된 임무에서 벗어나지 않도록 지구 지원팀이 이런저런 지시 사항을 우주 비행사의 귀에 쉴 새 없이 퍼부었을 것이다. 스스로의 무지에 당황이 된 나는 인터뷰를 일찍 끝낼 수밖에 없겠다고 생각했다. 한데 잠시 말을 멈췄던 윌리엄스가 이런 말을 덧붙였다.

"다시 생각해 보니까 우주에서 침묵을 느꼈던 순간이 있긴 있었네요. 우주 유영을 나갔다가 나이트패스(night pass, 90분의 궤도에서 우주선이 행성의 어두운 면에 머무르는 45분이다.)가 지날 때까지 기다리라는 지시를 받았거든요."

우주 비행사들은 기다렸고 휴스턴에서 들려오는 말소리는 점점 작아지다가 완전히 사라졌다.

"우리는 우주정거장 끝에서 서로의 숨소리만을 들으며 조용히 기다렸어요."

윌리엄스가 말을 계속했다.

"마치 안경을 쓴 것 같았어요. … 만물이 순식간에 무척이나 선명하게 눈에 들어왔거든요. 사나운 비바람이 그치고 날이 활짝 갰을 때처럼 말이에요. … 별이 무척 밝아 우주의 심연을 볼 수 있었어요."

짧은 침묵의 순간에 윌리엄스는 눈부시고 자유로운 우주의 위대성을 경험했던 것이다.

헨리 데이비드 소로는 콩코드 강과 메리맥 강을 여행하고 나서 궁극적으로 모든 소리는 침묵의 공급자이자 하인이라고 썼다. 소로는 밤의 침묵을 가르며 노를 저을 때 나는 철벅 소리와 물이 뚝뚝 떨어지는 소리에 눈을 들었다.

"계곡이 소리를 울려 별들에게 전하고 있었다."

소로는 소리가 침묵의 '희미한 표현'일 뿐이라고 단언했다.

"소리는 침묵과 대조를 이루고 침묵을 보듬을 때에만 듣기 좋다."[2)]

이 풍성한 대조 개념은 두 가지 방식으로 작용한다. 어떤 소리가 우리에게 큰 위안을 안기는 침묵을 강조하듯, 침묵은 소리를 만든다. 나는 침묵을 찾기로 한 초기에 어느 연구실에서 하게 된 색다른 실험을 통해 우리가 내는 소리의 밑을 지나는 침묵의 흐름이 어떻게 귀로 듣는 소리를 의미 있는 음절로 나누어 인식할 수 있게 하는지를 알게 되었다.

마리오 스버스키 박사는 뉴욕대학 랭곤의료센터의 이비인후과 청각 담당 교수이다. 전공에 걸맞게 불카누스(Vulcanus, 로마 신화에 나오는 불과

대장장이의 신-옮긴이)를 연상케 하는 잘생긴 귀가 토성의 고리처럼 반짝이는 귀걸이 덕에 더욱 돋보였다. 나는 스버스키 박사에게 소리 여과(사운드 필터링(sound filtering)) 과정을 설명해 달라고 부탁했다. 여러 사람이 한꺼번에 말하는 시끄러운 방에서 자신이 듣고 싶은 목소리를 가려내는 과정을 이해하고 싶었기 때문이다.

스버스키 박사는 컴퓨터 화면으로 몸을 돌리더니 말했다.

"이쪽을 같이 보시죠. 한번 소리를 내 볼게요."

박사가 컴퓨터에 달린 마이크에 대고 "헬로! 헬로! 헬로!"라고 말하자, 목소리에 담긴 여러 주파수와 순간적인 억양을 나타내는 다양한 색의 들쭉날쭉한 선이 화면 가득 출렁였다.

"자그마한 정점이 많이 보이고 거의 직선에 가까운 긴 선도 나타나죠? 이 선들은 소리에 창문이 달린 영역을 가리킵니다. 상대적인 침묵의 공간인 동시에 에너지가 낮은 공간이에요. 여러 사람이 말할 때 특정 목소리를 구별해 내는 것은 이처럼 침묵의 창문이 나타날 때입니다."

나는 스버스키 박사의 목소리가 분석을 거쳐 화면에 나타난 파동 이미지를 한참 들여다보았다. 우리가 하는 말에 침묵이 배어 있다는 개념이 신기했다. 우리가 소리를 낼 때 그 소리에 침묵이 스며들어, 소리가 소음이 아닌 의사소통의 신호로 작용하게 돕는다고 했다. 스버스키 박사는 화면에서 밝은색 무리를 이룬 뾰족한 정점들을 가리키며 말을 이었다.

"목소리를 구별하기 가장 힘든 지점은 에너지 정점들이 겹치는 곳이에요."

그는 어깨를 으쓱이며 이렇게 말했다.

"주변 소음이 증가하고 있는 오늘날에는 우리 말 속에 포함된 침묵의 창문이 위태로워질 수 있어요."

영어 단어 'silence(침묵)'의 어원은 여러 갈래로 추적해 볼 수 있다. 그중 하나는 바람이 잦아든다는 뜻의 고트어 동사 anasilan이고, 또 하나는 '멈추다'는 뜻의 라틴어 dēsinere이다.[3] 이 두 어원에 따르면 침묵은 움직임을 멈추는 일과 긴밀하게 연결되어 있다. 따라서 침묵을 추구하는 일은 다른 일반적인 경우처럼 추구 대상을 좇거나 그것에 대한 자신의 의지와 꿈을 세상에 강요하거나 하는 것과는 거리가 멀다. 그렇다고 해서 침묵의 추구가 움직이지 않고 가만히 서 있는 것만을 말하지는 않는다. 극소수의 예외가 있기는 하지만 침묵을 찾으려면 우선 삶과 벌이는 씨름에서 한 발짝 물러나야 한다. 침묵을 찾아 나선 초반에 나는 침묵 경험에 대한 다양한 얘기를 듣게 되었는데 그중 납득하며 들었던 이야기들은 모두 바쁜 일상에서 잠시 물러나 휴식한 후에만 일어나게 되는 경청에 초점이 맞춰졌다. 하지만 이는 열차에서 내릴 때 발 밑 틈을 조심하라는 경고를 반복해 듣다 보면 어느새 그 말에 무뎌지게 되는 것과도 같은 현상을 보인다. 이렇게 우리는 듣고 잊기를 반복하는 시대에 살고 있다.

도시에 내리는 눈이 신비롭게 여겨지는 이유는 눈이 오면 소음이 약해지는 동시에 건물과 자동차가 하얗게 덮이는 광경이 펼쳐지기 때문이다. 약속 시간에 늦을까 봐 안달하지만 않는다면 일상의 소음과 어수선함에서 벗어나 새로운 장소에 발을 디디는 흥분을 느낄 수 있다. 우리는 소리를 시간과 공간 안에 우리 자신을 위치시키는 힘으로 생각하고 있는지도 모른다. 우리는 누군가가 자신의 이름을 부르면 그쪽으로 고개를 돌린다. 알람 소리, 아기 울음소리, 쓰레기차의 기계 돌아가는 소리에 잠을 깬다. 시간을 알리거나 중요한 행사를 시작할 때면 벨이나 휘파람, 북, 뿔피리, 종을 울린다. 화가인 친구 아담은 언젠가 이런 말을 했다. 우리가 듣는 소리는 현재를 안내하는 안내인이라는 생각이 든다고. 아담은 꼬마였을 때 병을 앓아 귀를 다쳐서 몇 달 동안 아무 소리도 듣지 못하고 지내야 했다. 하지만 당시에 대한 기억이 생생할 뿐 아니라 그때 경험이 전혀 부정적이지 않았다고 강조했다. 그는 그때의 상황에서 예전에 누렸던 것보다 더 큰 자유와 독창성이 어우러지는 세계를 경험할 수 있었다고 했다. 이러한 경험이 무척이나 강렬해 그는 인생의 방향을 틀어 시각 예술에 평생 몰입하게 되었다. 아담은 이렇게 말했다.

"소리는 우리에게 이야기를 강요하거든. 하지만 그건 언제나 남의 이야기야. 침묵에 대한 내 경험은 마치 직접 감독하는 꿈속을 깨어 움직이는 것과도 같았어."

아담의 경험은 다소 극단적이어서 헌신적으로 침묵을 찾는 사람에게만 흥미로울 수도 있다. 하지만 침묵을 휴식이나 중단, 깊은 생각, 회복, 개인적 성장으로 보는 폭넓은 개념은 많은 사람의 공감을 불러일으킨다. 이렇듯 침묵의 잠재성을 드러내는 개인의 이야기 말고도 침묵이 생산성 풍부한 휴식이라는 개념을 뒷받침하는 주장이 신경과학계에 계속 등장하고 있다. 기능성자기공명영상(fMRI) 기술을 사용한 최근 연구에 따르면, 침묵 명상을 실천하는 사람의 두뇌 작용은 보통 사람의 경우보다 효율적이다.[4] 이러한 현상은 침묵이 정신 에너지를 분산시키는 청각적 방해를 제거해서 집중력을 향상시킨다는 사실과 관계가 있을 수 있다. 스탠포드대학의 신경과학자들은 음악을 들을 때 두뇌 활동이 가장 강렬하고 긍정적으로 일어나는 순간이 음악 사이사이에 침묵이 흐를 때라는 사실을 밝혀냈다.[5] 부분적으로 이는 우리 두뇌가 언제나 폐쇄성을 추구한다는 뜻이기도 하다. 침묵과 맞닥뜨리는 순간, 우리의 정신은 밖으로 뻗어 나간다.

침묵이 우리에게 유익할 수 있다는 또 하나의 흥미로운 가능성은 수면의 특정 단계와 침묵 사이의 유사성에서 찾아볼 수 있다. 수면을 둘러싸고 여러 불확실한 추측이 나돌지만, 수면으로 인한 의식 활동의 중단이 건강에 중요하다고 입증하는 증거는 상당히 많다. 매일 살아가면서 들리는 일반적인 소음에 맞서는 침묵이, 온전한 휴식인 수면에서 취할 수 있는 소생력을 안겨 줄지도 모른다. 일하다가 잠시 누울 장소를 찾을 수 없더라도 상대적으로 조용한 장소를 찾아가 충분한 휴식을 취하면 수면에서 얻는 이익을 누릴 수 있을 것이다.

침묵이 우리 삶과 세계와의 관계에 긍정적인 영향을 미칠 수 있다고 암시하는 개인의 이야기와 과학적 증거는 매우 많다. 내가 침묵이란 주제로 대화를 나눴던 사람들은 거의 예외 없이 자신이 침묵을 얼마나 좋아하는지 열변을 토하면서 마음과 몸, 영혼을 재충전하기 위한 침묵을 충분히 누리지 못하고 있는 현실을 한탄했다. 모두들 침묵을 이토록 소중히 생각하고 있는데도 침묵이 드문 이유는 과연 무엇일까? 세상이 점점 더 시끄러워지고 있는 동시에 침묵의 유익함을 말하는 사람도 늘어 가는 까닭은?

사방에서 자신을 에워싼 커다란 소음에 피해를 입고 있다고 생각하는 사람이 많다. 교통 소음은 개인이 어찌할 수 없는 문제이다. 건축, 중공업, 발전기의 소음도 그렇다. 특히 요란한 발전기가 사방에 흩어져 있는 개발도상국에서는 그 소음 때문에 쌓이는 스트레스가 치명적일 수 있다. 일부 전문가들은 개발도상국에서 소음으로 인한 심장혈관 손상이 원인이 된 심장마비가 연간 4만 5천 건에 이른다고 주장한다. 이토록 치명적인 소음의 영향력을 줄이기 위해 해야 할 일이 많다. 하지만 이러한 소음이 우리가 직면한 문제의 전부는 아니다. 가장 크고 불쾌한 소음원이, 자동차로 꽉 막힌 고속도로에서 쉴 새 없이 나타나는 문제보다 훨씬 더 미묘하고 심각한 소음 문제의 해결을 가로막고 있는지도 모른다.

침묵이 베푸는 유익함에 대해 나와 대화를 나눴던 청각학자, 달팽이관 인공 이식 외과의사, 신경과학자는 세상이 점점 시끄러워지면서 발생하는 위험에 대해 비전문가들보다 훨씬 예민했다. 2008년 7월 존스홉킨스대학은 미국에 청력 상실이 유행병 수준으로 퍼져 있다는 연구 결과를 발표했다. 미국인 세 명 가운데 하나가 청력 손상을 겪고 있으며 원인은 대개 소음이었다.[6] 나와 대화했던 의사와 과학자들은 착암용 드릴, 제트엔진, 고속도로, 공장 등이 아닌 개인 음향 장치를 심각한 원인으로 지적했다. 뉴욕대학교 의료센터 부속 달팽이관 인공이식 부서의 톰 롤런드 이사는 이렇게 말했다.

“옆 사람이 들을 수 있을 정도의 음량으로 헤드폰이나 이어폰을 사용해 음악을 듣는다면 이미 청력이 손상되고 있는 겁니다.”

청각 전문가들은 휴대전화와 전자 장난감도 청력 손상의 원인으로 꼽았다. 콘서트 인형 컬렉션에 속한 해나 몬태나 인형은 103데시벨, 티클 미 엘모 인형은 100데시벨의 소리를 낸다. 음향상으로 보면 거의 스노모빌(snowmobile, 설상차(雪上車))에 견줄 수 있는 음량이다.[7] 컴퓨터 게임도 침묵을 깨기는 마찬가지다. 청력 손상 문제를 연구하는 신경과학자들은 한 차례의 격렬한 소음이 아니라 에어컨을 비롯한 백색소음(white noise, 넓은 주파수 범위에서 거의 일정한 주파수 스펙트럼을 가지는 신호로 특정한 청각 패턴을 갖지 않고 단지 전체적인 소음 레벨로서 받아들이는 소음-옮긴이)을 내는 기계에 노출되는 기간이 문제라고 말했다. 전문가들은 과거 세대가 호사스럽다고 생각할 새로운 소음, 즉 현대인이 원치 않는 소란을 차단하려고 스스로 선택해서 자신을 에워싸도록 한 소음이 위험을 초래한다고 주장했다.

어느 해 여름 주말, 나는 새로운 소음이 지닌 특유의 속성을 파악하는 경험을 했다. 경찰이 소음 항의에 어떻게 대처하는지 알아보려고 시 경찰국 소속 경찰관과 함께 워싱턴디시 주변을 순찰했을 때였다. 동행한 존 스펜서 경관은 몸집이 크고 겸손하면서도 말하기를 좋아하는 사람이었다. 워싱턴디시의 범죄 다발 지역에서 성장했고 관내 경찰서에서 평생 근무해 왔으며 인간 본성이나 이를 제압하는 법의 권한에 대해 약간 회의를 품고 있었다.

새벽 한 시경 첫 번째 소음 항의가 접수되자 스펜서 경관과 나는 좁고 어두운 거리로 나섰다. 스펜서 경관은 순찰차의 속도를 늦추고 요란하게 돌아가는 에어컨을 껐다. 에어컨을 세게 켜 놓으면 순찰차 밖의 소리를 전혀 들을 수 없기 때문이다. 그는 차창을 조금 열어 주택들을 살짝 올려다보다가 어느 순간 그야말로 귀를 쫑긋 세우더니 이내 고개를 가로저었다. 거리 끝에 다다르자 어깨를 으쓱하면서 차창을 올리고는 느긋하게 순찰하기 시작했다. 순찰차가 지나가는 거리에 즐비하게 늘어선 술집에서 요란한 음악이 퍼져 나오고 거리로 쏟아져 나온 사람들이 질러 대는 함성으로 보도는 시끌벅적했다. 나는 혹시나 하는 심정으로 스펜서 경관을 쳐다보았지만, 그는 한 번 더 어깨를 으쓱일 뿐이었다. 경찰이 처한 입장에서는 항의가 없는 한 소음은 존재하지 않았다.

술집들이 문을 닫는 시간이 되었을 때, 젊은 여성 세 명이 음식점 밖에서 술에 취해 고래고래 고함을 지르고 있다는 제보가 들어왔다. 그리고 누군가가 주택가 앞 자그마한 잔디밭에 접이식 의자를 펴놓고 휴대용 카세트 라디오를 틀어 놓았다는 항의가 들어왔다. 그러나 음악 소리는 그리 크지 않아 주위에서 소리를 줄이라고 말하는 사람은 아무도 없었다. 우리는 순찰을 계속했다. 경찰 관계자가 소음이 엄청나리라고 귀띔해 주었던 독립기념일 하루 전 금요일이었지만 법의 테두리 안에서만큼은 조용한 밤이었다. 어딘가에서 싸움이 벌어지고 있다는 신고가 순찰차 무전기로 자주 들어왔다. 스펜서 경관은 고개를 가로저으며 신고가 접수된 지역은 자기 담당 구역이 아니라고 말했다. 무전기가 같은 내용을 반복하자 다시 한 번 고개를 젓더니 성가시다는 목소리로 자기 담당 구역이 아니라는 말만 되풀이했다.

새벽 세 시경이었다. 스펜서 경관은 무슨 생각을 했는지 갑자기 내 쪽으로 몸을 돌려 이렇게 말했다.

“요즘 경찰에 신고가 들어오는 가정 분쟁의 불씨가 뭔지 아세요?

대부분 소음이에요."

나는 무슨 뜻이냐고 물었다.

"부부나 동거인이나 가족이 싸우거나 소리를 지르는 집에 들어가 보면 텔레비전 소리가 워낙 요란해서 도대체 아무 생각도 할 수 없을 때가 많아요. 거기에 라디오까지 왕왕 울린다고 생각해 보세요. 일을 끝내고 쉬고 싶거나 잠을 자고 싶은 사람이라면 싸우고 싶은 충동이 일지 않겠어요? 사람들이 싸우는 이유는 소음 때문이에요. 정작 자신들은 모르고 있지만 문제는 바로 소음이라고요. 요즘 사람들은 소리가 나는 것이라면 무엇이든 틀어 놓고 살아요. 그래서 항의가 들어온 집에 들어가면 제일 먼저 이렇게 말하죠. '무엇 때문에 싸우는지 말하기 전에 일단 음악 소리부터 줄이세요. 게임기를 끄세요. 텔레비전 소리도 낮추세요.' 그러고는 사람들에게 잠깐 앉으라고 말하고 '이제 마음이 차분해졌죠? 그렇죠? 여러분이 싸우는 진짜 이유는 실내가 너무 시끄럽기 때문이에요. 아직도 할 말이 있나요?'라고 말합니다. 그러고 나면 문제는 대부분 저절로 풀려요."

나의 침묵 찾기에 양면성이 있다는 사실을 깨달은 것은 이처럼 새로운 소음에 대한 인식을 하게 되었기 때문이다. 침묵에 대한 추구를 이해하려면 소음을 추구하는 일에 대한 추적이 또한 필요하다. 침묵과 소음은 함께 연결되어 있어서 서로 반응을 보인다. 소음에는 사회의 사랑을 받는 요소가 있는 것 같다. 소음은 우리가 거부하거나 때로는 여름밤의 방종으로 웃어넘기기도 하는 열렬하고 변덕스러운 사건이다. 하지만 소음은 놀랄 만큼 집요하게 우리를 지배하기 때문에,

진심으로 침묵을 누리고 싶다면 자신이 소음과 얼마나 뒤엉켜 있는지 깨달아야 한다. 침묵과 소음은 한 가지 문제를 구성하는 양면이므로 침묵이 자신에게 무엇을 안겨줄지, 그리고 자신을 그토록 소란스럽게 자극하는 요소가 무엇인지 함께 살펴봐야 한다.

나는 침묵과 소음을 쫓아 신경생물학 연구소, 일본 전통 정원, 쇼핑몰, 방음 장치 설비업자 회의, 트라피스트 수도회(Trappist monastery, 기도와 침묵 등을 강조하는 엄격한 수도회-옮긴이), 소음 측정 기구 생산업체, 자동차 오디오 대회 등을 탐색했다. 다양한 장소를 찾아다닐 때마다 소음과 침묵에 대한 이야기에 새로운 정보가 더해졌고, 결국 침묵 찾기가 어렵기는 하지만 과거 어느 때보다 중요한 이유를 깨달을 수 있었다. 침묵에 대한 사회적 투자가 우리 삶에 어떤 기여를 하는지, 스스로 소중하게 생각하는 침묵으로부터 지금 우리는 어떻게 도망치고 있는지 인식하는 데 나의 연구 결과가 밑거름이 되기를 바란다.

소음을 찾는 데는 성공하리라는 자신감이 들지만, 엄밀한 의미에서 침묵을 성공적으로 찾는 사람은 없다. 이번 연구를 하면서 부딪쳤던 난관도 이것이었다. 침묵을 찾는 일은 끝이 없으므로 불완전할 수밖에 없다. 그래서 침묵을 찾으려면 자기 내면으로 더욱 깊숙이 들어가야 한다. 샌프란시스코 베이 에어리어에서 조용한 불교 수행원을 운영하는 진 루시탁은 20세기 타이 불교의 가장 뛰어난 지도자 아잔 차에 얽힌 이야기를 들려줬다.

젊은 스님이 아잔 차가 수행하는 사원에서 생활하게 되었다. 사원 바깥 도시에 사는 사람들은 여러 차례 축제를 열어 밤새 노래하고 춤을 쳤다. 스님이 명상하려고 새벽 세 시 반에 일어나면 전날부터 이어진 파티가 여전히 요란하게 계속되고 있었다. 결국 스님은 아잔 차에게 호소했다.

"스님, 소음이 수행에 방해가 됩니다. 이렇게 시끄러워서는 도저히 명상을 할 수가 없습니다."

아잔 차가 답했다.

"소음이 당신을 방해한 것이 아니라 당신이 소음을 방해하고 있소."

루시탁은 설명을 덧붙였다.

"침묵은 스스로 침묵이라 생각하는 현상이 아닙니다. 침묵은 세상일에 대한 항의로 자신의 반응이 잠잠할 때입니다."

루시탁이 들려준 이야기는 침묵을 찾아 가는 여정 속에서 내 안에 예리하게 되살아났다. 실제로 이 이야기는 침묵을 추구하는 이면에 숨은 커다란 딜레마를 나타낸다. 자신이 저항하는 소음의 근원보다 시끄러워지지 않고 침묵을 효과적으로 부추기려면 어떻게 해야 할까? 이렇듯 어려운 문제에서 벗어날 수 있는 방법은, 내가 침묵을 찾기 시작한 초기에 들었던 심도 있는 경청과 관계가 있으리라 생각한다. 이 책을 쓰는 내내 나는 사람들이 무엇을 듣고자 노력하고 무엇을 차단하려 애쓰는지 의문을 가졌다. 침묵을 둘러싼 논쟁에서 가장 요란한 쟁점은 침묵하지 않으면 듣지 못할 위험에 빠진다는 것이다.

제1장

미지의 세계에 귀 기울이다

Listening for the Unknown

수도원에서 생활한 지 이틀째 되던 날 밤, 침묵을 들었다. 나는 예배당 안에 앉아 있었다. 오트밀처럼 울퉁불퉁한 석회석 실내가 아름답고 웅장했다. 19세기 수도승들이 아이오와의 채석장에서 직접 나른 석회석으로 지었다고 했다. 수도승들은 매일 드려야 하는 일곱 번의 기도 예배 중 마지막인 저녁 기도 예배를 마치고, 수도원 깊숙이 자리한 숙소로 하나둘 발길을 옮겼다. 그러고는 다음날 동이 틀 때까지 각자의 숙소에서 누구와도 말하지 않는 대침묵(Great Silence)을 수행할 예정이었다. 마지막으로 예배당 문을 나서는 수도승이 성가대석과 성서대 위의 불을 껐다. 내가 앉은 방문객 석에는 여전히 불빛이 희미하게 비쳤지만 예배당은 기다란 벽 높은 곳에 매달려 있는 봉헌 촛불만 희미하게 흔들릴 뿐 완전히 암흑에 휩싸였다. 몇몇 신도들은 암흑 속에서도 15분가량 의자에 그대로 앉아 있었다.

매우 조용히 앉아 있었지만 내 마음은 분주하고 시끄러웠다. 조금 전까지 들었던 예배에 대한 생각으로 머릿속이 복잡했다. 수도원에서 생활하도록 주선해 준 알버릭 수도사가 자장가와 비슷하다고 말하던 예배였다. 저녁 기도 소리가 아름다웠지만 의미를 좀 더 깊이 깨달을 수 없어 안타까웠다. 나 자신의 기도가 아니었기 때문이다. 나는 좀 더 깊은 침묵을 누리고 싶었을 뿐이다. 시끄러운 생각들이 머릿속에서 나와 나무 의자 위에서 음악에 맞춰 덩실덩실 춤추기를 바랐을 뿐이다.

신도들이 자리를 뜨고 나만 홀로 남았다. 나는 아주 잠깐 문자 뜻 그대로의 침묵을 경험했다. 그러다가 불현듯 '띵', '틱' 소리가 나더니 잇달아 '틱', '탭', '쨍' 소리가 났다. 소리는 거대하고 어두컴컴한 예배당 여기저기서 들렸다. 거의 알아들을 수 없는 소리부터 요란한 망치 소리까지 다양했다. 하나하나 동떨어진 소리도 들렸고 징처럼 울려 퍼지는 소리도 들렸다. 마치 소리의 연주회에 초대받은 느낌이었다. 예배 시간에도, 예배가 끝난 후 마음이 분주하고 시끄러워 혼미할 때에도 인식하지 못했던 웅장하고도 조금은 위협적이기까지 한 소리였다. 이는 그것을 인식하기까지의 앞선 시간을 감내할 만큼의 가치가 있었다. 일단 한번 듣게 되자 계속 변화하며 텅 빈 공간에 울려 퍼졌고, 나는 짜릿한 기분으로 들떠 올랐다. 바로 이거구나. 침묵은 만물을 공명하게 하는 존재였다.

그날 밤 늦게 숙소로 돌아온 후 들뜬 기분이 진정되자 그 소리에 그토록 강하게 이끌렸던 이유가 궁금해졌다. 객관적으로 생각하면 파이프 금속이 덥혀지고 식는 과정에서 팽창과 수축이 거듭되며 나는 소리였을 뿐이다. 그런데 왜 나는 '침묵을 듣고 있다'고 느꼈을까? 수도원에서 찾으려 했던 침묵을 어째서 아무도 없는 그 시간에 마침내 찾았다고 느꼈을까?

아이오와 주 더뷰크 소재 뉴 멜러레이 수도원에 갔던 이유는 침묵에 평생을 바쳤던 사람들에게서 교훈을 얻고 싶었기 때문이다. 시토 수도회의 한 분파에 속한 트라피스트 수도승들은 침묵만을 지키겠다는 서약을 하는 것도 아니고 요즘에는 대화에 참여하는 경우도 있지만 기본적으로는 침묵하며 생활한다. 6세기에 로마 북동쪽 몬테 카시노에 수도원을 세운 공으로 서구 기독교 수도원 제도의 창시자로 불리는 성 베네딕트는 오늘날까지도 수도승의 지침이 되고 있는 규칙을 만들었다. 이 규칙에서는 수도승을 제자라 일컬으며 제자의 자질을 "침묵을 지키고 경청하는" 것이라 정의했다.[8] 트라피스트 수도승은 일반 수도승 사이에도 "명상가"로 알려져 있다. 수도원 외부 세계와 연락하는 일은 최소한으로 제한되며 대부분 침묵하면서 예배드리고, 일하고, 공부하고, 식사한다. 수도원 복도에서 서로 마주쳐도 말을 주고받지 않고 지나친다. 저녁 여덟 시에 각자의 방으로 돌아가고, 새벽 세 시 십오 분에 일어나 함께 모여 침묵하며 기도한다. 때를 막론하고 잡담은 하지 않는다. 아침 미사가 끝나도 하루 종일 되도록 말을 삼간다. 이렇듯 거의 대부분의 활동을 침묵하며 수행한다.

수도승은 한때 사람들이 선망하는 직업이었다. 알버릭 수도사는 매춘이 역사상 가장 오래된 직업이라는 말이 있지만 매춘부가 생겨나기 전부터 수도승이 있었다고 믿는다 말했다. 그럴 것 같지 않다는 생각이 순간적으로 머리를 스쳤지만 여하튼 생각해 볼 여지가 있는 말이다.

내가 수도원을 찾아 여행을 떠난 데에는 개인적인 이유도 있었다. 내게는 휴식이 필요했다. 그해 겨울은 유독 분주하고 번잡한 나날의 연속이었다. 건강이 좋지 않았던 탓에 의료비 청구서가 쌓였고, 보험금 청구를 둘러싸고 다툼이 있었고, 하는 일도 제대로 풀리지 않았으며, 아이 보육원 문제로 골치를 앓았다. 시골에 사는 친구들을 찾아가려는 계획을 세웠지만 몇 번이나 무산되었다. 뉴잉글랜드에 있는 선 수행원에 가서 호흡과 침묵을 위주로 하는 위빠사나 명상법을 배우려 했지만 역시 여의치 않았다. 다른 수행자들과 함께 침묵하며 앉아 있을 수는 있지만 숙소는 이미 예약이 끝나서 도시에 있는 민박집에 투숙해야 한다는 말을 나중에야 들었기 때문이다. 골동품이 가득한 식당에 앉아 주인이 신경 써서 준비한 프렌치토스트를 먹으며 수련하는 것이, 내면의 침묵을 이끌어 내기에는 그다지 도움이 되지 않으리라 생각했다. 어쨌거나 뉴욕을 벗어나야 했다. 하지만 무엇 하나 결정하기가 쉽지 않았다. 침묵이 유익하기는 하지만 실제로 침묵에 몰입하기는 결코 쉽지 않다는 생각을 떨칠 수 없었다.

나에게 침묵은 복용 시점을 놓친 원기 회복제 정도가 아니었다. 수도원을 찾았던 것은 트라피스트 수도승의 방식을 배우고 내 생활에 배어 있는 소음에서 탈출하고 싶다는 소망 외에도 수도원의 침묵에서 진리를 깨달아 뉴욕에 도입하고 싶다는 바람이 있었기 때문이다. 그래서 다양한 신학적·철학적 전통을 담은 책과 글을 챙겨 여행을 떠났다. 마르틴 하이데거(Martin Heidegger, 독일의 실존주의 철학자-옮긴이)와 막스 피카르트(Max Picard, 독일의 의사, 문필가이자 철학자-옮긴이)의 책, 신비주의 논문, 불교 관련 글, 수도승의 자질을 서술한 기독교 수도원 문헌 등이 나와 함께했다.

사막

공중에서 내려다본 겨울의 대평원은 그 자체로 침묵 같았다. 수도원을 방문했던 대림주간(기독교에서 크리스마스가 되기 전 네 번의 주일을 포함하여 지키는 절기-옮긴이) 내내 온 땅이 꽁꽁 얼어붙어 있어 땅 밑에서 뭔가 살아 움직이리라고는 상상조차 할 수 없었다. 더뷰크에 가까워지자 농장의 눈 덮인 땅이 마치 거품이 일고 금이 가도록 밑칠이 된 욕실 타일처럼 보였다. 비행기가 하강하면서 눈에 들어오는 풍경은 공중에서의 모습과는 사뭇 달랐다. 나뭇잎 하나 없는 앙상한 나무들이 눈을 뚫고 군데군데 솟아나 있었다. 눈으로 덮인 채 여기저기 흩어져 있는 농장 주택들은 꼭 회로 판의 일부처럼 보였다. 우리는 지붕이 뾰족하고 눈이 두껍게 내려앉은 붉은색 농장 건물들 위를 날았다. 비행기가 180도로 원을 그리며 돌았을 때, 끝없이 이어진 잿빛 수평선을 따라 어스레하게 펼쳐진 황금색 노을이 한눈에 들어왔다.

알버릭 수도사는 인사를 나누자마자 대뜸 아이오와의 기준으로도 날씨가 유별나게 궂은 날을 골라 왔다고 안타까운 목소리로 말했다. 알버릭은 50대 초반으로 키가 평균을 약간 웃돌고 체구가 다부졌다. 둥글고 짙은 색 테의 안경을 쓰고 검은색 머리를 바싹 깎았으며 평상시에는 발목까지 오는 흰색 예복을 입고 끝이 뾰족한 모자가 달린 기다란 검정색 앞치마를 둘렀다. 수도원에는 1984년에 들어왔다. 스물여섯 살이던 그때, 알버릭은 뉴욕의 메트로폴리탄 미술관에서 경비원으로 일하며 여가에는 그림을 그리는 등 골수 보헤미안으로 지내고 있었다. 어린 시절을 대부분 애틀랜타 교외 지역에서 경제적으로 넉넉하게 보냈지만 한 번도 "물질"을 탐내지 않고 항상 검소하게 생활했다. 가톨릭 가정에서 성장하면서 언제나 침묵을 따랐던 아들을 어머니는 "어린 부처"라고 불렀다. 하지만 알버릭은 뉴욕으로 이사 오기 오래 전에 교회 활동을 접었고, 몇 년 동안 미술관에서 주로 야간에 근무하다가 정신적 불안에 시달리게 되었다. 그때 누이동생이 암으로 죽어 간다는 사실을 알게 되었고, 누이동생이 사망한 지 삼 주 만에 자신 또한 같은 병이라는 진단을 받았다.

"정신이 번쩍 들었어요. 그러면서 수도원에서 생활하는 일에 대해 심각하게 생각하기 시작했죠."

알버릭이 말했다.

"암에 걸리고 나서야 거울을 들여다보며 나 자신에게 물었어요. '대체 너 뭐하고 있니?'라고 말이죠."

암 진단을 받은 첫해에는 두려움에 어쩔 줄 몰랐다고 했다. 하지만 생존 가능성이 높아지면서 교회로 발길을 돌렸고 결국 애틀랜타 근처 수도원을 찾아갔다. 도중에 길을 잃어 저녁 기도 직전이 돼서야 도착한 예배당은 조용하고 어두웠다. 그때 수도승들이 흰 수도복을 바닥에 끌며 서서히 걸어 들어왔다.

"몸이 완전히 얼어붙었어요."

알버릭은 말했다.

"나 자신에 대한 진실을 보았거든요. 나의 금욕적인 영혼이 구체적으로 드러난 모습을 보았던 거죠. 수도승들이 한 번에 한두 명씩 들어와 자기 자리에 서거나 무릎을 꿇을 때 수도복에서 희미하게 사각거리는 소리가 나는 것 말고는 예배당 안은 침묵 그 자체였어요. 그동안 나에게 전도하려 했던 성직자는 많았지만 그런 침묵의 순간을 맞아 보기는 생전 처음이었죠. 신이 내게 똑바로 걸어오고 있다고 느꼈어요. 그런 경험을 하고 나자 삶이 완전히 바뀌었어요. 지금은 수도승이 천직이라 생각하고 정말 마음이 편안해요."

"우리는 사막 한가운데 살아요."

수도원으로 돌아와 대화할 틈이 나자 알버릭이 말했다.

"눈으로 뒤덮인 저 드넓은 벌판은 사막이랍니다. 이곳에 칩거하는 수도승들이 자기 자신과 부딪치려면 침묵이 필요해요. 수도승들이 침묵을 찾는 이유는 그 때문이죠. 사람들이 자동차에 타자마자 라디오를 켜고 방에 들어가기가 무섭게 텔레비전을 켜는 이유는 바로 자신과 대치하는 상황을 피하고 싶기 때문이에요. 나는 걸프전 막바지에 믿기지 않는 잔인한 폭력이 발생했던 이유도 마찬가지라고 생각해요."

나는 놀란 얼굴로 알버릭을 쳐다보았다. 그가 시선을 떨어뜨렸다.

"마지막 침공을 시작하기 전에 오랫동안 공격이 지연되었어요. 엄청난 규모의 군대가 아무런 기약 없이 사막에 앉아 공격 명령을 기다려야 했죠. 수많은 군인들이 여태껏 경험해 보지 못한 침묵 속에서 막연히 기다려야 했어요. 그때 느닷없이 '죽음의 고속도로(The Highway of Death, 쿠웨이트와 이라크를 연결하는 6차선 고속도로로 공식적인 명칭은 Highway 80이다. 걸프전 당시 이 도로를 통해 자국으로 철수하는 이라크 병사들을 다국적군이 공격해서 이라크 병사 수천 명을 살해하고 그들의 시체를 불도저로 밀어내 거대한 무덤을 만들었다. 이후 그 도로는 '죽음의 고속도로'로 불리게 되었다.-옮긴이)'에서 비극이 발생한 겁니다. 미국인들은 적막하고 고독한 장소에 앉아 성장하는 쪽을 선택하지 않았던 거죠. 당시 막 침묵을 경험하기 시작했지만, 군사적 목적과는 일치하지 않았던 거예요."

바스라까지 뻗은 80번 고속도로에서 벌어진 대량 학살에 대한 알버릭의 생각은, 단기간이나마 은둔의 침묵을 경험했을 때 생기는 변화를 말하려는 도발적인 주장이다. 하지만 수도승 같은 생활 방식이 개인의 정신과 영혼에 의미 있는 변화를 일으킬 수 있다는 신념을 품은 사람은 알버릭만이 아니다. 전 세계 여러 수도원과 마찬가지로 뉴멜러레이 수도원에도 평생 그곳에서 생활하려는 사람은 적지만 방문객은 항상 넘쳐난다. 수도원에서 회계를 담당하는 수도승 닐은, 5, 6년 전만 해도 평일에 수도원에 전화해 주말에 피정하거나 그저 하루이틀 쉬다 가고 싶다고 말하면 늘 방을 구할 수 있었지만 지금은 훨씬 오래 전에 예약을 해야 한다고 했다.

"조용한 곳을 찾는 경우가 정말 많아졌어요. 사람들이 침묵을 갈구하고 있다는 증거죠."

오늘날은 거의 모든 종교에서 침묵 피정을 제공하고 있다. 버지니아 주에는 종교를 초월한 침묵 피정 장소가 있어서 힌두교, 가톨릭, 유태교, 회교 성직자가 협력해 "모든 종교의 심장을 이루는 영적인 화합과 내면의 평화와 기쁨을 누리는 특별한 경험을 하도록" 피정자를 인도한다. 온천 휴양지 업계에서는 신체의 아름다움을 가꾸어 주는 서비스와 더불어 일상의 과도한 자극에 지친 심신을 진정시키는 휴식을 제공받을 수 있다고 적극 홍보에 나선다.(어떤 곳은 "저희의 철학은 간단합니다. 영혼을 달래면 아름다움은 따라오기 마련입니다. 당신의 조용한 피난처가 되어 드리겠습니다."라고 선전한다.) 어떤 사람들은 휴식을 위해 타이의 정글 속에 있는 불교 사원을 찾아가 몇 개월씩 머물기도 한다. 최근 들어 남 캘리포니아에서는 열흘 간 운영되는 위빠사나 명상 수업이 증가 추세에 있고, 여덟 살 아동을 대상으로 하는 명상 수업, 십 대를 위한 맥리트리트(McRetreats) 수업 등이 급격하게 늘어나고 있다. 베이 에어리어에서 활동하는 진 루시탁과 그를 따르는 침묵 명상 지도자들은 공립학교에 출강해서 '마음 챙김과 집중'을 주제로 침묵 명상을 소개한다. 루시탁은 이렇게 말했다.

"교사들은 학생들을 침착하게 만들기 어려워 당황하고 있어요. 이럴 때는 침묵 명상만이 문제 해결 방법일 수 있죠."

루시탁은 침묵에 대해 훌륭한 통찰력을 지닌 크리스란 여성을 소개해 주었다. 크리스는 오랫동안 수도승으로 생활했고 몇 년에 걸쳐 침묵 명상을 실천하고 있다. 내가 전화를 걸었을 때 크리스는 침묵을 향한 갈구가 침묵 자체에 대한 갈구라기보다는 '침묵이 조성하는 요소, 침묵이 촉매로 작용하는 요소를 향한 갈구'라고 말했다. 그리고 이렇게 말을 이었다.

"침묵은 침묵과 계속 접촉하는 경험이에요. 여러 해에 걸쳐 침묵 명상을 실천해 온 전문가들과 교사들은 왁자지껄한 방에 들어가더라도 아기나 도마뱀과 함께 있을 때처럼 상냥하고 침착할 수 있어요."

침묵을 개인적으로 경험한 후에 일상생활에서 더욱 명상에 힘쓰게 되었느냐는 물음에 크리스는 재빨리 대답했다.

"나는 도심 한가운데 서 있는 고층 건물 29층에서 일하는 기업 변호사예요. 미안마에서 법복을 입고 있을 때만큼은 명상에 시간을 쏟지 못하죠. 하지만 명상은 여전히 내 삶의 주요한 일부랍니다."

침묵 깨닫기

소박하지만 쾌적한 뉴 멜러레이 수도원의 숙소로 돌아와서, 집에서 가져온 책 몇 권을 집어 들고 수도원 안마당이 내다보이는 창문 옆에 앉았다. 안마당에는 수수한 석재 분수가 있고 두텁게 내려앉은 눈 사이로 나뭇가지들이 빼곡히 모습을 드러냈다. 발 옆에 놓인 난방기에서 끊임없이 딱딱 소리가 날 뿐 방 안은 완전히 침묵에 잠겼다.

아이오와에 있는 트라피스트 수도원에서 얼마간 머무를 계획이라는 말을 들은 친구들은 저마다 부러워했다.

"좋겠다! 평화롭고 조용한 곳에서 지낼 수 있겠구나."

하지만 과거에는 잠시 쉬면서 긴장을 풀기 위해 온천 휴양지를 찾는 것과 같은 이유로 수도원을 찾았던 것은 아니다. 일찍이 사람들은 살고 죽는 이유를 깨닫기 위해 수도승의 금욕적인 삶을 따르고자 했다. 수도승을 제자로 생각했던 베네딕트가 무엇보다 침묵하고 귀 기울이라 말했듯이 수도승들은 귀를 기울이기 위해 나머지 세상 사람들로부터 자신을 단절시켰다. 2차 바티칸공의회가 소집되고 명상 수도승들은, 자신들이 세상으로부터 은둔하는 이유는 금욕적인 고통을 향한 열망을 마음껏 누리기 위해서가 아니라 '세상을 전진하게 만드는 힘의 신성한 원천에 더욱 가까이 다가서는 동시에 이런 측면에서 인간에 부여된 위대한 모습을 알기 위해서'라는 주장을 주교들에게 밝혔고, 이런 주장이 계속해서 일반인의 공감을 샀다.[9]

명상 수도승의 선구자는 4세기에 고향을 떠나 사막에 거주했던 이집트인들이었다. 이들은 북아프리카의 이글거리는 태양을 머리로 맞으며 기둥 위에 앉아 침묵했고, 악마의 비웃는 소리, 아가씨의 유혹하는 소리, 그 밖에도 마음을 이리저리 뒤흔드는 환청을 들으며 동굴 속에서 단식하고 불면의 날을 보냈다. 사막 교부(Desert Fathers, 3세기경부터 이집트의 세테스 사막에서 주로 은둔하며 수행했던 은둔자, 금욕주의자, 수도승 등을 일컫는 말-옮긴이)들이 세상에서 물러선 이유는 자기 변화를 촉진하기 위해서였는데, 그들이 가장 중요시한 침묵의 유형은 자기 입을 다물 때 찾아오는 침묵이었다. 5세기 포티키의 주교 압바스 디아도쿠스는 이렇게 말했다.

"대중 증기탕의 문을 열어 놓으면 증기가 빠져나가 장점이 사라지듯, 말을 많이 하는 사람은 열린 입으로 미덕이 빠져나간다."[10]

어떤 은둔자는 침묵을 지키는 법을 배우려고 3년 동안 입에 돌을 물고 지냈다.[11] 그가 어떻게 돌을 삼키지 않고 음식을 먹어서 목숨을 부지할 수 있었는지에 대한 기록은 애석하게도 남아 있지 않다.

적막한 은신처에 기거하는 사막 교부를 쫓아간 사람들은 그 앞에 서서 "좋은 말씀 좀 해 주십시오!"라고 간청했을 것이다. 4세기에 진리를 추구하던 어떤 사람이 세테스 사막 깊숙이 찾아들어 가 한 말씀 해 달라고 간청하자 수도원장 모세스는 "가서 당신 방에 앉으시오. 그러면 그 방이 모두 가르쳐 줄 것이오."라는 말 한 마디를 던지며 그를 물리쳤다.[12] 이 이야기를 읽다 보니 침묵을 둘러싼 커다란 의문 몇 가지가 떠올랐다. 침묵을 찾으려면 세상에서 얼마나 물러서야 할까? 어떤 의미에서는 설명될 수도 전달될 수도 없는 침묵 경험은 그 범위가 어느 정도일까? 그야말로 얼마나 고요해야 침묵의 진리를 깨달을 수 있을까?

우리 모두에게는 침묵에 도달했음을 알아내는 직관적인 방식이 있다. 우리 인간이 소리를 받아들이는 방식에 대한 연구는 이제 물리학, 생리학 분야에서 심리학과 심리 음향학 분야로 발 빠르게 옮겨 가는 추세이다. 인간은 자신이 듣는 소리에 대해 두뇌에서 복잡하게 음파를 그려 냄과 동시에 정신적인 연상을 함으로써 그 소리를 경험하게 된다.

이라크에 주둔했던 미군 저격병 로버트는 전투 당시 경험했던 침묵을 이렇게 묘사했다.

"사람은 위협이 될 수 있는 모든 소리에 집중하면서 무엇이든 자기 생명을 유지시켜 줄 소리에 귀 기울이게 됩니다. 마치 동물처럼 말이죠."

로버트는 "포격이 시작되기 전 사위가 온통 고요한 상태에서 촉각을 최대한 곤두세웠을 때 느꼈던 침묵의 무게가 너무나 무거웠다."고 설명했다. 로버트는 그때 자기 모습이 사방에 도사리고 있는 것은 확실하지만 전혀 보이지도 들리지도 않는 위험에 대처하려 몸부림치는 동물 같았다고 말했다. 그런 상황에서는 누구나 자기 내면으로 빠져들고 시야가 좁아질 뿐 아니라 청력은 더욱 희미해진다고 했다.

"전혀 듣지 못할수록 더더욱 듣지 못하게 됩니다."

로버트는 계속 말했다.

"기다리는 동안에는, 정말 죽음을 기다리는 동안에는 그렇습니다…. 그리고, 아마도 어느 순간, 아프리카 평원에서 사자의 공격을 받아 쓰러져 잡아먹히기 직전에 빈사 상태에 빠지는 동물처럼 나 자신을 내면으로 침잠하게 하는 침묵의 무게를 느끼게 되는 겁니다. 그리고 살아남기 위해 저항하게 되는 겁니다."

신학자들은 침묵 추구의 기원을 찾아 먼 과거까지 거슬러 올라간다. 16세기 유태인 신비주의자 이삭 루리아가 발전시킨 응축(凝縮, tsimtsum) 교리에 따르면 침묵의 추구는 우주의 기초를 형성하는 활동이다.[13]

청년 시절 루리아는 나일 강 기슭의 섬에서 홀로 명상하며 침묵을 찾기 시작해서 지저귀는 새, 바람에 흔들리는 야자나무 잎, 타고 있는 장작의 언어를 해석하며 유명해졌다.(어떤 신비주의자들은 사원이 파괴되고 나서, 율법에 담겼던 가장 심오한 비밀의 일부가 새에 저장되었기 때문에 새들의 지저귐에 지혜가 가득하다고 생각했다.[14] 루리아는 나뭇잎과 숯이 한 말의 내용에 대해서는 침묵을 지켰다.) 나중에 루리아는 팔레스타인의 사페드로 가서 후대까지 전해질 신비주의 사상을 발전시켰다. 말하고 싶은 진리가 워낙 방대하다는 사실에 짓눌렸던 루리아는 글을 거의 쓰지 않았다.

"입을 벌려 말하려 할 때마다 댐이 무너지고 바닷물이 흘러넘치는 느낌이 들었다."[15]

'응축'은 공간 문제를 설명하는 전제이다. 신이 무한하고 충만하다면 다시 말해 신이 만물이라면 신의 창조물이 차지할 공간이 있을까? 따라서 천지창조의 첫 단계로 신은 다른 창조물이 존재할 공간을 만들기 위해 자기 속으로 물러서야 한다. 이런 물러섬의 형태가 자기 제한과 침묵이다.(유태인은 신과 언어를 동일시해서, 신의 물러섬을 언어의 수축으로 표현했다.) 루리아의 관점에서 신은 침묵을 추구하는 최초의 존재로서 자기 본질의 어둡고 외딴 심연 속으로 물러서고, 창조물은 언젠가 빛 가운데서 신을 찬양할 것이었다. 루리아 이론의 초기 주석자들은 이 과정을 우주 흡입에 비유했다.

"신은 세계를 어떻게 창조했을까? 인간이 자신의 몸에 많은 공기를 담기 위해 숨을 잔뜩 들이마신 뒤 멈추는 방식으로 창조했을 것이다."[16]

루리아가 주장한 신화를 인본주의 입장에서 읽어 보면, 인간이 입을 다물고 세상에서 물러서면서 남겨진 공간으로 세상이 힘차게 밀고 들어와 시각적·청각적으로 생생하게 피어난다. 그러나 18세기 하시디즘(Hasidism, 18세기에 폴란드와 우크라이나의 유대교도 사이에 일어난 신비주의적 경향의 신앙 부흥 운동-옮긴이)의 대가 브라츨라프의 나만은 '응축' 교리에 신비스런 변화를 주었다. 신이 자기 본질에 닿기 위해 침묵하며 거쳤던 단계를 인간이 재현해야 한다고 주장했던 것이다. 침묵을 찾는 사람은 자신을 비우고 침묵하는 과정을 거치면서 신이 남겨 준 빈 공간 깊숙이 들어간다. 하지만 나만 자신이 "침묵의 미로"라고 일컬은 공간으로 들어간 고결한 사람은 빈 공간에도 신이 존재한다는 사실을 본능적으

로 깨닫는다.[17]

루리아와 나만에 대한 글을 읽다 보니, 침묵을 통해 일상의 자아에서 탈피하는 경험을 하게 되었다고 말하던 사람들이 생각났다. 독실한 가톨릭 신자이자 화가인 친구 알폰스는 이렇게 말했다.

"침묵하며 홀로 있을 때는 나의 정체성이 겹겹이 벗겨져 결국 속 알맹이가 그대로 드러나는 것처럼 느껴지지. 침묵에 도달하면 내가 사랑하는 다른 자아를 만나게 돼. 갑자기 어머니와 아버지 곁으로 돌아가기도 한다니까. 부모님은 여전히 나와 함께 계셔."

한 불교도 친구는 침묵 명상이 자신에게는 끊임없이 생각을 비우는 과정이었다고 말했다.

"명상을 마칠 무렵이면 머릿속에서 생각을 모두 없애는 과정을 신체적으로 겪게 되지. 이때 울기도 하고, 기침을 하기도 하고, 감기에 걸리는 사람도 있다네."

이러한 경험을 하면서 세상 여러 상황에 대처하는 방식도 바뀌었다고 했다.

"지나간 일이기는 하지만 내 마음은 계속 흔들리고 시끄러웠어. 하지만 지금은 더 이상 쉽게 흥분하지 않는다네. 주위 만물이 계속 변한다는 사실을 깨달으면서 나의 자그마한 결정에 생사가 달려 있지 않다고 생각하게 됐거든. 마치 정신의 정화 과정을 겪은 것과도 같아."

그렇다면 침묵 경험에 집중할 때 실제로 두뇌에서는 어떤 현상이 일어날까?

침묵 명상의 효과를 둘러싼 신경과학 연구는 여전히 초기 단계에 머물러 있다. 하지만 위빠사나 명상을 비롯해 이와 비슷한 수행을 하는 사람들에 대한 기능성자기공명영상 연구(fMRI studies, 두뇌를 통과하는 혈류를 추적할 수 있는 영상 연구)를 통해 보면 중요한 자극과 중요하지 않은 자극을 구별하는 능력이 명상으로 향상된다는 사실을 알 수 있다. 이는 전반적인 두뇌 활동의 감소로 해석된다. 뉴욕대학 뇌건강센터 연구원 리디아 글로직 소반스카는 익숙지 않은 임무를 수행하기 시작할 때 개인에게 나타나는 연쇄반응을 설명했다. 우선 뉴런이 자극을 받고, 글루타메이트 수용체가 개입하면서 칼슘이 세포로 흘러들어 가 여러 효소를 활성화하고 다른 반응이 일어나도록 촉진시킨다.

"사건이 광범위하게 발생하면 시냅스 연결과 가지가 새롭게 형성되어 갑니다."

임무를 새로 시작하는 시점에 나타나는 이렇듯 강렬한 활동은 두뇌가 건강하게 기능한다는 신호이다. 신경망은 평소 훈련을 거치면서 점차 정교해져야 한다. 그렇지 못하여 친숙한 활동을 수행하는 데 개입하는 두뇌 신경망의 범위가 좁으면 이후 광범위한 수준의 사건이 생겼을 때 불협화음이 생긴다. 리디아는 이렇게 덧붙였다.

"알츠하이머 병 연구에서 영상으로 드러난 결과에 따르면, 환자의 다른 두뇌 지역은 정상인보다 활발하게 활동할 수도 있지만 질병에 취약한 특정 두뇌 지역은 전혀 활동하지 않아요."

정상인보다 활발한 활동을 보이는 다른 뇌 부분이 보완적 역할을 할 수 있으리라 생각하기도 하지만 실제로는 전혀 그렇지 않고 그저 두뇌 소음만 엄청나게 증가할 뿐이라고 했다. 리디아는 설명을 계속했다.

"장기 목표는 언제나 두뇌의 활동을 감소시키는 겁니다. 전체 과정이 효과적이려면 더욱 제한된 수의 시냅스를 자극이 좀 더 신속하게 통과해야 합니다."

숙련된 명상가의 두뇌는 저하 상태에 있다가 신속하게 고도의 집중력을 발휘한다. 이런 현상은 운동선수에게도 비슷하게 나타난다. 운동선수들은 평소에는 맥박수를 매우 낮게 유지하지만 신체적으로 도전할 만한 활동에 직면하면 혈류량을 순조롭게 증가시킬 수 있다. 활동이 끝나면 혈류량은 최저 기본선까지 급격하게 떨어진다. 침묵에 전념해 온 사람들은 신진대사의 측면에서 자신의 두뇌가 지닌 특징 자체를 즐기고 더 침묵하게 되며, 자극이 우연히 발생했을 때 무의미하게 신경 반응을 증가시키지 않는 경향이 있다.

혹독하게 추운 날씨를 무릅쓰고 뉴 멜러레이 수도원 수도승들을 만나 대화를 나누고 몇 시간 동안 책을 읽고 나자 땅거미가 내려앉기 전에 몸을 풀고 싶었다. 바깥은 침묵 자체였다. 넓디넓은 잿빛 하늘에는 초록빛이 감돌고 땅은 순백색이었다. 트라피스트 수도원은 끝없이 펼쳐지는 단조로운 풍경에 사람들의 잡념이 사라지도록 대부분 평지에 자리한다. 지난 밤 늦게 눈이 내릴 것이라는 기상예보가 있기는 했지만 근래 며칠 동안 눈이 내리지 않았던 탓에 길에는 전에 내린 눈이 단단하게 다져져 있었다. 눈을 밟는 소리에 깊디깊은 침묵이 깨져 괜스레 조바심이 났다.

얼어붙은 길은 개울에서 끊겼다. 개울에 가까이 다가가자 갑자기 커다란 청왜가리 한 마리가 잔물결을 일으키며 날아올랐다. 그러더니 조용히 날개를 퍼덕이며 앙상한 나뭇가지 높이 솟구쳐 올랐다. 뉴욕 거리에 익숙했던 나는 이러한 동작이 소리 없이 이뤄질 수 있다는 사실이 신기했다. 자기 고국에서는 "모든 것이 소리를 지른다."고 말하던 브라질인 친구는 일본에 갔더니 도시 풍경이 마치 "무성영화를 보는 것 같았다."며 신기해했다. 앞에 펼쳐진 거리와 건물에서 마땅히 나야 한다고 생각했던 소음이 들리지 않았기 때문이다.

나는 끝없이 펼쳐진 눈 덮인 풍경을 가로지르는 어둑어둑한 길의 가장자리를 따라 걷고 또 걸었다. 멀리서 어렴풋하게 잿빛 농장 건물 몇 채가 나타났다. 뾰족탑이 부러진 교회 탑처럼 생긴 목초 저장고도 눈에 띄었다. 나는 주교단을 상대로 자신들의 소명을 주장한 명상 수도승들의 글이 생각났다. 그들이 얘기하기를, 신이 사람을 창조한 곳도 사막이었고 호세아(Hosea, 히브리의 예언자—옮긴이)가 말했듯 신이 죄 지은 사람들을 '사로잡고 그들에게 온화하게 말하려' 데려간 곳도 사막이었다.

금식과 침묵을 비롯한 모든 금욕적 수행은 깊이 들어가면 하나의 유혹이 될 수도 있다. 하지만 금욕 수행을 하지 않는 사람은 그것을 행하는 사람들에게 펼쳐지는 삶의 가능성을 알 길이 없다. 20세기 초 미국인 인류학자 프레이저 박사는 한 오스트레일리아 원주민 부족의 '침묵하는 홀어미(Silent Widows)'들을 연구하기 위해 길을 떠났다. 종족의 관습에 따르면 '침묵하는 홀어미'들은 죽은 남편의 영혼에서 벗어나기 위해 남편이 죽고 2년 동안 침묵을 지킨다. 침묵 규율을 지켜야 할 이의 범위는 사망한 자의 어머니, 여자 형제, 딸, 장모에까지 미치기 때문에 결과적으로 부족의 여성 대부분이 애도 기간 동안 말을 하지 않는다. 외부인의 눈으로 보기에는 끔찍하게 행동이 제한된 생활 방식이다. 하지만 프레이저는 애도 기간이 끝나고 나서도 많은 여성들이 침묵을 유지하면서 손짓으로만 대화하는 "야릇한 상황"이 벌어진다고 기록했다.[18]

길을 걷는 내 머리 위로 하얀 깃털이 빙빙 원을 그리며 떨어졌다.

트라피스트들은 '규율을 엄격하게 준수하는 시토 수도회' 소속으로 알려져 있다. 트라피스트 운동은 그 이름의 기원이 된 프랑스의 수도원 라 트라프(La Trappe)의 수도원장 랑세의 지도로 17세기에 들어서면서 발전하기 시작했다. 수도승이 되기 전에 랑세는 대학자이자 열렬한 수렵가였고, 멋진 옷으로 치장하기를 좋아했다. 그러던 어느 날 자신이 열성적으로 연모해 온 몽바종 공작부인이 머리가 없는 시신의 모습으로 누워 있는 현장을 목격하는 충격적인 사건을 겪었다. 공작부인이 갑자기 사망하자 성급한 장의사가 길이를 잘못 잰 관에 맞추려고 시신의 목을 잘랐던 것이다. 그 사실을 알게 된 랑세는 소르본대학교에서 사냥터까지 종횡무진 누비고 다니던 방랑 생활을 끝내고 재산을 모두 정리한 후 하인을 데리고 라 트라프 사원에 칩거하면서 가장 엄격하게 금욕 생활을 하는 수도원을 세웠다. 수도원이 내세운 침묵 규율은 절대적이어서 수도승들은 서로 몸짓만으로 대화해야 했다. 일 년의 반은 엄격하게 금식했고, 나머지 반은 주로 나무뿌리로 연명해야 했다. 기도하거나 침묵하며 명상할 때를 제외하고는 밭에서 일했고 때때로 금욕을 위해 나무 샌들에 가시 안창을 깔아 신었다.[19]

트라피스트가 부활시키려 했던 클뤼니 수도회의 전통에서 독신만큼이나 강조됐던 침묵은 신을 찬양하기 위해서만 입을 떼는 천사를 모방한 방식이었다.[20] 수도승들은 단체로 침묵을 지킴으로써 경망스러운 행동을 뿌리부터 차단하고, 신의 희생과 인간의 유한성을 모든 사람에게 들려주려 했다.

침묵이 엄숙함에 이르는 가장 빠른 길이라는 개념은 수많은 종교적 관례의 전제일 뿐 아니라 국가 차원에서 행해지는 묵념의 기원이기도 하다. 종교인과 비종교인이 참여하는 애도 의식에 묵념이 처음 도입된 시기는 알 수 없지만, 사육제를 지키던 관습에서 어렴풋하게나마 찾아볼 수 있다. 1868년 베니스 사육제를 목격했던 사람은 "산 마르코 성당의 커다란 시계가 자정을 치면 밴드가 연주를 멈추고 엄청나게 많은 군중들도 전혀 소리를 내지 않았다."고 증언했다. "침묵과 암흑의 시간"이 끝나면 작은 등불이 모습을 드러내고 뒤이어 활활 타는 불뱀과 로마식 양초, 불화살의 불꽃이 피어올랐다. 마지막으로 "귀가 터질 것 같은 폭발"로 멸망한 "불운한 군주의 초상"에 불이 붙었다. 자정에 갖는 침묵의 시간은 육신의 규칙이 끝나고 사순절이 가까이 다가왔다는 사실을 군중들에게 일깨워 주었다.[21]

국가 차원의 묵념이 맨 처음 어디서 행해졌는가에 대해서는 논란이 있는데 대부분의 주장은 '타이타닉 호'가 침몰한 해에 미국 전역에서 실시된 애도의 침묵과 마찬가지로 희한하게도 동시대의 기록에 남아 있지 않다. 최초로 기록된 국가 차원의 묵념은 영국 휴전 기념일에 실시된 것으로, 남아프리카에서 고등판무관으로 일했던 퍼시 피츠패트릭의 촉구로 휴전 체결 다음 해인 1919년에 시작되었다. 피츠패트릭은 1차 세계대전 시기에 남아프리카에 근무하면서, 매일 3분에 걸쳐

하던 일과 대화를 중지하는 그곳의 관습에 깊은 감명을 받았다. 그는 모두가 침묵의 휴식을 취해야 한다고 편지에 쓰면서, 침묵이 "영광스러운 불멸의" 전사자들이 치른 희생을 기리는 동시에 살아 있는 사람을 결속시킨다고 강조했다.

영국은 국가 차원의 전국적 묵념을 실시하면서 기차 운행을 멈추고 공장 문을 닫고 전화 통화를 금지하는 등 소리뿐 아니라 모든 활동을 중단시켰다. 2분에 걸친 침묵이 매우 강력한 효과를 발휘했기 때문에 비비시(BBC)는 묵념하는 동안 마이크의 스위치를 끄는 데 그치지 않고 1929년부터는 묵념 현황을 방송하기 시작했고, 그 후로 묵념 방송은 비비시의 고유 권한으로 자리 잡았다. 비비시 대표가 설명했듯이 "그 침묵은 그저 죽은 침묵이 아니기 때문에 더욱 강한 인상을 준다. 빅벤이 묵념 시각을 알리면, 짹짹거리는 참새 소리와 바스락대는 낙엽 소리, 비둘기가 날개를 퍼덕이는 소리가 낯선 침묵 속에서 어색하게 들리며 조금 전까지 사람과 차량으로 붐볐던 런던의 소음과 대조를 이룬다." 그는 침묵이 "개성을 녹여 인간을 위대하고 우주적 존재로 만드는 용매"라는 사실을 사람들에게 널리 알리는 것이 바로 비비시의 역할이라고 결론 내렸다.[22)]

홀로코스트 추모 기념일에 이스라엘에서 행하는 2분 묵념을 지켜보면서 나 또한 그렇게 느꼈던 기억이 난다. 행사가 어떤 모습일지 전혀 예상하지 못했지만 사이렌이 울리자 인도를 걷던 사람들이 일제히 자리에 멈춰 서고, 자동차에서 내리던 사람들은 차 문을 열어둔 채로 차 옆에 서는 장면을 보면서 가슴이 뭉클했다. 신호등이 계속 바뀌었지만 자동차들도 그대로 서 있었다. 마치 침묵이 현재에 구멍을 뚫어,

말로 표현할 수 없을 만큼 지독한 과거를 구멍으로 쏟아 부으면서 인간 개개인의 삶을 꿀꺽 삼키는 것 같았다. 묵념이 끝나자 주위의 자지레한 소리가 고통스러울 정도로 시끄럽게 들렸다. 어쨌거나 나는 그런 짧은 침묵의 순간을 누리며 살고 싶었다.

사람들이 침묵에 동참하려고 뉴 멜러레이 수도원을 줄지어 찾은 이유는, 잦은 전쟁과 재앙을 겪고 나서 침묵을 통해 깨달음을 얻어 위대하고 형이상학적 존재가 되고 싶다는 열망을 품었기 때문이다. 이는 2차 세계대전 직후에 벌어진 현상이었으므로, 인간이 휘두르는 폭력에 대중이 반감을 품으면서 자원자가 늘어났으리라 추측할 수도 있다. 하지만 수도원 도서관에서 찾은 뉴 멜러레이 수도원의 구술 역사를 검토해 보면 이유는 좀 더 복잡하다. 군 복무를 마치고 수도원을 찾은 한 수도승은 이렇게 설명했다.

"눈앞에서 산산이 부서진 집 더미를 보다 보면 삶에 소비주의와 쾌락 추구 이상의 무엇이 있다는 사실을 깨닫지 않을 수 없습니다."

이 수도승이 수도원에 들어오겠다고 마음을 굳힌 이유는 전쟁과 폭력을 거부해서가 아니라 군대에서 돌아와 미국 소비 사회의 평화롭고 공허한 모습을 목격했기 때문이다. 군대도 수도원도 나름대로 자체적인 방식으로 전력을 기울여 침묵하면서 조심스럽게 죽음을 준비한다. 수도승들과의 인터뷰 내용을 담은 글에 따르면, 1940년대 말과 1950년대 초에 수도승이 고행 수단으로 대못을 사용했던 것은 전쟁이 벌어지는 동안 도주하지 않고 삶의 혹독함을 영원히 기억하기 위해서였다.[23)]

침묵과 말할 수 없는 것

수도원에 머문 지 이틀 째 되던 날 아침에 식당에서 만난 알버릭은 침울해 보였다. 다음날 요나가 사제 서품을 받을 예정이라고 했다. 사제 서품을 받기까지는 정말 오랜 수행 과정을 거쳐야 한다. 각지에 흩어져 사는 가족과 친구가 사제 서품 의식에 참석할 예정이었지만 날씨 때문에 많은 사람이 참석을 취소하고 있다고 했다. 침묵하면서 관을 짜는 트라피스트 수도승들의 노동 모습을 내게 보여 주겠다던 알버릭의 계획에도 차질이 생겼다. 알버릭은 관 짜는 공장을 돌아보는 대신 침묵 찾기를 주제로 몇몇 수도승과 대화할 수 있는 시간을 마련해 주었다.

"이곳의 자연은 우호적이지 않아요."

알버릭은 흩날리는 눈으로 덮인 창문을 걱정스런 눈빛으로 내다보며 말했다.

"자연은 심술을 부리죠. 마치 양극단의 성격을 보이는 어머니 같아요. 하지만 내 안에 있는 수도승 기질은 이런 자연을 좋아해요. 수도승들은 인간 능력의 극한까지 밀어붙이며 사니까요. 하지만 내 인간적 본성은 언제나 허덕이며 자연과 씨름합니다."

알버릭에 따르면 지역 주민들도 자연과 씨름하기는 마찬가지여서 침묵의 서원을 하지 않았더라도 한가롭게 대화하는 일이 거의 없다. 농사는 가혹할 만큼 고되고 돈도 되지 않는다고 했다. 게다가 시골인데도 사람들의 청력이 손상되고 있었다. 농부의 75퍼센트는 중장비 사용으로 청력이 손상된 상태였다.[24]

침묵을 강조하는 전통적 중서부 금욕주의도 시끄러운 환경에 직면해 어려움을 겪고 있다. 요나 형제의 사제 서품식이 끝나고 나서 점심 식사 시간에 만났던 한 사제는 자신이 담당하는 교구의 신도들이 침묵을 경험하지 못하고 있다고 말했다. 따라서 데이비드 신부를 비롯한 종교 지도자들은 선교 활동의 일부로서 가장 기본적이고 실용적인 침묵 경험을 신도들에게 처방하고 있다. 그 사제는 이렇게 말했다.

"신도들에게 매일 일정 시간 동안 텔레비전도 틀지 말고 음악도 듣지 말고 단 30분만이라도 홀로 앉아 침묵하라고 권합니다. 그러면 '신부님, 여태껏 경험해 보지 못한 심오한 경지를 느꼈습니다.'라고 얘기하는 사람도 있어요. 삶에서 무엇과도 견줄 수 없는 경험이었다고 말이죠."

나는 심오한 침묵 경험이 생활에 어떤 이익을 안겨 주는지 물었다. 식탁에 함께 앉아 있던 연로한 은퇴 사제 스티븐 신부는 자기 경험에 비추어 볼 때 사람이 침묵하지 못하면 서로를 이해하는 능력을 갖출 수 없다고 대답했다. 스티븐 신부는 각 교구의 정책수립협의회를 감독하는데, 최근 들어 토론으로 결정을 내리는 방법을 더 이상 허용하지 않는다고 말했다. 이러한 방법을 허용하면 결과적으로 "소음이 결정을 좌우"하기 때문이다. 대신에 구성원 전원에게 의견 불일치에 대한 자기 입장을 놓고 명상하라고 요청한다. 시간이 한참 흐르고 나서 다시 모인 사람들의 생각은 대체로 바뀌어 있다.

"신부님, 밖에 나가서 농장을 이리저리 거닐며 생각해 봤어요. 내가 다른 사람 입장이라면, 내 주장대로 일이 결정되었을 때 얼마나 기분이 언짢을까 하고요."

시토 수도회 수호성인 성 베르나르가 편지에서 "침묵은 정의의 작용이다."라는 이사야의 말을 인용한 것도 이런 이유에서였을 것이다.

대평원에서의 삶에 대한 알버릭의 이야기를 듣고 있자니 특정 노동 윤리가 머릿속에 맴돌았다. 그래서 자연스럽게 수도승이 수행하는 고된 노동에 대해 생각하기 시작했다. 이러한 생활은 내 친구들이 꿈꾸는 전원생활과는 거리가 멀어 보였다.

"아침에 그렇게 일찍 일어나는 이유가 뭐죠?"

나는 불쑥 물었다.

"정각도 아니고, 새벽 세 시 십오 분에 하루를 시작하는 이유는 뭔가요?"

"각성(覺醒)을 위해서죠."

알버릭은 이렇게 대답하면서, 하루의 첫 기도는 시토 수도원 수도승들이 항상 유지해야 하는 "최고도 각성"이 축소된 활동이라고 설명했다.

"암흑은 매우 안전한 공간으로 탄생과 관계가 있어요. 크리스마스 밤을 생각하면 됩니다. 밤은 어떤 일도 일어날 수 있는 때거든요. 조용하고 어두운 장소는 보물이 묻혀 있는 곳이랍니다."

"첫 기도를 마치고 나면 무엇을 하나요?"

"방으로 돌아가 독서를 합니다. 수도승과 책은 떼려야 뗄 수 없는 관계에 있어요. 수도승들은 끊임없이 공부하고 기도하고 명상해요. 하루를 시작하기 전 여섯 시간을 자유롭게 쓸 수 있어요. 아무리 돈이 많아도 이러한 여유를 누릴 수 있는 사람이 몇이나 되겠어요. 우리들은 이 시간을 '성스러운 여가'라고 부릅니다. 이러한 시간을 갖는 일은 인간성에 유익하게 작용해요."

닐 형제는 키가 크고 마른 체구에 몸이 약간 구부정하고, 얼굴은 한쪽으로 약간 기울었으며, 상대를 꿰뚫어 보는 듯한 창백한 눈동자가 반짝이는 사람이었다. 그는 나름대로 뚜렷한 관점을 갖고 있었다.

"신은 우리가 이해할 수 없는 존재라는 점에 대해 어떻게 생각하나요?"

내게 이렇게 질문을 던진 닐은 20세기 독일 신학자 카를 라너의 말을 인용해 자신의 수사학적 질문에 대답했다.

"궁극적으로 인간이 신에게 보일 수 있는 유일하게 적절한 반응은 침묵 숭배입니다."

이러한 개념은 수많은 전통에서 찾아볼 수 있는 것이다. 물론 고대 종교의 관점에서 이해하려면 시간이 걸린다. 고대 종교에서 사람들은 큰 소리로 기도했다. 신의 귀는 거대한 인간의 귀처럼 생겨서 숭배자가 실제로 소리를 내야 한다고 믿었기 때문이다. 게다가 무언의 기도는 탐탁지 않게 생각했다. 타인에게 들리지 않게 기도하면 금지된 사랑을 구하거나 수상한 힘을 원하거나 불법 약탈을 시도하려는 의도를 숨기는 것으로 여겼다. 기도하는 태도가 바뀌기 시작한 것은 신이 지닌 신체적 감각기관에 대한 믿음을 넘어서면서부터이다. 신플라톤주의자들은 초월적 존재에 도달하려면 감각의 세계를 넘어 기도 자체를 정화해야 한다고 믿었다. 3세기에 활동했던 신플라톤주의자 포르피리오스는 이렇게 썼다.

"서로 다른 신에게 맞춰 적절하게 다른 제물을 바쳐라. 영적 존재에게 완전히 순수한 물질은 있을 수 없기 때문이다. … 그러므로 음성언어도 내적 언어도 최고의 신에게는 적절하지 않다. … 우리는 깊은 침묵으로 신을 경배해야 한다."[25]

알버릭에 따르면 침묵은 존재의 의존성을 상기시키지만, 닐은 위대한 진리에 직면했을 때 침묵으로 우리의 습관적 인지(認知)를 없앨 수 있다고 말하고 있다.

이러한 닐의 신념은 종종 자연계와의 관계에서 침묵에 대한 여러 세속적 이상을 새로이 하는 양상으로 나타난다. 마츠시마 군도를 노래한 유명한 일본 시에는 '오, 마츠시마!'라는 단어만 나온다. 시인은 마츠시마 군도의 아름다움에 압도당한 나머지 겨우 섬 이름만을 외치고는 침묵에 빠진다. 20세기 초를 지배했던 침묵의 철학 또한 인간의 표현과 진리 사이에 존재하는 현격한 차이를 논한다. 비트겐슈타인은 자신의 첫 철학서를 "말할 수 없는 사항에 대해서는 침묵해야 한다."는 명제로 끝맺었다.[26] 하이데거는 "무엇보다도 침묵에 대해 침묵하라."고 주장했다.[27] 또한 프랑스 철학자 막스 피카르트는 "유일한 존재의 정당한 상태가 침묵이다. 즉 침묵은 신의 상태이다."라고 썼다.[28] 피카르트는 가톨릭교도이기는 했지만 선종(禪宗)의 여러 기본 개념을 거듭 강조했다. 나의 명상 선생이자 친구인 루시탁은 끊임없이 펼쳐지는 지금 이 순간의 경이에 온전히 집중하기 위해, 자신에게 쉽없이 말하는 '마음의 이야기를 없애는' 노력이 바로 침묵 명상이라고 말했다.

미국 원주민 부족인 아파치족은 침묵 준수로 유명하다. 사회언어학적 연구 결과에 따르면 이들은 사회적으로 옳다 그르다 판단하기가 매우 애매한, 구혼이라든가 오랜 별거 후의 재회와 같은 상황에서는 침묵으로 대화 내용을 채운다.[29] 침묵은 애매한 상황을 인정하는 표시로 보인다. 사람들은 침묵을 거치면서 새로운 관계를 형성할 시간을 확보한다. 그런데 우리 대부분은 늘 애매한 상황에 직면하면서도 대부분 말로 덮어 버려서 서로가 정확한 상황을 알고 의미 있는 대화를 나눌 기회를 놓치곤 한다.

일부 민간 의식에서 침묵은 기존의 관계를 향상시킬 뿐 아니라 미래의 연인을 불러내는 힘을 행사한다. 영국의 '침묵 케이크(dumb cake)' 전통에서 젊은 여성은 철저하게 침묵하면서 케이크를 구워 먹고 나서 침대에 눕거나 때로 베개 밑에 '침묵 케이크' 한 조각을 미리 넣어 두면 미래 남편의 모습을 볼 수 있다고 한다.[30](18세기에 나온 『버지니아에 사는 젊은 아가씨의 일기』를 보면, 조지 워싱턴의 집을 찾은 주인공이 친구에게 '침묵 케이크'를 함께 먹자고 설득하지만 친구는 너무 섬뜩하다며 거절한다.[31]) 또한 완전히 침묵하면서 저녁을 먹는 '침묵 저녁 식사' 의식도 있다. 이 의식은 여성의 결혼 운세를 예언하거나 최근에 죽은 사랑하는 사람을 만나는 절차가 되기도 한다.[32]

많은 전통에서 침묵은, 그것을 추구하는 사람이 미래를 응시하건 과거를 바라보건 간에 인간 경험의 알 수 없는 저편에 다다르게 하는 다리 역할을 한다.

뉴 멜러레이 수도원을 떠나기 전, 알버릭은 "규칙을 약간 어겨서" 수도승만이 출입할 수 있는 교회 지하 예배당으로 안내해 주겠다고 했다. 그곳이 수도원에서 가장 조용한 장소라는 말도 잊지 않았다.

그는 예배당에 흐르는 침묵이 워낙 강력해서 "자신의 안전지대 밖으로 끌려나온 것" 같은 느낌이 들 수 있다고 경고했다. 대도시에서 온 사람들이 예배당 안에서 단 5분도 견디지 못하고 뛰쳐나왔던 경우가 몇 번 있었다고도 했다.

우리는 지하를 내려가고 또 내려가 불도 켜지지 않고 끝없이 이어진 복도를 걸었다. 알버릭은 천장이 낮은 예배당 입구의 석벽에서 기다리라고 내게 손짓하고는 예배당의 상황을 살펴보려고 앞서 걸었다. 조금 있다가 돌아온 알버릭은 침묵 수행을 하기 전에 미리 읽어 주고 싶은 구절이 있지만 예배당에 다른 수도승이 있어서 그럴 수가 없다고 낮게 속삭였다. 나는 알버릭이 이끄는 대로 다른 문을 통과하고 차단벽을 돌아 작은 방으로 들어갔다. 사슬로 연결되어 반대편 끝 천장에 매달려 있는 자그마한 양초가 희미한 빛을 던질 뿐 방은 칠흑처럼 어두웠다. 촛불에 체구가 큰 남성의 윤곽이 희미하게 비쳤다. 그는 허벅지에 손을 얹고 다리를 넓게 벌린 채로 숨을 크게 몰아쉬고 있었다. 알버릭과 나는 측면 벽을 따라 늘어선 의자에 몸을 숙여 앉았다.

나는 암흑 속에서 수도원의 침묵에 동화했고, 수도승이 평생을 바쳐 죽음을 준비하는 엄격한 태도에 마음이 끌리기 시작했다. 알버릭은 이렇게 말했다.

"수도승에게 죽음은 졸업 의식이에요. 죽어서야 비로소 수도승의 본분을 다하는 겁니다. 즉 죽음은 수도승의 임무가 완수되는 시점을 가리키죠. 그래서 장례식 분위기는 밝고 심지어 기쁘기까지 하답니다. 수도승이 땅에 묻히기 전날 밤에는 부활 양초를 밝혀요. 시신을 예배당 중앙에 안치하고 양쪽에 의자 두 개를 놓습니다. 시신 발치에는 양초를 켜 놓고요. 수도승들은 시신을 가운데 놓고 밤새 순서대로 기도합니다. 그리고 침묵으로 들어가는 일에 대해 얘기하지요."

알버릭은 고개를 가로저었다.

"그런 과정이 소름끼치거나 으스스하다고 생각할 수도 있어요. 하지만 수도원 생활에서 가장 유쾌하고 기쁜 순간이 그때예요. 앞으로 상황이 괜찮을 거라고 침묵이 말해 줍니다. 마음속에 거부감이 없다면 상황이 괜찮아지리라는 사실을 누구나 알 수 있어요."

나는 예배당 벽에 걸린 촛불에 눈길이 갔다. 공기의 흐름을 느낄 수는 없었지만 양초에 달려 있는 사슬이 외풍에 이리저리 살살 흔들렸다. 양초에 씌운 유리에 두 겹으로 타오르는 붉은 불꽃 그림자가 비쳤다. 마치 속담에 나오는 나방이 불꽃으로 탈바꿈한 것 같았다.

안락한 지대로부터 너무나 멀리 끌려 나왔지만 그곳에 머물면서 침묵으로 더욱 깊이 빠져들고 싶은 생각이 솟구쳤다.

뉴 멜러레이 수도원 수도승들은 자신을 깨닫기 위해 침묵에 귀 기울인다고 말했다. 하지만 수도원의 침묵으로 얻으려는 자기 인식은, 결국 자신이 진정으로 어떤 사람인지 발견하는 것이기보다, 자기 내면이나 외면을 스스로 파악하기에는 한계가 있다는 사실을 인정하게 되는 것이다. 수도승이 조용한 수도원 생활로 깨달을 수 있으리라 믿으며 추구하는 자기 인식은 자아 너머에 무언가가 존재한다는 인식이다.

나는 수도원에 체류하는 내내 명쾌하고 구체적으로 실천할 수 있는 가르침을 찾고 있었다. 하지만 그런 가르침 대신 얻은 것은, 알지 못함으로써 그리고 마음이 계속 밖으로 향함으로써 유익을 얻을 수 있다는 강력한 암시였다. 음악을 듣는 사람들을 대상으로 기능성자기공명영상 연구를 실시했던 신경과학자 비노드 메논과 대화를 나눈 적이 있다. 메논은 소리 사이에 침묵이 흐르면서 두뇌가 다음 소리를 예측하려 애쓸 때 두뇌 활동이 절정에 이른다는 사실을 밝혀냈다. 정신은 소리 자극이 없을 때 터져 나오는 신경 점화 덕택에 집중하고 기억을 부호화하는 주요 임무를 수행한다.[33] 이러한 발견을 통해 어떤 결론을 내렸는지 묻는 내 질문에 메논의 작고 짙은 눈동자가 빛났다.

"시의적절한 침묵은 금과 같아요."

잠시 동안의 침묵도 우리에게 풍요로운 미지의 세계를 안겨 줄 수 있다. 정신을 집중하고 경험을 흡수할 수 있는 공간을 제공하고, 함께 있는 사람이 뜻밖에 놀라운 존재일지 모른다는 신호를 보내고, 말로 표현할 수 없어도 진실을 가슴에 울려 퍼지게 하며, 자신이 좀 더 위대한 존재에 의존하고 있다는 사실을 다시 한 번 깨닫게 한다.

예배당에 좀 더 머물고 싶었지만 알버릭이 이미 의자에서 일어나 내게 나오라고 손짓하고 있었다. 나는 잠시 머뭇거리다가 할 수 없이 일어섰다. 그곳에 얼마나 있었는지 모르겠다. 그리 긴 시간은 아니었지만 암흑과 침묵의 심연으로부터 발길을 돌려 불빛과 발자국 소리 속으로 다시 들어서자 왠지 슬픈 감정이 밀려왔다.

제2장

우리는 왜 들을까

Why We Hear

"멀리서 딱 하는 소리가 들리면 어떻게 하겠어요?"

톨레도대학 심리학과 교수인 리케 헤프너가 질문을 던진다. 걸걸한 그의 목소리를 들으면서 그가 하는 말을 좀 더 주의 깊게 들을 걸 잘못했다는 생각이 들었다.

"소리가 나는 쪽으로 고개를 돌리겠죠?"

나는 과감하게 이렇게 대답해 봤다.

"소리의 근원을 찾겠다는 뜻이군요! 어디에서 무엇 때문에 소리가 났는지 알고 싶은 거죠. 그래서 소리가 나는 쪽으로 눈길을 돌리고 싶은 거예요. 포유동물에게 귀는 동물 탐지기라서 사냥감의 위치를 눈에 전달하죠. 따라서 귀로 충분한 범위를 들을 수 있어야 하고 음원의 위치를 알기 위해 정확한 주파수를 들을 수 있어야 해요. 그에 따라 청각도 진화한 겁니다."

리케 헤프너와 그 남편인 헨리 헤프너는 40년 이상을 '설치류와 토끼목의 청력: 집토끼, 목화쥐, 야생쥐, 캥거루쥐'와 같은 주제에 대한 방대하고 깊이 있는 연구를 수행해 왔다. 두 사람은 존재하는 모든 온혈동물 새끼의 청력 진화와 청각 기제를 연구해 온 것으로 보였다. 내가 리케 헤프너에게 전화를 걸었던 것은, 처음으로 침묵과 소음에 대해 깊이 생각하고 나서, 알려지지 않은 것 즉 미지의 세계에 귀를 기울이는 행동이 의미가 있다면 알려진 세계에 대해서도 좀 더 잘 알아야 할 필요가 있다고 느꼈기 때문이다. 우리가 소리를 듣기 시작한 이유를 이해하지 못한 상태에서 소음이나 침묵이 어떤 영향을 미치는지 알 수는 없는 노릇이니 말이다.

어쨌거나 겉보기에는 침묵 찾기라는 개념 자체가 감각적으로 다소 무의미해 보인다. 형태가 전혀 없는 존재를 추구하고 싶은 사람이 있을까? 인간은 맛이나 냄새가 없는 곳을 찾아가지 않는다. 그런데도 수많은 사람들이 하나의 감각을 되도록 적게 사용하는 것이 유쾌한 정도를 넘어 유익하다고까지 믿는 이유는 무엇일까? 거의 들을 것이 없다는 개념에 그토록 마음이 끌리는 이유는 무엇일까?

헤프너는 소크라테스식 대화를 하던 도중에 언젠가 근처 철로에서 기차가 엄청나게 요란한 소리를 내며 지나갔는데도 사슴 가족이 자기 방 창문 앞까지 온 적이 있었다고 말했다. 이따금씩 여우, 마멋과 토끼, "겁에 질린 사향쥐", "못된 너구리 떼"도 본다고 했다. 그만큼 동물들이 기차 소리에 익숙해 있다는 설명이었다.

"동물들은 기차가 무서워 달아나는 법이 없어요. 소음이 끔찍한데도 말이죠."

헤프너 부부가 수행하는 연구의 초점은 매우 중요한 두 가지 이론, 즉 동물은 생존하기 위해 소리를 듣는다는 이론과 생활 유형이 같은 동물은 같은 종류의 소리를 듣는다는 이론에 맞춰져 있다. 이는 결국 두개골 크기에 따라 운명이 결정되고, 청각 장치는 소리의 위치를 파악하기 위해 존재한다는 이론과 같다.

1960년대 헤프너 부부는 진화신경과학자 브루스 매스터턴 밑에서 수학했다. 헨리는 스승과 함께 책을 썼고 리케는 매스터턴이 포유류 18종의 청력을 비교 연구해서 발표한 탁월한 내용의 첫 논문 〈인간 청력의 진화〉에서 통계분석을 도왔다. 그들은 동물의 두 귀 사이의 간격을 측정하면 고주파수 청력을 상당히 정확하게 예측할 수 있다는 사실을 발견했다. 음파가 각 귀에 도달하는 방식의 차이를 근거로, 공간에서 음원의 위치를 그래프로 나타낼 수 있기 때문이다. 내이(內耳) 거리는 동물이 어떤 신호를 토대로 날개를 퍼덕이거나 발톱을 내리찍는지 파악할 수 있는 주요 요소이다.

그 후 헤프너 부부는 추가로 70종의 동물을 면밀하게 검토했다. 이론은 확장되고 수정되었지만 상호 관련성은 변하지 않았다. 머리가 작은 동물의 고주파 청력은 머리가 큰 동물보다 예민하고, 대부분의 포유동물은 음원의 위치를 알기 위해 시간 신호(time cue)와 '스펙트럼 차이(각 귀에 성공적으로 도달하는 소리의 강도 변화)'를 활용한다.

시간 신호는 글자 뜻 그대로이다. 귀 사이의 간격이 충분하면 한편에서 나는 소리는 한쪽 귀에 먼저 도달한 후 다른 쪽 귀에 이른다. 이때의 지연시간(time delay)은 가장 강력하고 신뢰할 만한 신호이다.

"그러나 항상 그렇지는 않아요."

헤프너가 단서를 달았다.

"쥐의 두 귀 사이 거리를 생각해 보세요. 소리가 한쪽 귀에서 반대쪽 귀까지 가는 데 30마이크로초가 걸리죠. 하지만 신경계는 새벽 두시나 세 시에 그만한 간격의 음원을 파악할 수 없어요."

그렇다면 쥐는 어떻게 행동할까?

"다급한 경우에는 소리의 강도를 활용하기 마련이에요. 체구가 작은 동물에게는 활용할 수 있는 장점이 많고, 가능한 한 효과적으로 틈새를 메우려는 성향이 있어요. 그래서 소리 강도 신호를 최대한 활용하기 위해 고주파수를 듣게 됩니다."

1870년대 중반부터, 소리 위치를 인식하는 능력에 대한 연구 분야에서는 머리가 만드는 '소리 그늘(sound shadow)'의 유용성이 중요한 주제로 떠오르고 있다. 이 분야의 연구에 공헌한 사람은, 지칠 줄 모르는 열정으로 연구에 몰입해 아르곤을 발견했을 뿐 아니라 테니스공의 불규칙 비행을 설명해 낸 영국 물리학자 레일리 경이다. 그는 캠브리지대학 캠퍼스의 잔디밭 중앙에 눈을 감고 서서 조수들에게 자기를 둘러싸고 소리굽쇠를 흔들도록 하여 실험을 진행했다. 조수 한 명이 강하게 소리굽쇠를 진동시키자 조수의 위치를 정확하게 알아맞힐 수 있었다. 이 실험을 통해 레일리는 주파수가 높은 소리의 경우 먼저 도달하는 귀에 더 크게 들린다는 사실을 알아냈다. 반대편 귀로 향하는 음파의 상부 주파수를 머리가 가로막기 때문이다. 레일리는 이런 강도 변화에 '양이(兩耳) 비율'이란 용어를 붙였다. 20세기 들어 과학자들은 소리 그늘의 정도를 전자적으로 계산해 냈다. 주파수가 1천일 때 음원에 가까운 쪽 귀는 먼 쪽 귀보다 8데시벨 강한 음파를 받는다.

이러한 비율은 주파수가 1만에 이르면 30데시벨 차이로 벌어진다.[34)]

두개골이 작은 동물에게는 '스펙트럼 차이'가 필수이지만, 저주파수에서는 지연시간이 적용되지 않는다. 주파수가 낮으면 파동 전체가 두개골 주위에 머물 수 있어서 전혀 차단되지 않고 두 번째 귀에 도달할 수 있다. 매스터턴은 두개골이 작을수록 동물의 상부 청력 범위는 높아지리라 예측했다.

두개골 크기와 고주파 청력의 관련성에 대한 예외로는, 고주파수 청력이 빈약한 땅다람쥐처럼 머리 크기가 작은 지하 동물이 눈에 띈다. 헤프너 부부의 주장에 따르면, "일차원적 세계인 지하 서식지"에 적응한 동물들에게 소리 위치 인식은 무의미하다. 동물 세계에서는 잔가지를 부러뜨리는 실체와 그 실체의 위치를 탐지해야 할 때 청력이 필요하다. 헤프너는 동물을 보호하거나 혹은 겁을 주기 위해 인간이 소음을 사용하는 경우, 대부분 진화론적 실제보다 인간 심리학에 의존한다고 주장하면서, 초음파 사슴 휘파람과 벼룩 제거 목걸이에 특히 우려를 나타냈다.

"동물에게는 트럭에 장착되어 있는 사슴 휘파람이 트럭이 달려오는 소리 자체보다 더 무서워요."

헤프너가 흥분한 말투로 말하며 자신의 청력 범위를 넘어서는 소리를 들으면 위험을 연상하게 된다고 주장했다. 벼룩 제거 목걸이는, 고양잇과 동물들에게 매우 잘 들리고 고통 받을 가능성이 높은 주파수에 80데시벨의 소리를 터뜨리는데 사람들은 이것을 고양이 귀 밑에 달아 준다. 게다가 벼룩이 소리에 영향을 받는지는 그만두고라도 감지할 수 있다는 증거조차 없는데 그렇게 한다.

"그런데도 벼룩 제거 목걸이가 일 분에 하나씩 만들어져 고양이 목에 채워지고 있어요."

헤프너가 한숨지으며 말했다.

침묵 추구의 진화

귀의 횡단면을 보면 백파이프나 세인트루이스 아치의 여러 모델 등에 대해 특허권 주장이 쏟아져 나올 듯하다. 지금까지 알려진 바에 따르면, 귀의 작동 원리는 외이, 중이, 내이의 기능과 연결되는 청력의 전달 · 증폭 · 전환(CBCs; Channel(전달), Boost(증폭), Convert(전환)) 모델로 요약할 수 있다. 외이는 외부 음파를 전달하고 압축해서 고막을 때린다. 고막은 추골, 침골, 등골의 자그마한 뼈 세 개로 구성된 중이로 소리의 기계적 에너지를 전달한다. 진동 성향의 작은 뼈 세 개를 통과하면서 음파가 증폭되는데, 등골 다음에는 입구가 타원형이면서 유체로 채워져 있는 달팽이관이 있고, 그 입구가 내이의 시작이다. 등골이 타원형 입구를 자극하면서 소리 강도가 극적으로 증가한다. 에너지를 담은 진동이 달팽이관의 유체에 물결을 일으키면서 유모세포(hair cell, 한쪽 끝에 감각모가 있는 청각수용세포－옮긴이) 수천 개를 움직인다. 유모세포의 운동으로 진동은 전기 신호로 바뀌어 청신경으로 들어가고, 청신경은 소리를 두뇌로 보낸다.

귀의 작동 원리의 복잡성은 머리의 측면에 붙어 아무 기능도 하지 않는 듯 보이는 귓바퀴에서 시작된다. 30년에 걸쳐 두개골 크기와 고

주파수 청력의 관련성을 연구하면서 자신감이 생기기는 했지만, 눈으로 볼 수 있는 귓바퀴는 헤프너가 수행하는 연구에 걸림돌이 되고 있다. 이렇게 말하는 헤프너의 목소리에는 초음파 사슴 휘파람과 벼룩 제거 목걸이에 대해 말할 때처럼 쓰디쓴 감정이 배어 있었다. 그녀는 전문 용어를 사용해서 이렇게 말했다.

"귓바퀴는 독립적으로 소리 그늘을 만들어요. 두개골이 만드는 소리 그늘의 정도를 바꾸면서 방향성 증폭기로 작용하죠. 따라서 소리 나는 쪽으로 귀를 기울이면 더욱 잘 들을 수 있어요."

하지만 제일 앞에서 증폭기 역할을 하는 귓바퀴의 영향 정도 때문에 연구원들은 의기소침했다.

"머리는 커다란 깔때기 두 개가 달린 울퉁불퉁한 구 같아요."

헤프너가 말했다.

"고막을 향해 떨어지는 소리를 깔때기가 증폭시켜 주는 셈이죠. 하지만 우리는 귓바퀴의 크기를 재 보려 한 적이 없어요. 대체 뭘 잴 수 있겠어요? 이상적으로는 동물 몇 종을 선택한 후에, 소리 통로로 소리가 들어올 때 귓바퀴의 물리적 속성을 측정할 수는 있겠지만 결코 실용적이지 못해요. 귓바퀴의 모양은 매우 복잡하죠. 평평하기도 하고, 입구가 크기도 하고, 접힌 모양도 각양각색이에요. 머리가 큰 동물의 귓바퀴가 일반적으로 크지만 꼭 그렇지는 않아요. 외부의 접힌 부분이 소리 증폭에 유익하고, 각 귀에 들리는 소리의 차이를 만든다고 알려져 있죠. 귀가 커다랗고 복잡하게 이리저리 접힌 작은 박쥐가 듣는 소리는 소와는 매우 다른 특징을 보입니다."

내이의 신비는 계속 밝혀지고 있다. 록펠러대학에서 청력의 분자 및 생물학적 기반을 연구하는 짐 허즈페스는 유모세포 운동으로 기계적 파동은 두뇌의 청신경이 읽을 수 있는 전기 신호로 바뀌고, 유모세포의 진동으로 생기는 다양한 반응 또한 소리를 증폭시킨다는 사실을 밝혀냈다. 인터뷰를 하면서 허즈페스는 내이 자체에서 커다란 "전력 이득(power gain)"이 일어난다고 전했지만, 이런 현상이 어떻게 발생하는지는 여전히 밝혀지지 않고 있다.

어쨌거나 귀를 구성하는 세 부분은 소리 증폭에 적극적으로 작용한다. 허즈페스는 사람의 청력 기제가 정상적으로 작동하면, 들었다고 깨닫는 순간에 듣는 소리는 귀의 내부에서 울리기 전보다 1백 배나 크다고 말했다. 핀이 바닥에 떨어질 때 방출되는 에너지가 얼마나 적은지 생각해 보면 우리 귀의 증폭력은 대단하다. 귀가 지닌 기능은 소음을 더욱 크게 만드는 경우가 많으므로 청력 문제는 대부분 소리를 인식하지 못해서가 아니라 소리를 적절하게 증폭시키지 못해서 발생한다.

사람들은 눈에 눈꺼풀이 있다는 점으로 귀와 눈을 구별하는 경향이 있다. 하지만 실제로 중이의 증폭 기능은 커다란 소음의 영향을 완화시키는 동등한 기제에 의해 보완된다. 중이 뼈에는 커다란 소리를 들었을 때 뼈의 진동을 감소시키기 위한 작은 근육이 붙어 있다. 근육 하나가 고막을 움직이면 고막은 팽팽해지고 진동 정도는 떨어진다. 또 다른 근육은 등골을 달팽이관의 타원형 입구로부터 잡아당긴다. 유스타키오관은 기압을 균일하게 만들기 위해 복잡하게 움직인다. 하지만 어차피 소음을 완화시킬 거라면 어째서 소음을 증폭시키는 일을 하는 걸까?

자연에는 커다란 소리가 그다지 많지 않기 때문이다.

"대부분의 동물들은 되도록 자기 존재를 드러내지 않아요."

헤프너가 말했다.

"사자의 그 유명한 포효도 침입자를 위협하는 예외적인 사례예요."

동물들은 대부분 될 수 있는 대로 조용하게 공간을 움직인다. 오늘날 사람들은 자신의 중요성을 거듭 주장하려고 소음을 내지만, 선조들에게는 침묵이 생존 비결이었다.

"오늘날 아이들이 위험에 노출되어 있는 것도 이 때문이죠."

헤프너가 덧붙였다.

"아이들의 청력 상실이 불을 보듯 빤해요. 헤드폰을 사용하면 소리 크기를 인식하지 못하거든요. 커다란 소리가 지속적으로 들리면 중이는 소음으로부터 반사적으로 우리를 보호하기 위해 청각 기관에 압박을 가합니다. … 전반적으로 시끄러운 환경 속에서는 가느다란 나뭇가지가 탁 부러지는 정도의 소리는 아무것도 아니죠. 하지만 정말 커다란 소리는 사람이 아무리 무언가에 열중해 있다 하더라도 치명적이 되죠."

1961년, 뉴욕에서 활동하는 귀 전문가 사무엘 로젠은 "현대 기계화의 지속적인 공격에 적응"되지 않은 사람들의 청력을 측정하고 싶었다. 로젠은 수단의 수도 하르툼에서 남동쪽으로 1천 킬로미터 가량 떨어진 지역에 거주하는 마반 부족을 찾아갔다. 그들은 아프리카에서 가장 소음이 적은 지역에 사는 부족으로, 드럼도 총도 없는 것으로 이웃 부족 사이에도 유명했다. 로젠은 청력 실험에 참여한 부족 사람들에게 선물로 나눠주려고 병마개 1천 개를 가져갔다. 마반 부족 여성들이 귀에 고정시키거나 목걸이를 만드느라 병마개를 좋아한다는 말을 들었기 때문이다.[35]

로젠은 일흔 살의 마반 부족 사람들의 청력이 20대의 미국인보다 우수하다는 사실을 발견했다. 마반 부족의 53퍼센트는 뉴욕인의 2퍼센트만이 들을 수 있는 소리를 식별할 수 있었다. 로젠은 "마반 사람들은 서로 90미터 정도 또는 미식축구 경기장 길이만큼 떨어져 있어도 낮은 목소리로 그것도 등을 돌리고 대화를 나눌 수 있다."고 보고했다. 마반 부족은 저지방 식생활을 유지하는 덕택에 심장병 발병률이 낮고 달팽이관에 영양 공급이 잘 되어 청력을 뛰어나게 유지할 뿐 아니라 생활 속에서 소음을 거의 듣지 않는다고 했다.[36] 하지만 도시에 살고 있는 현대인의 청력은 소음과 침묵의 불균형으로 급속하게 노화된다.

마반 부족처럼 청력이 뛰어나지는 않더라도 끊임없이 진화론적 침묵을 추구하며 귀를 사용하는 소수 집단의 사람들은 여전히 있다.

이라크 침공 당시 제3보병대를 이끌었던 제이슨 에버맨과 그의 부대는 내부용과 외부용 라디오가 장착된 최신식 소음 제거 헤드폰을 지급받았다. 에버맨은 헤드폰 때문에 청각적으로 고립될 것을 우려해 사용을 꺼렸다. 언제나 "주위에서 들리는 소리에 전적으로 주파수를 맞춰 놓고" 싶었기 때문이다. 군인들이 특별 작전을 수행하는 동안에 듣는 모든 소음은 자신에게 다가오는 상황을 감지하게 해 주는 단서가 될 수 있다. 단 하나의 청각적 단서도 놓치고 싶지 않았던 에버맨은 걸어갈 때도 헤드폰을 한쪽 귀에만 걸치곤 했다. 그는 부대에서 개조해 사용하는 도요타 트럭도 마음에 들지 않았다. "꼭 기포 터져나오는 소리 같았어요. 나에게 사격을 가하려는 적이 있다면 그가 내는 소리는 들을 수 있어야 하잖아요."

에버맨은 적갈색으로 염색한 머리카락과 이국적인 반지가 좀 튀기는 했지만, 반짝이는 밝은색 눈동자와 곱실거리는 턱수염 때문에 단정한 산타클로스처럼 보였다. 그는 너바나(Nirvana, 미국 얼터너티브 록밴드-옮긴이)의 데뷔 앨범 〈블리치〉에 세컨드 기타리스트로 이름이 올라 있다.(에버맨이 실제로 앨범 작업을 하지는 않았지만 녹음 비용 606.17달러를 제공해 준 데 대한 감사의 표시였다고 나중에 커트 코베인이 말했다.) 에버맨은 고등학생 때 벤베누토 첼리니(16세기에 활동한 이탈리아 조각가이자 금속 세공가-옮긴이)의 자서전을 읽고 나서, 르네상스의 이상을 목표로 삼아 예술가, 전사, 철학자다운 면모를 계발하기로 결심했다. 그 후 그런지 록 기타리스트이자 미국 공수특전대원으로서 복무를 마쳤으며, 지금은 콜롬비아대학에서 철학을 공부하고 있다. 누구라도 그의 덩치를 보면 감히 시비 걸 생각은 하지 못할 것이다. 나만 해도 소호에 있는 어두컴컴한 와인 바에서 처음 만났을 때 그의 굼뜬 몸동작을 본 것만으로도 온몸이 긴장하고 심장 박동이 빨라졌다. 마치 농장 근처를 어슬렁어슬렁 걸어 다니는 커다란 동물을 보았을 때처럼 말이다.

에버맨은 이라크와 아프가니스탄에서 복무할 당시 수행했던 임무의 가장 중요한 부분이 바로 침묵이었다고 말했다. 그가 속한 부대에서 행하는 특별 작전 활동은 대부분 행군을 통해 이루어졌다. 헬리콥터의 이륙과 진행은 물론 개조된 도요타 차량의 움직임까지도 부대가 이동하기 훨씬 전에 마을에서 마을로 휴대전화를 통해 전달될 때가 많았기 때문이다. 엔진 소리가 나는 한 기습은 불가능한 것이었다. 같은 이유로 에버맨이 속한 부대는 거의 대부분 야간에 이동했는데, 야간 투시경을 착용했어도 목표 지점에 다가갈 때는 주로 청각을 사용했다.

"적군 기지를 공격할 때는 모두가 귀를 곤두세우고 최대한 침묵을 지켜야 합니다. 그렇지 않으면 승리의 여신이 적의 손을 들어 주니까요."

군인들은 멈추다(stop), 보다(look), 귀 기울이다(listen), 냄새 맡다(smell)의 첫 글자를 딴 SLLS 교육을 받는다.

"하지만 작전은 대부분 밤에 수행하기 때문에 시력은 제 기능을 하지 못해요."

에버맨의 말이 계속되었다.

"후각은 베트남 전쟁 때부터 강조되었을 거예요. 밥 짓는 냄새 때문이었죠. 제 경우에는 해당되지 않았어요. 우리는 철저하게 귀를 기울이고 침묵을 유지하는 데 전력을 기울여야 했죠."

에버맨은 아무리 침묵하려 애써도 본의 아니게 소리를 낼 수밖에 없다고 했다. 에버맨 부대는 덜거덕거리는 소리가 나지 않도록 소지품을 고무줄로 동여맸다. 하지만 군인들의 동작 자체에서 나는 소리마저도 중요한 경고 신호를 놓칠 만큼 크곤 했다.

"지형이 험한 지역을 야간에 이동할 때는, 이처럼 규칙적으로 나는 소리 말고도 불시에 나는 소리가 있어요. 누가 언제 넘어질지 모르거든요. 적들이 파 놓은 함정도 많아요. 누군가가 넘어지면 모두들 동작을 멈추고 귀를 기울이면서 적에게 발각되었는지 소리로 확인해야 해요."

에버맨의 부대가 직면해야 했던 또 다른 위험은 개 짖는 소리 같은 청각적 위협이었다.

"유목 문화에서는 개를 키워요. 개 소리가 위험 여부를 초기에 알아내기에는 좋지만 개가 지나치게 많이 짖는 것이 문제죠."

에버맨은 이렇게 덧붙였다.

"그곳에서 개 짖는 소리는 뉴욕에 울리는 사이렌 소리 같아요. 특히 마을에서 개 한 마리가 짖기 시작하면 다른 개들도 전부 따라 짖는답니다."

에버맨이 겪은 경험 가운데 침묵이 무시된 경우는 바로 적군 기지를 향해 실제로 공격을 할 때였다. 적군을 발견하면 고막이 찢길 것 같은 요란한 사격이 일제히 시작되었다. 이 시점에 이르면 심리적이고 생리적인 작용의 묘한 조화가 일어났다.

에버맨은 전투의 핵심을 스트레스 통제와 문제 해결이라는 두 가지 원칙으로 정리했다. 이러한 원칙에는 또 다른 차원의 침묵이 도사리고 있다.

"일제 사격에서 나는 소리는 정말 끔찍하게 크답니다."

에버맨이 말했다.

"하지만 실제로 날카로운 총성은 처음 몇 초 동안이에요."

그는 두 손으로 귀를 힘껏 눌렀다.

"휘익 휙! 마치 〈라이언 일병 구하기〉의 첫 장면 같아요. 제일 처음에 반응하는 것은 청각입니다. 물론 고막이 울리기도 하지만 다른 어떤 문제도 생기죠. 이때 침묵이 깔리면 문제를 해결하는 데 집중할 수 있게 됩니다. 어떤 어려움이 닥쳤을 때, 스트레스를 통제하지 못하면 해결할 수 없잖아요. 스트레스를 통제하는 주요 방법은 청각을 배제하는 거예요. 청각을 배제하면 선(禪) 상태에 들어가죠. 무엇보다 전투 상황에서 이런 순간을 가장 많이 맞이했어요."

정신은 실제로 가장 침묵하기 어려운 상황에서 침묵하게 만들 수 있다. 에버맨에게 침묵은 선 상태에 들어가는 것으로 청각에서 시각으로 옮겨 간다는 뜻이었다.

"사격이 시작되면 소리보다는 총구에서 뿜어 나오는 화염에 몰입하게 됩니다."

대화를 끝내면서 군인으로 복무하는 동안 가장 기억에 강하게 남았던 소리가 무엇이었는지 물었다. 처음에는 아프가니스탄에서 AK-47 소총과 휴대전화를 쓰지 못할 때 들었던 "성서에나 등장할 것 같은 염소, 당나귀 등 가축 소리"라고 대답하더니 이내 무엇보다 두드러지게 들었던 소리를 기억해 냈다. 칸다하르에 단기간 주둔해 있을 때였다. 근처 회교 사원에서 비둘기를 키우는 사람들이 비둘기 발에 작은 방울을 달았다.

"그들이 가끔씩 비둘기 떼를 몰고 나와 날리면 하늘에서 방울 수백 개가 울렸어요."

당시에 들었던 방울 소리가 지금도 기억에 생생하다고 했다.

나는 에버맨과 대화하면서, 포식 관계를 중심으로 형성되는 생물계에서 삶의 중심은 침묵이라는 사실을 다시 한 번 깨달았다. 애버맨이 충격전을 기다리는 동안 겪었던 경험은 침묵의 두 가지 주요 효과를 말해 준다. 우리는 침묵함으로써 자신이 처한 환경에 대한 결정적 증거를 수집할 수 있고, 평정 상태를 유지함으로써 환경에 적절하게 반응하는 능력을 최대화할 수 있다. 하지만 자연계가 가능한 한 조용한 상태를 유지하려 한다면, 대체 중이의 소음 완화 기능이 발달한 이유는 무엇일까? 나는 리케 헤프너에게 다시 전화를 걸었다.

헤프너의 목소리에 언짢은 심기가 배어 있었다.

"음압 레벨과 진화심리학에 대해 배우고 싶다면 어젯밤 우리 집에 왔으면 좋았을 뻔했네요. 철도 선로를 수리했거든요."

나는 기회를 놓쳐 안타깝다는 뜻으로 혀를 찼다. 헤프너가 말을 이었다.

"하지만 문제는 선로 공사 자체가 아니었어요."

"무슨 뜻이죠?"

"철도 선로 건설용 차량을 운전하는 사람들이 문제였다고요. 운전자들이 에어혼(air horn, 압축 공기로 진동판을 진동시켜 소리를 내는 기구-옮긴이)을 사용했거든요. 자기들끼리 약속을 했는지 그렇게 자주 불지는 않았지만 일관성은 전혀 없었어요. 현장에 다가오면서 불기도 하고 어떨 때는 2백여 미터 지나가서 불기도 하더군요. 새벽 두 시에 에어혼을 그토록 요란하게 불어 댈 필요가 있을까요?"

나는 헤프너의 심정에 공감하면서 잠시 뜸을 들였다가 용기를 내서 물었다.

"헤프너 박사님, 청력은 가능하면 많이, 명확하게 듣는 방향으로 진화한 것이 분명해 보입니다. 그렇다면 애당초 귀 안에 소음 완화 장치가 발달한 이유는 뭘까요?"

"동물 자신의 목소리가 크기 때문이죠."

헤프너가 대답했다. 동물이 목소리를 내려고 할 때면 그 소음으로부터 자신을 보호하기 위해 중이 반사가 시작되는 경우가 많다. 초기의 신학적 침묵 개념에 자기 입을 닫는 과정이 포함된 것도 의외의 일은 아니다.

자기 입에서 나오는 소음을 차단하기 위해 청력 보호 장치가 내재해 있다는 개념은 모순 속의 균형을 이룬다. 진화론적 관점에서 중이와 입에 얽힌 역사는 길다. 카네기 자연사박물관 소속 고생물학자 쩌시 루오는 최근에 탐험대를 이끌고 베이징에서 3천 킬로미터가량 떨어진 얀 산맥을 조사하고 주목할 만한 성과를 거뒀다. 중생대에 살았고 길이가 약 13센티미터로, 그때까지 알려지지 않았던 작은 '야노코노돈(Yanoconodon)'의 두개골을 원형 그대로 발견했던 것이다. 이 화석은 청력 진화의 중요 단계를 보여 준다.[37]

루오는 인터뷰를 요청한 내게 "이 화석에서 가장 흥미로운 사실은, 중이 뼈가 여전히 턱뼈에 붙어 있지만 그 형태가 이미 현대의 오리너구리와 매우 비슷하다는 것입니다."라고 설명했다.

완전히 청력을 잃은 베토벤은 피아노의 다리를 잘라 바닥에 직접 닿게 하고 귀를 피아노 덮개에 대서 음의 진동을 느낄 수 있었다. 어린 시절 청력을 잃었던 토마스 에디슨은 음악을 듣기 위해 축음기가 든 나무 상자를 입으로 즐겨 씹었다. 그는 "나무상자를 이빨로 꽉 깨물면 음악을 제대로 강하게 느낄 수 있었다."고 확언하면서,[38] 두개골과 이빨을 통해 "아주 인상적으로" 듣는 능력은 "음파가 거의 곧장 두뇌에 이르기 때문에" 무척 유익했으며 청각장애 자체는 "청력을 약화시키는 무수한 소음을 차단하는 역할"을 했다고 주장했다.[39] 베토벤과 에디슨 두 사람 모두 중이가 진화하기 1억 2,500만 년 전의 청력 형태에 의존했던 것이다. 깊은 물에서 땅과 동일한 높이까지 머리를 들고 나왔던 양서류와 파충류, 초기 포유류는 대부분 뼈로 세상의 소리를 들었다.

루오의 설명은 이랬다. 주로 뼈를 통해 소리를 지각하던 시대에 야노코노돈의 조상은 아래턱을 십분 활용해 진동을 받아들였다. 오늘날의 인류와는 달리 원시 포유류의 아래 턱 자체는 (이빨이 있는) 치골과 (이빨이 없는 턱 부분인) 치골 뒤쪽으로 분리되어 있었다. 약 2억 5천만 년 전 원시 포유류에게는 내이의 발달이 제한적이었지만 턱 뒷부분으로 음파를 인식하는 능력이 있었다. 그 후 1억 2,500만 년을 담은 방송용 필름을 보면 치골 뒤쪽 뼈가 줄어들면서 먹이를 먹는 기능이 감소하고 더욱 예민해지는 동시에 청각 장치로서의 효용이 더욱 뚜렷해졌다. 동시에 치골이 확대되어 강력한 경첩을 새롭게 형성하면서 턱의 나머지 부분과 연결되었다. 씹는 기능이 사라진 치골 뒤쪽 뼈는 더욱 작아지고 예민해져서 야노코노돈이 등장하기 얼마 전에는 아래턱에서 분리되어 두개골로 올라갔다. 야노코노돈에 이르러서는 뼈가 두개골까지 올라가 귀의 청력기관에 자리 잡았지만 아래턱에 붙은 부분은 여전히 눈에 띄었다. 하지만 야노코노돈이 사라지고 나서 뼈는 곧 입과의 마지막 연결을 끊고 두개골로 올라가 오늘날에는 중이에서 찾아볼 수 있다.

포유류의 청력 진화를 둘러싼 이 최근의 발견에 어떤 의미가 있는지 묻자 루오는 "모든 청각 기제가 완성되는 데만 2억 년이 걸렸어요! 섣불리 말할 수는 없죠."라고 웃으며 대답했다.

"대신 로큰롤 음악을 너무 많이 듣지는 말아요!"

포유류가 생존 능력을 갖추기 시작한 시대를 집중적으로 연구하는 많은 과학자들과 루오에게 청력은 진화론적 생존 가능성을 결정하는 감각 요소일 수 있다. 체구가 아주 작은 초기 포유류가 건조한 땅에서 거대한 동물들의 공격을 피할 수 있었던 것은 밤에 효과적으로 들을 수 있었기 때문이다.

이러한 사항을 나열하다 보면 한 가지 의문이 떠오른다. 세계가 가능한 한 조용해지려 하기 때문에 인간의 청력이 두드러지게 예민해졌다면,(상당히 예민해서 녹색 파장에서 광자가 방출하는 에너지보다 100배나 낮은 에너지 수위를 감지할 수 있다.) 오늘날 고막을 마치 큰 북이나 되는 듯 울려 대는 소리에 거의 매일 노출되는 경우에는 과연 어떤 현상이 벌어질까?

극도로 예민한 인간 청력이 단지 취약점으로만 작용할까? 우리의 예민한 감각은 공격을 받다 못해 결국 아무 소리도 못 듣게 되는 사태에 이르게 될까? 인간의 청력은 인간 역사의 과정에서 뒤바뀌어 온 조건인 자연계의 침묵에 대한 소리의 비율에 적응하기 위해 진화한, 오감 중 유일한 감각이라 할 수 있다.

청력에 대해 알아 갈수록 인간이 의도적으로 소란스러워진 것처럼 보인다는 사실이 더욱 납득이 가질 않았다.

제3장

우리는 왜 소음을 만들어 낼까

Why We Are Noisy

1938년 12월 28일 오하이오 주 클리블랜드에서 열린 미국 화술 교사 집회에 참석한 한 강사는 히틀러가 권력을 장악할 수 있었던 비결이 그의 화술에 있다는 증거를 제시했다. 동료 교사들이 숨죽여 듣고 있는 가운데 퍼듀 언어교정클리닉 소장 스티어 박사는 독일 지도자들의 연설을 분석한 결과를 발표했다. 스티어는 "선이 날카롭게 지그재그를 그리다가 더 높은 음성에서 거의 변화를 보이지 않는" "히틀러 음파" 그래프를 제시하면서 히틀러의 음성이 청중을 강타해서 "최면에 가까운 복종 상태로" 몰아간다고 주장했다. 비결은 주파수에 있었다. 스티어는 분노를 불러일으키는 전형적 주파수는 220이지만 히틀러의 음성이 가리키는 주파수는 228이었다고 설명했다. 이렇듯 매우 높고 날카로운 음성은 "자동차 경적에 놀라는 만큼이나" 청중의 정신을 아찔하게 만들었다고 한다.[40)]

이 대담한 주장에는 나름대로 근거가 있다. 언젠가 히틀러는 확성기가 없었다면 독일을 정복할 수 없었고 자신의 커다란 음성은 떠오르는 나치당의 소중한 자산이라고 말했다. 독일제국에서는 커다란 음성의 위력이 절대적으로 필요해서 아돌프 바그너라는 히틀러 목소리 대역까지 있을 정도였다. 아돌프 바그너는 자신의 목소리가 거칠어지면 히틀러와 똑같은 억양이 된다고 주장했다.[41] 미국 방송공사는 독일 국민을 대상으로 1939년 10월 6일에 연설했던 히틀러의 음량을 차트로 그렸고, 영국과 프랑스가 독일에 전쟁을 선포했던 9월 3일에 행해진 체임벌린 영국 수상, 달라디에 프랑스 수상, 조지 영국 국왕, 루즈벨트 미국 대통령의 연설 음량과 비교했다.[42] 프랑스 지도자가 상당히 높은 음량을 몇 차례 기록하기는 했지만 지속적으로 커다란 음성을 내는 데는 누구도 히틀러를 따라오지 못했다. 체임벌린의 목소리를 그린 차트는 마치 환자처럼 축 늘어져 보인다.

수도승의 믿음처럼 우리는 좀 더 고귀한 진리에 가까이 다가가려고 입을 다물고, 속세의 권력을 얻으려고 소리 지른다.

다윈은 완전히 성장한 동물의 발성을 일종의 무기로 보았다. 다윈의 이론에 따르면 수컷은 다른 수컷을 위협하고 미래의 짝을 유혹하기 위해 소음을 많이 내고, 암컷은 번식할 상대를 골랐다고 알리기 위해 크게 소리 낸다. 다윈은 “많은 동물의 암수는 번식기 동안 끊임없이 서로를 부른다. 수컷은 대부분 이런 방식으로 암컷을 유혹하거나 흥분시킨다. 원시시대에는 음성이 이렇게 사용되어 발달한 것 같다.”고 썼다.[43]

최근 수십 년간 인간 자아상의 발달과 함께 동물 연구의 초점 또한 동물 간 경쟁 관계에서 벗어나 협력 관계 속에서 학습된 발성을 사용하는 행태 쪽으로 옮겨 가고 있다. 동물의 대화를 주제로 하는 연구가 확대되면서 진화생물학자들에게는 지금껏 알지 못했던 세계가 더 넓어지고 있다. 그중에서도 노래를 사용해 다른 새와 동물을 모방하곤 하는 새들은 특히 수수께끼 같은 존재이다. 새 무리의 소음과 노래에 대해 질문하자 윌리엄스대학의 조류 전문가 헤더 윌리엄스는 이렇게 답했다.

"찌르레기가 야생에서 무엇을 하리라 생각하세요? 앵무새는요? 누구도 야생에서 앵무새가 내는 발성을 이해하지 못해요."

하지만 다윈이 125년 이상 전에 집중적으로 연구했던 역학은 지금도 지배적으로 유효하다. 동물은 의식적으로 소리를 내면서 가혹한 경쟁 환경 속에서 생존의 자리를 확보한다. 협력 관계를 통해서는 대개 무리 안에서 자기 지위를 발견하고, 가족 내에서 보호자가 누구인지를 확신하게 된다. 지금까지 가장 많이 바뀌어 온 것은 아마 소리의 힘에 대한 인간의 이해도일 것이다. 현재 널리 받아들여지는 이론에 따르면, 수컷은 경쟁자에게 대항하기 위한 여러 육체적 행동을 소리로 대신할 수 있지만, 암컷은 서로 다른 미래의 짝 중에서 단호하게 자기 짝을 선택해야 할 필요성을 소리로 피해 갈 수 있다. 수컷은 의도적으로 소리를 내서 싸움 능력을 최대로 과시하지만, 암컷은 소리로 여러 선택을 동시에 암시해서 수컷들을 일부러 혼동시킨다. '외교술(diplomacy)'로 불리는 이 두 가지 능력은 소음을 전략적으로 사용하는 예이다. 동물은 자신의 모습을 감추기 위해 침묵하고, 육체적 실체를 드러내기 위해 소음을 낸다.

미국 국립동물원 소속 동물학자이자 조류학자인 유진 모턴은 1970년대 말부터 다양한 새와 포유류가 내는 소리를 분석한 초음파 검사도〔소노그램(sonogram)〕를 작성하고 있다. 모턴은 발성의 높낮이와 사회적 효용성에 거의 완벽한 상관관계가 있다는 사실을 발견했다. 낮고 깊은 소리는 공격적이지만 높게 내는 소리는 순종적이고 호의적이다.(고양이만은 유일하게 이러한 규칙에 해당하지 않는다.) 동물 두 마리가 크고 깊게 울부짖거나 높고 애처롭게 낑낑거리는 소리를 주고받으며 왔다 갔다 하는 것은 죽음을 불사한 충돌과 후퇴의 모습을 동시에 보이는 것이라 할 수 있다. 두 동물이 함께 내는 소리는 그들 나름의 결투 형식인 것이다.[44)]

브루스 매스터턴의 이론이 등장하기 훨씬 전에 이러한 역학에 대한 직관적인 파악이 상업 부문에서 활용되었다. 캐나다 언론인 허버트 카슨은 1910년 전화의 초기 역사에 대한 글을 발표하면서 최초의 전화 통화 소리는 귀청이 찢어질 듯 컸다고 서술했다. 전화교환원 모두가 남성이어서 상대방과 자주 "으르렁거리며 말다툼"을 벌였고 양쪽이 모두 목청껏 소리를 질렀기 때문이다. 언젠가부터 교환원이 남성에서 여성으로 교체되기 시작했다. "나긋나긋한 목소리, 높은 음성, 능숙한 손놀림… 이것이 바로 전화교환원에게 필요한 자질이었다." 카슨은 이렇게 덧붙였다. "여성들은 보복을 하기 위한 대화에 시간을 낭비하지 않았다. … '노여움을 누그러뜨리도록 부드럽게 대화하는' 경향이 강했다. 남성 교환원의 전화 통화는 야단법석 속에서 5분을 끌었지만 여성 교환원의 경우는 조용하게 20초가 걸렸다."[45)]

이러한 현상의 이면에는 기본 주파수 개념이 숨어 있다. 완화 요소가 없다고 가정하면, 동물이 내는 소리의 주파수는 진동하는 성대의 크기에 반비례한다. 동물의 크기와 상관없이 저주파수 소리는 테스토스테론(testosterone, 대표적인 남성 호르몬-옮긴이) 수치가 높다는 뜻일 때가 많다.(테스토스테론은 나머지 신체 부위와는 관계없이 성대 주름을 늘어나게 만들 수 있다.) 몸집 크기 때문이든 호르몬 급증 때문이든 소리가 깊을수록 동물은 더욱 위협적으로 보인다. 그래서 동물은 상대방의 주파수를 바탕으로 서로 견주어 보고 싸움을 벌일 만한지 판단한다.

예를 들어 수컷 다마사슴은 교미기에만 신음 소리를 낸다. 최근 들어 취리히대학 연구원들은 무리에서 지위가 높은 수사슴이 가장 낮은 신음 소리를 내고 짝짓기에 성공할 가능성도 가장 크다는 사실을 밝혀냈다. 암컷은 지배적인 지위를 나타내는 수컷의 소리에 매료된다. 이렇듯 소리가 사슴의 미래에 상당히 중요하기 때문에 번식기의 최절정에 다다른 수사슴은 시간당 3천 번까지 신음 소리를 낸다. 이때의 소리는 60세를 넘긴 골초 헤비메탈 가수의 목소리보다 거칠다. 발정기의 절정에 도달하면 이 거친 신음 소리는 음높이가 올라간다. 이는 투지를 불사르는 테스토스테론의 분비가 줄어들고 있음을 적에게 알리는 신호이기도 하다.[46)]

낮은 소리가 번식력을 높인다는 역학이 대부분의 동물 왕국을 지배하고 있지만, 인간의 소음은 아마도 이러한 역학을 바꿀 수 있을 것이다. 특정 개구리 종을 연구한 결과, 교통 소음이 상당히 큰 지역에 서식하는 수컷 개구리는 자기 소리를 들리게 하려고 음높이를 높일 수밖에 없다. 하지만 개구리의 계산법은 미묘하다. 소리를 들리게 하는 만큼 암컷을 끄는 매력과 다른 수컷을 위협하는 힘은 약해지기 때문이다. 따라서 수컷 개구리가 암컷에게 자기 존재를 알리기라도 하려면 실제 낼 수 있는 것보다 작고 약한 소리를 내야 한다.[47]

캘리포니아대학 버클리캠퍼스 언어학과 명예교수 존 오할라는 높은 주파수가 뜻하는 연약한 복종을 미소의 음향적 기원과 연결시켰다. 미소를 지으면 입 안에서 공명하는 빈 공간이 줄어들면서 소리가 높아진다.[48] 오할라 교수는 또한 진동 막이 클수록 "이차 진동이 발생할 가능성이 커져서" 소리가 불규칙적이고 거칠어지는 경우를 언급했다. 이차 진동을 많이 포함한 소리는 예측성이 떨어진다.[49] 인간은 예측할 수 없으면 위험하다고 생물학적으로 인식하기 때문에 인간에게 가장 위협적으로 들리는 소리는 낮고 거친 소리다.[50]〔가장 오래되고 널리 보급된 종교적 유물의 하나가 '불로어러(bull-roarer)'라는 사실은 우연의 일치가 아니다. 불로어러는 타원형 나뭇조각 한 끝에 줄을 맨 것으로 공중에서 빙빙 돌리면 커다랗고 무시무시한 소리를 낸다. 불로어러와 유사한 형태가 고대 그리스에서 시작해 멕시코, 아프리카, 오스트레일리아, 실론 등에서 발견되었으며, 신을 부르거나 악령을 쫓는 것까지 용도도 다양하다.[51]〕 나는 이러한 문제와 관련해서 오하이오주립대학 부설 '인지적·체계적 음악학 연구소' 소장 데이비드 휴런과 대화를 나눴다. 크고 깊은 소리를 내려는 수컷의 충동에 대해 휴런은 이렇게 설명했다.

"그건 모두 서열에 관련된 문제예요. 사람들이 울지 않고 또 사춘기에 목소리 높이가 낮아지는 것도 그런 이유 때문이죠."

하지만 큰 소리를 내 청각을 자극해도 실제로 육체적 싸움을 확실히 피할 수는 없다는 점에 대해서는 어떻게 생각하느냐고 묻자, 그는 "위험성이 낮은 번식 전략을 좇는 것은 암컷이에요."라고 내 말을 받아쳤다.

"수컷이 유전자 공급원에 기여할 가능성은 매우 낮아요."

이즈음 나는 침묵 추구의 근원에 대해 몇 가지 생각을 갖게 되었다. 인류의 조상은 움직이는 위협과 잠재적인 먹이의 소리를 좀 더 분명하게 듣기 위해 침묵을 추구했다. 침묵하면 그만큼 집중할 수 있었기 때문이다. 또한 커다란 소리는 이따금씩 적을 접근하지 못하게 하고 짝을 유혹하는 무기가 되었다. 하지만 여전히 의문이 남았다. '크고 낮은 소리는 강력한 힘을 발휘해서 두려움을 일으키거나 이성을 매혹하지만, 작고 부드러운 소리가 발산하는 힘은 약해서 평온한 분위기를 전달하나 이성을 끌어당기는 매력은 없다.'는 단순한 공식으로 소리에 대한 사람들의 반응을 설명할 수 있을까? 그렇다면 이성이나 포식 관계와 상관없이, 쾌락·고통·분노를 자극하는 소음은 어떨까? 이것은 진화심리학의 개념에 어떻게 들어맞을까?

기본 주파수를 찾아서

"소리는 물리적인 힘이에요."

녹음박물관 관장인 다니엘 게이도스가 말했다. 그는 기다란 손을 얼굴 앞 허공에 쫙 펴고 위아래로 천천히 움직였다.

"이건 매초마다 두 번 작동하는 소리 장애예요. 이때는 소리를 인식할 수 없죠. 출렁다리가 2초마다 한 번 위아래로 움직이는 것을 본다고 가정해 보세요. 그때 출렁다리는 초당 2분의 1의 진동을 보이는 셈이죠. 진동이 초당 20회 정도일 때까지 눈으로 볼 수 있어요. 그 후 진동이 희미해지면서 더 이상 눈으로 볼 수 없을 때 우리는 듣기 시작합니다. 인간이 들을 수 있는 소리는 주파수가 대략 20~2만 헤르츠(Hz, 1초 동안의 진동 횟수)일 때예요. 소리에 대해 생각하기 시작했다면, 언제나 물리적인 힘의 개념으로 돌아가야 합니다."

게이도스는 키가 크고 깡말랐으며 목소리는 라디오 아나운서처럼 감미로웠다. 눈은 통찰력으로 반짝였고 칼 융이 쓴 신비스런 성향의 후기 글에 심취해 있다고 했다. 음파가 무엇인지, 음파가 우리에게 어떤 영향을 미치는지 알고 싶었던 나는 그가 교수로 있는 뉴욕 소재 음성연구소를 찾아갔다.

음악 분야에서 경력을 쌓고 싶어 하는 학생들에게 1년 과정의 학위를 수여하는 이 연구소는 유니언스퀘어에서 조금 떨어진 타운하우스에 들어서 있었다. 연구소 입구에는 청년 여럿이 모여 담배를 피우고 있었는데 거의 대부분 밝은 흑백 운동화를 신고, 어두운 색 모자를 눌러 쓴 위로 회색 후드를 입었으며, 흰색 아이팟으로 음악을 듣고 있었다. 현관에 가장 가까이 서 있는 남자는 후드 속에 사나운 털북숭이 오렌지색 괴물이 새겨진 티셔츠를 받쳐 입었다. 괴물은 머리에 헤드폰을 쓰고 레코드플레이어의 회전판 위에서 날카로운 송곳니를 드러내며 레코드 앨범을 할퀴고 있는 형상이었다.

게이도스는 오늘날 연구소에서 행하는 교육의 많은 부분은 인간적 접촉이라고 설명했다. 거의 모든 학생들이 수년 동안 자기 방에 틀어박혀 디지털 녹음 기술을 활용하는 데에만 열중해 왔기 때문이다. 게이도스는 "녹음실에는 공동체 개념이 없어요."라고 말했다. 그의 사무실로 가는 동안 금과 백금 레코드 앨범 액자가 전시되어 있는 벽을 지났고, 휴대전화로 통화하고 있는 학생들 사이를 통과했으며, 생기 넘치는 남학생들로 우글거리는 교실을 거쳤다. 녹음실 유리벽 너머로 보이는 학생들은 헤드폰을 쓰고 있었고, 사운드 믹싱 수업 시간에는 학생들이 헤드폰을 쓴 채로 스크린을 주시했다. 게이도스는 연구소 학생들이 아무리 새로운 소리라도 헤드폰을 통해 흘러나오면 놀랄 정도로 '개방적'인 태도를 갖는다고 말해 주었다. 학생들의 공통점이 무엇인지 묻자 그는 잠시 생각에 잠기더니 주의력 결핍 장애이지 않을까 싶다고 언급했다.

실제 연구 결과에 따르면 엠피스리 플레이어나 기타 장비로 듣는 음악은 백색소음으로 작용하기 때문에 주의력 결핍 장애가 있는 사람을 집중하게 해 준다. 주의력 결핍증이나 자폐증을 앓는 많은 사람의 두뇌가 집중을 위해 소음을 필요로 하는 이유에 대해서는 설명이 분분하다.[52] 하지만 세상이 점점 떠들썩해지고 있는 현실을 생각하면 마음에 새길 가치가 있는 문제이다. 소음 문제를 전문적으로 분석하는 사람들은 '신호 대 잡음비(signal-to-noise ratio)'에 관심을 쏟는다. 신호는 단독으로 존재하지 않고 대개 잡음과 섞여 있는데 그 비율을 나타내는 척도가 신호 대 잡음비다. 백색소음의 경우에는 이미 이상 증상을 보이는 인지 체계에 들어가면 신호와 함께 울려 퍼지고 신호를 증폭시켜서, 경쟁하는 다른 소리 때문에 신호가 실종되지 않게 한다.[53] 개인이 통제 가능한 꾸준한 소음이 새롭게 생겨난 다른 자극을 가릴 수도 있다. 어쨌든 장소를 가리지 않고 음량을 키우는 사람이 갈수록 많아지고 있는 것은 그만큼 주의력 결핍증이나 자폐증을 앓는 사람이 늘고 있다는 방증이다. 이것이 사실이라면, 즉 두뇌를 최상의 상태로 기능하게 하기 위해 소음이 필요한 사람들이 점점 늘어나고 있다면, 타인의 소음에 자신이 선택한 소리가 묻히지 않도록 음량을 높이는 일이 계속해서 벌어질 것이다.

빈 강의실에 들어선 게이도스는 여러 가지 악보를 칠판에 그리기 시작했다. 그는 다윗이 연주하는 하프 소리가 사울의 광기를 누그러뜨렸듯이 평온을 안겨 줄 수 있는 주파수에 대해 설명하고 싶어 했다. 5년 동안 침묵을 지키겠다는 엄격한 맹세를 추종자들에게 요구했던 피타고라스는 음향 세계에서 수학적 연관성을 탐색했던 초기 학자로 유명했다. 전해 오는 이야기에 따르면 그는 우연히 대장간을 지나다가 망치가 빚어내는 음이 망치의 무게에 정확하게 비례한다는 사실을 깨달았다. 피타고라스는 연구실로 돌아와 벽에 못을 박고 줄 네 개를 매단 후에 줄마다 무게가 다른 망치를 고정시켰다. 그러고 나서 음악적 표현으로 친숙한 화성음정(둘 이상의 음이 동시에 울리는 음정-옮긴이)에 숨겨진 수학적 비율을 찾아가기 시작했다. 실험 과정에서 피타고라스는 진동하는 줄을 반으로 자르면 음높이가 정확하게 한 옥타브 올라간다는 사실을 밝혀냈다. 한 옥타브 떨어진 음 두 개를 동시에 연주하면 높은 음의 진동 주파수가 낮은 음의 두 배가 되어, 그리스 사람들이 가장 듣기 좋은 이상적 비율이라 여겼던 소리가 난다. 게이도스는 이를 "사람이 가장 편안하게 느낄 수 있는 비율"이라 강조하면서 소리가 그토록 기분 좋게 들리는 이유는 실제로 한 옥타브가 다른 옥타브 안에 아늑하게 자리 잡은 상태로 두 개의 음파를 들을 수 있기 때문이라고 말했다. 더 나아가 피타고라스는 더욱 많은 줄을 15등분화하여 전체 음계를 재생했다.

대장간의 망치 소리를 듣고 피타고라스가 만들어 낸 음악 이론은 현대 전문가들에 의해 무너졌다. 망치 두드리는 소리가 망치 무게에 따라 좌우되지 않을 뿐 아니라 피타고라스도 소리의 수학적 연관성을 파악한 최초의 인물은 아니라는 지적이 나왔기 때문이다.[54] 하지만 피타고라스의 명백한 업적은 형이상학 영역에 있다. 그는 음악이 적절한 비율을 이루면 듣는 사람에게 우주의 조화로운 질서를 불어 넣고, 온화한 도덕적 영향력을 발휘할 수 있다는 가설을 세웠다. 소리 세계에 놀랍게도 일관성 있게 적용된 수학적 규칙을 파악하기 시작한 피타고라스는 전체 우주가 불협화음을 조화롭게 이끄는 악기와 같다고 비유했다. 그는 각 행성이 지구를 중심으로 궤도를 그리며 음을 만들어 내는데, 여기에는 길이가 서로 다른 줄의 상대적인 음높이를 결정하는 법칙이 똑같이 적용된다고 믿었다.[55] 또한 태양의 신 아폴로가 수금을 가지고 천체의 음악을 지휘하는 것 같다고도 말했다.[56]

어거스틴은 질서 있는 소리가 빚어내는 도덕적 공명에 기독교 교리를 덧붙였다. 그리고 성스러운 음악을 지배하는 수학적 비율을 통해 사람들이 신의 조화로운 우주 배열을 직감적으로 알 수 있다고 썼다. 중세 교회는 이러한 비율을 세속적 건축물에 구현한 '신성 기하학'에 상당히 의존했다. 성 베르나르는 "신은 무엇일까? 신은 길이요, 너비요, 높이요, 깊이다."라고 썼다. '침묵의 건축물'로 자주 불리는 시토파 건축의 시각적 품위 또한 음악적 조화의 비율에 따라 표현되었다. 성 베르나르는 "장식이 있어서는 안 되고 비율만이 존재해야 한다."고 주장했다.[57] 신성한 질서 개념의 유래를 찾아보면, 그레고리안 성가(로마

가톨릭 교회의 전통적인 단선율(單旋律) 전례 성가–옮긴이]의 양식과 리듬까지 거슬러 올라간다.

이러한 비율은 현대에도 여전히 강력한 영향을 미친다. 2008년 여름 유니버설레코드는 비엔나 소재의 세계에서 가장 오래된 시토 수도원 슈티프트 하일리겐크로이츠에서 수도승들이 부른 성가를 녹음해 출시했다. '성가: 영혼을 위한 음악'이라는 제목의 이 앨범은 마돈나 같은 슈퍼스타들의 앨범 판매량을 한동안 능가할 정도로 인기가 높았다.[58] 이 앨범 발표와 거의 비슷한 시기에, 임페리얼대학 신경과학 수석 강사 앨런 왓킨스는 팀과 함께 완성한 연구 보고서를 발표하면서 "성가 합창의 음악적 구조와 규칙적 호흡"이 생리적으로 긍정적 효과를 낸다고 주장했다. 성가 합창이 혈압을 떨어뜨리고 성취 호르몬인 디에이치이에이(DHEA, dehydroepiandrosterone)의 수치를 높인다는 초기 연구 결과에 뒤이은 성과였다.[59] 왓킨스가 서술한 시토 수도회 성가의 유익한 신체적·정신적 효과는 내가 침묵 명상으로 깨달았던 효과와 상당히 비슷했다.

게이도스는 신성 기하학이 자신을 비롯한 전문가가 항상 활용하는 음향적 "성서"의 일부라고 언급하면서, "녹음실을 짓는 사람은 누구나, 신성 기하학에서 발전한 수학적 비율과 수열, 황금비율을 알고 있어요."라고 덧붙였다. 그는 소리 영역에서 수학적 비율이 더할 나위 없이 발전했기 때문에 이를 반드시 알고 있어야 한다고 강조했다.

"전통 교회에서 흘러나오는 소리는 아름다워요."

실제로 세계에서 가장 크게 성공한 녹음실의 일부는 교회이다. 뉴욕 시에 있는 유명한 콜롬비아 스튜디오와 데카 스튜디오 모두 교회 건물을 개조한 공간이다. 특히 콜롬비아 스튜디오의 전신인 교회는 천장 높이가 30미터에 이른다. 교회 건축가들이 공간을 만들 때 피타고라스적 전통을 버린 것은 최근의 일이다. 게이도스는 이에 대해 "음향학적으로 완전히 무너졌다."고 표현했다.

조화로운 질서가 지배하고 화합과 통일을 추구하는 우주에서 정당한 역할을 담당하지 못하는 음은 조화로운 소리가 유쾌한 만큼이나 파괴적일 수 있다. 중세 철학자 보에티우스는 세상을 지배하는 비율에 일치시키라는 소명을 생각하면서 "인간은 유사성을 사랑하고 상이성을 혐오한다."고 선언했다.[60](아이들이 편안히 잠들 수 있도록 돕는 시디를 제작한 현대 음향 디자이너 한 명은 내게 종소리, 비눗방울 부는 소리, 파도 소리, 하프 소리, 심장 박동 소리 등을 결합하는 자신의 작업 과정을 한마디로 "친근함에 도달"할 수 있도록 "변화와 조화상의 불안을 최소화하는 과정"이라고 설명했다.) 또한 게이도스는 음향 과학 세계에서 소음의 정의를 끌어내면서 "소음은 음악의 음보다 주파수가 더 많으면서 주파수 자체는 서로 연관성이 없다."고 강조했다. 다시 말해서 서로 다르고 불규칙한 주파수가 귀를 때리는 방식은 현실에 끔찍한 결과를 초래할 수 있다.

유기체든 아니든 모든 구조물은 에너지를 받아 움직일 때 자연스레 진동하게 되는 특정 주파수를 지니고 있다. 이 상황은 이렇게 생각해 볼 수 있다. 만물은 어떤 단계에서 가능한 한 움직이지 않는 상태를 유지하고 싶어 하지만 그 단계를 벗어나면 특정 속도로 진동할 수밖에 없는 운명인 것이다. 재떨이, 자동차 핸들, 바이올린 현, 어린 아이의 성대주름에는 나름대로 기본 주파수가 있다.

특정 물체의 기본 주파수는 어떻게 결정될까? 물체의 부피와 장력에 따라 결정된다. 달리 말해서 모든 구조물의 핵심적인 물리적 진리가 그 운동 방식을 결정하고 음파를 우주로 내보낸다. 물체의 기본 주파수는 정체성을 나타내는 일종의 노출 스냅 사진과 같다. 또한 이러한 스냅 사진은 물체가 상호 공명할 가능성이 큰 다른 구조물을 드러낸다.

인간의 청력 체계는 물체의 표식으로서의 기본 주파수를 찾는 듯 보인다. 베이스의 범위가 제한적인 미니 스피커의 제작자는 높은 화성 패턴의 주파수를 증폭시킴으로써, 사람들로 하여금 높은 화성과 전형적으로 연결된 낮고 기본적인 화성 또한 듣고 있다고 느끼게 할 수 있다. 물론 베이스 부스트(bass boost, 녹음 또는 믹스를 할 때 음원의 저주파수가 증가하는 것-옮긴이)도 고려 대상이 된다. 비슷한 예로 1.5미터 길이의 그랜드피아노를 연주하면 초당 27.5회 진동하는 가장 낮은 음은 거의 들리지 않는다. 가령 낮은 음 '라'를 연주했을 때 실제로 우리가 듣는 소리는 그 음을 감싸고 있는 높은 화성이다. 하지만 게이도스는 거의 무의식적이더라도 우리는 언제나 기본 주파수를 찾는다고 강조했다.

"인간은 언제나 사물의 바닥을 뒤지기 마련이거든요."

그렇다면 인간은 아마도 특정한 소리가 지닌 물리적 진리를 지각하려고 기본 주파수에 귀를 기울이는 것이다. 기본 주파수 즉 모든 소음 저변에서 부피와 장력에 의해 비롯되는 숨길 수 없는 진동만이 소리를 내는 대상에 어떻게 적응해야 하는지를 알려 줄 수 있다.

그렇다면 원하지 않는 소리의 물리학 세계에서는 어떤 현상이 발생할까? 나는 우리 귀에 매우 온화하게 들리는 주파수들 사이에서 음정을 거스를 때 발생하는 효과를 놓고, 케니언대학의 정신과학 프로그램 이사 앤디 니미엑과 대화를 나눈 적이 있다. 니미엑은 공격성을 유발하는 화성 구조 변화를 연구하고 있었다. 특히 아기에 대한 신체적 학대로까지 이어지는 아기 울음소리에서의 화성 관계에 대해 집중적으로 연구 중이었다. 니미엑은 이렇게 설명했다.

"소리에는 기본 주파수와 그 배수가 되는 배음(倍音)이 있어요. 현실 세계의 복잡한 소리는 항상 이러한 구조를 띠죠. 금속판을 두드리면 자극적이라 느끼게 되는 방향으로 판의 배음이 바뀝니다. 상대적인 배음 수준이 바뀌면 인간에게 생리적 변화를 초래할 물건이 세상에 널려 있어요."

게이도스는 니미엑의 주장에 동의했다.

"이 점을 기억해야 해요. 소리로 듣지 못하더라도 지구가 특정 주파수로 돌고 있다는 사실을 말이죠. 우리가 진화 과정의 일부로 채택한 지구상의 진동들 사이에는 상관관계가 있어요."

게이도스는 말을 하면서 손으로는 프로툴(Pro Tools, 현재 대부분의 영화음악과 그 외 다른 음악의 편집에 사용되는 소프트웨어 프로그램이다.)로 음파를 조종하여, 지구를 거대한 진동 퀼팅 꿀벌의 이미지로 떠올리게 하는 소라색·분홍색·진홍색·검은색 패턴을 통해 서로 다른 컬러 코드(color code, 정해진 색상의 조합을 이용해 디지털 정보를 기록, 저장하는 새로운 개념의 데이터 표현 기술-옮긴이)의 화음과 불협화음을 만들어 내기 시작했다.

최근 들어 영국 소재 의과대학 소속 연구원 몇 명은 분필로 칠판을 그을 때 나는 소리 등 불쾌한 소리를 들을 때 두뇌에서 어떤 현상이 일어나는지 연구하기 시작했다. 서로 다른 음향 에너지는 청각 피질의 다른 부위에 새겨진다. 연구 참가자들이 싫어한다고 대답한 소리가 두뇌에 기록되는 지점을 분석함으로써 연구원들은 신경을 거스르는 각양각색의 청각 표현을 식별하려 했다.

2008년 12월 〈미국 음향학회지〉에 발표된 연구 보고서는 불쾌한 정도를 기준으로 75가지 소리의 영향을 최대부터 최소까지 분류했다. 사람의 귀에 가장 거슬리는 소리는 "금속 병의 표면을 날카로운 칼날로 긁는 소리", "유리잔을 포크로 긁는 소리"로 그나마 밤늦게 벌어지는 술판에서나 들음직한 소리여서 다행이다. 여성의 비명소리와 아기 울음소리도 상위를 차지했다.(불쾌한 정도가 가장 낮은 소리는 아기 웃음소리였고, "물 흐르는 소리", "물이 가늘게 떨어지는 소리", "물거품 이는 소리"가 그 뒤를 이었다.) 연구원들은 주파수 범위가 2~5킬로헤르츠(kHz)면 거의 예외 없이 불쾌하게 느껴진다는 사실도 밝혀냈다. 이는 니미엑이 유아 울음소리에 보이는 공격적인 반응을 연구하면서 밝혀낸 범위와 대략 일치한다.

영국 연구원들은 소리에 보이는 반응이 청각계의 감도(感度)와 관계가 있을 수 있다고 주장했다. "청각계가 최대한으로 예민한 범위에 강력하게 집중되는 에너지를 지니고 있기" 때문에 특정 소리가 불쾌하게 들릴지 모른다는 뜻이다. 달리 표현하면 우리를 미칠 지경에 이르게 하는 소리는 어떤 수준에서나 크게 들릴지 모른다는 것이다.[61] 인간의 청각 피질은 침묵 찾기에 일치하는 소리를 선호하도록 만들어진 것 같다.

아기 울음소리의 음높이는 무시하기 어렵기 때문에 생물학적으로 선택되었을 가능성이 있다. 날카로운 소리를 내는 이와 그 같은 소리를 듣는 이의 이해관계는 정반대일 수 있다. 무기력한 아기는 부모가 자신의 고통을 확실히 없애 주도록 청각 피질의 가장 약한 부분을 건드려야 한다. 반면에 소리를 듣는 이는 적에게 발각될 위험에 처하거나 야생동물 또는 위협적인 사람의 공격을 받을 수 있기 때문에 소음을 감추어야 한다. 특히 특정 주파수에 다다른 커다란 소리는 불길한 대상이 다가오거나 자신이 위험해질 수 있다는 뜻이므로 될 수 있는 대로 빨리 침묵해야 한다.

단, 공격성이 소음의 목적일 때는 예외이다.

니미엑이 강조했듯이 여기서 본질적인 문제는 주파수가 아니다. 공격성은 배음의 변화로 유발되기 때문이다. 기본 주파수가 잘못된 방식으로 강조되면 듣는 이의 공격성을 끌어낸다. 니미엑은 히틀러 목소리의 주파수가 228이었다는 스티어 박사의 측정은 정확하며, 따라서 히틀러의 말은 미키 마우스처럼 들릴 수도 있고(디즈니 디브이디를 반복적으로 보았던 부모들은 찬성하지 않을 수 있지만 이것은 강한 폭력 충동을 유도하는 주파수는 아니다.) 여성의 비명처럼 들릴 수도 있다고 언급했다. 하지만 언젠가 내가 히틀러의 목소리에 대해 읽은 또 다른 글에서는, 히틀러의 목소리가 그토록 강한 영향력을 발휘할 수 있었던 비결은 정확하게 니미엑이 주장한 배음에 있을지 모른다고 제안했다. 이 글에서 글쓴이는 "히틀러는 모든 공식 석상에서 원칙에서 벗어난 단호하고 거친 어조로 말하기 시작했다. 그런 다음 유쾌한 바리톤으로 어조를 바꿨다."고 썼다. 그러고 나서 히틀러는 좀 더 높은 소리로 돌아갔다가 다시 낮은 소리로 돌아오는 과정을 반복했다.[62] 아마도 청중으로부터 공격성을 이끌어 냈던 히틀러의 위력은, 주파수 228인 목소리에서 나오지 않고,

'유쾌한 바리톤'을 강조했다가 여성의 비명 수준까지 목소리를 끌어올리는 등 배음을 반복적으로 변화시킨 방식에서 나왔을 것이다. 히틀러에 대한 영화를 제작했던 레니 리펜슈탈은 히틀러의 음성을 처음 듣는 순간 "예언에 가까운 환상"을 보았다고 회고록에 썼다. 그는 갑자기 지구 표면이 눈앞에 쫙 펼쳐지더니 "순식간에 반으로 갈라지며 그 속에서 너무나 세고 거대한 물줄기가 뿜어져 나와 하늘에 닿고 땅을 흔드는 것 같았다. 나는 온몸이 마비되었다."고 고백했다.[63] 아마도 히틀러의 목소리가 우주에 분열을 일으키는 소음을 만들어 냈던 것 같다.

소음의 우주적 근원에 대한 연구 가운데 가장 흥미로운 시도는 버지니아대학 천문학과 교수 마크 휘틀이 2005년 수행한 연구였다. 휘틀은 빅뱅 자체의 소리를 분석하는 작업에 착수했는데 그의 분석 결과에 따르면 실제 빅뱅시의 소리는 전혀 폭발음이 아니었다.

창조 자체는 완전히 조용했던 것 같다. 우주가 최초로 팽창할 때는 에너지가 완전히 안정된 상태로 퍼져나갔기 때문에 휘틀의 말을 빌리자면 "압축파도 소리도 없었고, 조용하고 멋지며 생명력 넘치는 팽창만 있었다." 그러나 창조 이전에 존재했던 우주의 다양한 밀도 차이로 인해 휘틀의 묘사처럼 중력에 따른 계곡과 언덕이 생겨났다. 빅뱅에서 발생한 기체가 이런 "공동(空洞)"에 떨어지고 주변을 스쳐 지나면서 음파가 만들어졌다. 시간이 경과하자 더 많은 기체가 더욱 깊은 공동으로 떨어지면서 훨씬 길고 깊은 음파를 만들어 냈다. 첫 수만 년에 걸쳐 중력이 더욱 긴 기압파를 스펙트럼으로 방출하자 음의 높이는 떨어졌다. 휘틀이 생각하는 우주에서 중력은 피아니스트와 같아서 태곳적 풍경이라는 건반을 연주한다. 그는 빅뱅의 전체적인 소음에 대해 "요란한 소리가 급격하게 하강하면서 깊은 굉음이 되고 마침내 귀청이 터질 것 같은 쉬익 소리가 나다가 침묵의 순간이 찾아온다."고 특징지었다.[64]

아마도 인간이 특정 배음 변화에 대해 품은 반감은 우주 탄생의 진통에서 그 기원을 찾을 수 있을지도 모른다.

소리는 두 가지 주요 방식으로 인간에게 부정적 영향을 미칠 수 있다. 하나는 소리에서 특정 소음을 연상하는 것과 관련이 있다. 또 다른 하나는 요즘 들어 탐색되기 시작한 것으로, 소리의 고유한 음향적 특성과 관련이 있다. 전부 그렇지는 않지만 많은 경우 불쾌한 소리에는 이 두 요소가 겹친다. 하지만 특정 소리가 소음을 연상시키든 본질적으로 자체가 소음이든, 문제는 예나 지금이나 소리의 강렬한 자극 자체는 줄어들지 않았다는 사실이다. 우르르 쾅쾅 울리는 엄청난 천둥소리는 선조들과 마찬가지로 현대인들에게도 빨리 몸을 피하라는 신호이다. 뉴욕대학 뇌건강센터 소속 리디아 글로직 소반스카의 설명에 따르면, 인간은 심리적으로 꽤나 잘 적응하고 있을 때라도 깜짝 놀랄 소리를 자주 들으면 생리 기능이 위축된다. 주변에서 갑자기 사이렌 소리가 요란하게 들리면, 자신과 관계가 없다는 사실을 아무리 의식적으로 확실히 알고 있더라도 여전히 혈압이 곤두서고, 눈동자가 풀리고, 유모세포가 평평해졌다가 꼬인다.

아기의 놀람반사(갑작스러운 커다란 소리와 같은 강한 자극에 빠른 반응을 보이는 것-옮긴이)를 일으키는 요인에는 두 가지가 있다. 떨어진다는 인식과 커다란 소음이 그것이다. 두 경우 모두에 아기는 등을 구부리고, 팔다리를 휘저으면서, 엄지와 집게손가락으로 무언가를 낚아채는 동작을 보인다. 달리 말해 소음은 아기에게 추락과도 같아 소음을 들은 아기는 붙잡을 것을 놓쳐 밑으로 떨어지는 것처럼 느끼게 된다는 뜻이다. '소음(noise)'이 뱃멀미를 하거나 방향감각을 상실했을 때의 느낌인 '메스꺼움(nausea)'이란 단어에서 파생한 것도 이유가 있다.

소음의 부정적 결과를 드러내는 증거는 많다. 하지만 소음의 부정적 결과에 대해 알아 갈수록 인간이 의도적으로 소음을 그토록 많이 만들어 내는 이유가 궁금해졌다. 나는 이러한 수수께끼의 실마리를 찾기 위해 사람들이 인정사정없이 소리를 높이는 장소 몇 군데를 찾아가 보았다.

제4장

소음과 삶의 에너지

Noise and Energy

회색 셔터가 달린 어두컴컴한 입구에서 쿵쿵 소리가 흘러나왔다. 최근에 대화를 나눴던 마케팅 교수 마이클 모리슨의 말이 떠올랐다.

"요즘에는 소매상점에 들어서는 고객에게서 감탄사를 끌어내기가 정말 힘들어요."

모리슨은 안타깝다는 어조로 말을 이었다.

"그래서 매장을 설계할 때 음향적 요소에 새롭게 눈을 돌리고 있어요."

입구에 가까이 다가서자 온몸이 소음의 파동에 휩싸였다. 마치 근육질의 디제이가 내 가슴을 쾅쾅 때리고 심장을 꽉 쥐는 것 같았다.

"와우!"

나도 모르게 감탄사가 튀어나왔다.

"뭔가 느껴지나요?"

텍사스 주 오스틴 소재 바턴 크리크 스퀘어 몰에서 수많은 고객을 상대하는 금발 머리의 음향 디자이너 리앤 플래스크가 고개를 끄덕였다.

"그럼 안내할게요."

리앤이 따라오라고 손짓했다. 조명이 환하게 내리비추는 곳에서 몸을 흔들고 있는 사춘기 소녀 두 명을 지나 애버크롬비 앤드 피치(A&F, Abercrombie & Fitch, 인기 캐주얼 의류 브랜드-옮긴이)의 깊은 음향 세계로 들어갔다.

애버크롬비 앤드 피치(이하 애버크롬비)의 플래그십 스토어(flagship store, 시장에서 성공을 거둔 특정 상품 브랜드를 중심으로 하여 브랜드의 성격과 이미지를 극대화한 매장-옮긴이)는 내가 일하는 사무실에서 몇 블록 떨어진 5번가에 있다. 텍사스를 방문하기 몇 달 전에 이따금씩 매장 입구 주변을 서성이면서 매장 안에서 하루 종일 흘러나오는 쿵쿵 소리에 귀를 기울이곤 했다. 매장 밖에는 벨벳 줄이 쳐 있고, 장대 같은 키에 조각 같은 이목구비를 갖춘 남성들이 위압적인 태도로 쇼핑객이 늘어선 줄을 지키며 경비를 설 때가 많았다. 줄은 56번가를 빙 두를 정도로 길었고 세계 여러 나라에서 온 대부분은 젊지만 나이 든 사람도 간혹 섞인 관광객들이 대량 생산 의류를 사기 위해 매장 밖에서 끈기 있게 줄을 서서 기다렸다. 물론 애버크롬비의 제품이 멋지고, 입는 사람의 마음을 설레게 하고, 입으면 섹시해 보인다는 점은 인정할 수 있다. 하지만 배경이 제각기 다른 그토록 많은 사람들이 정말 고통스러울 정도로 큰 소음을 들으면서도 굳이 매장에 들어가려 애쓰는 이유를 이해할 수 없었다. 모리슨 교수가 흥분하며 말한, "사람들이 어느 도시를 가든

그 매장에 정말 들어가고 싶어 하는" 이유를 정말 짐작조차 할 수 없었다.

최초의 행상들이 소리를 지르며 제품을 팔러 돌아다니던 시대 이후로 쇼핑은 소음과 연관되어 왔다. 고대 시장(그리고 많은 수의 현대 시장에 이르기까지)에서 상인은 제품의 성격과 질, 가격을 큰 소리로 외쳤다. 최고의 가격 조건을 가장 크게 외치는 상인이 가장 많은 손님을 끌어 모을 때가 많았다. 기본적으로 폐활량이 승리를 좌우하는 경쟁이었다. 하지만 『선조들이 살던 세상』에서 "친숙한 소음에 묻혀 긴장을 풀 수 있는" 곳[65]이라며 시장을 옹호하는 글을 썼던 어빙 하우를 비롯해서 몇몇 거리 소음 전문가를 제외하고는 커다란 소음 자체가 인기 대상은 아니었다. 신문들은 20세기 초 뉴욕에서 성행했던 행상을 묘사할 때, "냄새나는", "꼴불견의", "더러운" 등과 더불어 "떠들썩한"이란 형용사를 어김없이 사용했다. 이러한 소음 공해에 맞서는 단체를 최초로 설립한 이삭 라이스 여사는, 1908년 로어 이스트사이드(Lower East Side, 미국 뉴욕 시 맨해튼 섬의 동쪽 지구로 오랫동안 유럽 이민자들의 고향이었다.-옮긴이)를 찾았다가 "그 지역에 불필요한 아우성"을 듣고는 자신이 여태껏 가 봤던 곳 중에서 가장 "슬픈 장소"였다고 탄식했다. 그녀는 "행상인이 지르는 소음"을 멈추기 위해 한 가지 방법을 제안했다. 근처 주택 거주민들이 "붉은 카드는 야채 장수, 노란 카드는 과일 장수 등 서로 다른 색깔의 카드를 내보여서 원하는 행상인을 부르자"는 것이었다. 그녀는 이웃의 소음을 최소화해서 "소음과의 오랜 싸움으로" 잠을 설치는 사람들을 돕고 싶었다.[66] 수십 년이 지난 후에 사람들은 뉴욕 시장 피오렐로 라과디아가 행상인의 포장마차를 없애기 위해 추진한 운동에 찬사를 보냈다. 부분적으로 이 운동이 실내 시장을 새롭게 건립해서 상업 거래로 인한 소음을 제한하고자 했기 때문이다. 1940년 1월 〈뉴욕타임스〉는 이스트사이드에 자리한 포장마차 시장의 뒤늦은 폐쇄를 보도하는 기사에서, 오처드 가, 헤스터 가, 리빙턴 가에서 "쩌렁쩌렁하게 소리 지르는 행상인"의 "목쉰 외침"이 더 이상 울려 퍼지지 않으리라 애석해하는 사람은 몇몇 감상적인 뉴요커뿐이었다고 썼다.[67] 물론 포장마차의 와글거리는 소음은 애버크롬비의 천둥소리와는 다르다. 나는 애버크롬비 관계자를 만나 그들의 음향 전략에 대해 물어봐야겠다고 생각했다.

애석하게도 나의 질문에 애버크롬비 측은 저녁 기도를 마친 트라피스트 수도승처럼 묵묵부답이었다. 하지만 나는 애버크롬비의 음향 의도를 구현하는 음향 디자인 회사가 DMX라는 사실을 알아낼 수 있었다. 그리고 DMX의 이사인 리앤 플래스크는 몰을 견학시켜 주고 애버크롬비의 음향 전략에 대해 토론하겠다며 DMX 본사가 자리한 오스틴으로 나를 초청했다.

플래스크는 유행하는 금발 머리 스타일에 환하고 현명한 미소가 돋보였다. 처음 만나던 날에는 오른쪽 팔에 연보라색 깁스를 하고 있었다. 배구 경기를 하다가 다쳤다고 했다. 바턴 크리크 스퀘어로 가는 길에 그녀는 DMX가 1970년대 중반에 접어들면서 인공위성으로 매장에 연속적인 음악 서비스를 제공하기 시작했다고 말했다. 소매상점용 음악 디자인이 초기 단계를 벗어나지 못하고 있을 때였다. 플래스크의 설명에 따르면 당시 대부분의 서비스 제공업체들은 그저 시디를 틀어 놓는 수준에 머물러 있었다.

"매장에서 십 대용 발레화를 판매하면서 클래식 록을 틀어 놓는 식이었죠."

제품의 분위기와 매장 음향이 전혀 어울리지 않았던 것이다.

오늘날 DMX 웹사이트는 자사를 "다감각 브랜딩 분야의 세계적 리더"로서 고객 브랜드의 "독특한 개성을 표현하고 명백한 브랜드 정체성을 부여한다."고 선전한다. 플래스크는 현대 음향 브랜딩이 고객을 위해 아이팟에 음악을 업로드 하는 이상의 수준에 도달해 있다고 설명했다.

"우리는 하루 종일 이 노래에서 저 노래로 음향의 흐름을 일일이 설계합니다."

DMX는 고객에게 "분위기와 에너지 그리고 짜임새"를 제공한다. 일반 사람들이 이해하기는 무척 힘들지만 자신의 경험으로는 이러한 요소들이 대부분의 인기 음악가나 인기 곡과는 전혀 관계가 없다고도 했다. 음향 설계의 비결을 묻는 내 질문에 플래스크는 가장 한적한 주차 공간에 차를 세우고 소가죽 가방을 뒤져 선글라스를 찾아 쓰며 대답했다.

"모두 관계에 대한 것이죠. 나는 평생 음악과 더불어 살아왔어요. 나 자신의 일을 무엇보다 좋아하고요. 음악이 없었다면 그러지 못했을 사람들을 음악은 치유하고 서로 연결해 주고 하나로 묶어 주죠. 정말 놀라운 일이에요."

소리의 환희

함께 매장을 둘러보면서 플래스크는 매장의 소음을 누르려는 듯 커다란 목소리로 흥미 있는 정보를 주었다. 교도소 독방처럼 생긴 탈의실을 가리키면서 그곳에 음악이 더욱 크게 울리는 이유는, 탈의실에 옷이 쌓여 있지 않아 소리를 흡수하지 못하기 때문이라고 했다. 내가 메모를 하려고 걸음을 멈추자 어느 결에 젊은 여성이 다가와 도움이 필요한지 묻고, 괜찮다는 대답에 몸을 가볍게 흔들며 쏜살같이 사라졌다. 플래스크는 젊은 직원을 가리키며 말했다.

"저 직원은 우리가 매장을 둘러보는 관리자라고 생각하는 거예요. 애버크롬비 매장 직원들을 괴롭히고 싶으면 작은 수첩을 들고 매장에 들어오기만 하면 된답니다."

우리는 다시 걷기 시작했다. 플래스크는 나의 연구 방향에 대한 자신의 아이디어 몇 가지를 큰 소리로 들려줬다. 나는 소음 때문에 듣기 힘들다는 몸짓을 보냈다. 매장에 울려 퍼지는 음악 소리에 플래스크의 말이 그대로 묻혔다. 그녀는 더 크게 말하다가 이내 지쳐서 포기했다.

마침내 매장 입구에서 멀어져서 소리를 지르지 않고도 상대방의 말을 알아들을 수 있게 되었다. 플래스크는 매장을 돌아보았다. 무엇인지 알 것 같은 인간적 피로감이 그녀의 얼굴을 스쳐 지나갔다.

"내부가 상당히 어두워서 음악을 사용해 매장 분위기를 가볍게 하려 시도하고 있어요."

나는 그녀의 기운을 돋울 생각으로 고개를 끄덕였다. 그녀는 생기를 되찾으며 이렇게 말했다.

"그래서 몸을 들썩거리게 만드는 음악을 트는 거예요. 마치 클럽에서 하루를 시작하는 것 같은 기분을 불러일으키려고요. 그것이 우리가 사용하는 브랜딩 전술이에요."

DMX가 애버크롬비와 계약을 맺을 당시 기업 경영진은 플래스크에게 "고객이 언제나 즐겁다고 느끼는 매장으로 꾸며 달라고" 요청했다. 플래스크는 이렇게 말을 이었다.

"긍정적이고 행복한 감정을 느끼는 즐거운 곳으로 만들어 달라는 뜻이었죠. 파티 장소처럼 말이에요. 우리 회사 입장에서는 세심하게 접근해야 했어요. 기업이 표현하고 싶지만 시각적 디자인으로는 나타낼 수 없는 느낌이 있기 때문이죠. 매장의 기존 분위기를 검토하고 전체적으로 정말 어두운 매장을 즐거워서 몸이 들썩거리는 행복하고 긍정적인 장소로 느끼게 만들 방법을 찾아야 했답니다. 그래서 나는 극단적인 방법으로 행복하고 정력적인 음악을 설계했어요."

플래스크는 말을 마치고 소음으로 진동하는 어두운 매장을 다시 한 번 돌아보았다.

애버크롬비가 원칙적으로는 15~28세 고객층을 겨냥하고 있지만 플래스크는 앞으로 대학교 신입생과 이들의 생활 방식을 동경하는 사람들을 주고객 대상으로 하게 되리라 여기고 있었다.

"고객들은 처음으로 집을 떠나온 기분에 젖어 있어요. '우와, 정말 신난다. 집에 갈 걱정 없이 밤에 마음대로 외출도 할 수 있겠다.'는 심정 말이에요."

나는 어느 정도로 큰 소리까지를 음향 설계 작업에 허용하는지 물었다. 그녀는 놀림을 당하는 것 같다는 표정을 지었다.

"모든 소리가 실제 연주에서 어떻게 들릴지 정확하게 알고 있어야 해요. 노래가 특정 선에서 튀기 시작하면 사용할 수가 없어요."

그러고는 서로 다른 음향 조건에서 노래가 튈 위험성을 측정하는 방법 등 기술적인 이야기를 자세하게 늘어놓았다.

"하지만 이것도 모두 관계 형성에 대한 문제인가요?"

내가 소리가 요란한 매장을 가리키며 물었다. 플래스크는 잠시 지체하더니 "음악을 사용해서 관계를 형성하자는 것이 아니라 마당을 꾸며 내자는 겁니다."라고 대답했다.

매장 자체는 단순하고 원시적인 자극을 일으키도록 설계된 것 같았다. 애버크롬비는 음악을 크게 틀어 놓고 실내를 어둡게 하는 동시에 집중 조명을 사용해서 축하 분위기를 끌어냈다. 애버크롬비의 지역 매장을 거닐다 보면 지나치게 구매에만 신경을 쓸 때는 느끼지 못했던 "아, 이제 집에서 해방되었구나!" 하는 내면의 홀가분한 감정을 느끼게 된다.

물론 애버크롬비가 소음을 사용하겠다고 생각한 것은 아니다. 하지만 플래스크의 말에도 불구하고 소음 또한 관계 창출의 수단으로 이해할 수 있다. 다만 사람 사이의 관계라기보다는 개인과 집단 황홀경 상태와의 관계에서 그렇다.

예고르 레즈니코프는 파리대학에 몸담고 있는 고대 음악 전문가로 중세 성가와 동굴 탐험을 즐긴다. 그는 1983년 프랑스에 있는 구석기시대 동굴 르포르텔을 찾아갔다. 레즈니코프는 동굴로 걸어 들어

가면서 콧노래를 부르기 시작했다. 일반적으로 새로운 공간에 들어갈 때마다 "그곳의 소리를 느끼기" 위해 습관적으로 하는 일이었다. 그는 놀랍게도 벽에 동물 그림이 새겨져 있는 장소에서는 콧노래가 더욱 커지고 격렬해진다는 사실을 깨달았다. 레즈니코프는 동료인 미셸 도부아와 함께 연구 활동을 하면서 프랑스 피레네 산맥 지대에 그려진 고대 동굴 벽화의 위치가 음향 공명 증가 지점과 일치한다는 사실을 입증했다. 또한 프랑스 전역에 걸쳐 탐험을 계속하면서, 그림이나 무늬가 없는 구석기시대 동굴에는 공명 지점이 거의 없는 반면에 그림이 있는 일부 지점은 소리와 관련지어야만 이해할 수 있다는 사실을 밝혀냈다. 그는 자신의 목소리를 유일한 음원으로 사용해서 칠흑처럼 어두운 동굴을 이동하다가 "특별히 공명하는 장소"에 도달해서 불을 켜면 "그림을 그리기에 적절하지 않은 장소에서도" 그림을 발견했다.[68]

레즈니코프는 음향상으로 고도로 민감하게 반응하는 석벽과 그림이 교차하는 곳에서 주술사들이 공명 증폭과 메아리를 통해 자신들이 행하는 의식의 감정적 힘을 고조시켰을 것이라 여겼다.(이와 같은 장소에서 일어나는 공명의 힘은 매우 강력해서 레즈니코프는 동굴에서 소리를 내자 몸 전체가 공간과 함께 앞뒤로 진동하는 현상을 느꼈다.[69]) 음향 효과는 공간 및 그곳에 그려진 형상과의 교감을 높였다. 이러한 동시성이 특정 동물과 자신을 동일시하려는 주술사의 노력을 뒷받침해 주었을 것이다. 레즈니코프의 발견에 따르면, 동물 그림 근처에서 소리를 지르면 그림 속 동물이 포효하는 듯 보이게도 만들 수 있었다.

반향과 메아리, 증폭과 공명은 인간의 감정을 끌어올리고 이성을 되도록 억제하기 위한 선사시대 현인들의 계략이었다. 이것이 쇼핑몰에서 나타나고 있는 현상과 매우 비슷하다는 생각이 들었다.

소음 그리고 인간 에너지의 끊임없는 위기

플래스크와 함께 바턴 크리크 스퀘어의 이곳저곳을 돌아다니다가 리미티드(The Limited, 미국의 의류 전문 소매회사-옮긴이)에 들어섰다. 그곳은 소리가 요란하고 명암 대비가 뚜렷해서, 애버크롬비와 비슷하게 들뜬 분위기를 냈다. 나는 플래스크에게 매장이 전달하려는 음향 메시지를 분석해 달라고 부탁했다.

플래스크는 잠시 눈을 내리깔고 음악의 박자에 맞춰 고개를 끄덕였다.

"리미티드를 찾는 여성은 애버크롬비 고객보다는 나이가 약간 더 많은 편이에요. 대개 하루 종일 직장에서 일하고 나서 외출하죠. 집에 돌아가 옷을 갈아입을 시간도 없어요. 아마 대학을 막 졸업했거나 취업한 지 얼마 되지 않았을 거예요. 음악을 제대로 골랐네요."

리미티드 여성 고객의 바쁘고 원기 왕성한 삶에 대한 플래스크의 묘사를 들으면서 나는 오늘날 쇼핑몰의 소음 전략이 결국 섹스 문제까지 건드리는 것은 아닌지 궁금했다. 쇼핑몰의 여러 매장에서 듣는 소리는, 봄철 생명력으로 들끓는 습지에서 울어 대는 거대한 황소개구리의 소리와 흡사할까? 교미하기 전에 개골거리는?

"섹스의 요소가 많아요."

플래스크가 불쑥 말을 건넸다. 하지만 에너지 역학의 문제이기도 하다고 덧붙였다.

"소란스러움에 담긴 에너지 덕에 고객들은 기운이 넘쳐 나죠."

플래스크가 약간 격앙된 목소리로 설명하기 시작했다.

"어떤 고객이 '조지, 이 셔츠 좀 봐요! 봤어요?'라고 말하면 매장을 순환하는 에너지의 수위가 올라가면서 모든 고객들이 같이 흥분을 느끼고 반응을 시작해요. 그렇게 에너지는 순환하는 거죠! 음악이 빠르고 요란하기 때문에 매장을 돌아다니는 데는 그다지 에너지가 들지 않아요."

쇼핑객들에게 끊임없이 영향을 미친다고 알려져 있는 음악적 요소는 박자이다. 박자가 빠르면 고객들이 더욱 빨리 움직이지만, 박자가 느슨하면 고객의 동작은 느려진다. 이러한 원칙의 근원은 군인의 행군 속도에 영향을 미치는 군대 음악이다. 북소리에 맞춰서 발자국을 떼다 보면 군인들의 행군 속도가 조절되고 전반적인 각성과 흥분이 일어난다. 최근 연구 결과에 따르면, 사람들은 박자에 맞춰 일제히 움직일 때 집단의 뜻에 더욱 복종하게 된다.[70)]

여러 요소들이 앞뒤가 맞아 가기 시작했다. 요란하고 강렬하며 빠른 박자는 어떤 환경에든지 에너지를 불어넣고 사회적 복종을 부추긴다.

뮤자크(Muzak, 매장 등에서 틀어 놓는 음악을 선별해 공급하는 회사 이름. '상점·식당·공항 등에서 배경 음악처럼 내보내는 녹음된 음악'의 의미로도 쓰인다.-옮긴이)에 대해 처음으로 언급한 신문 기사는 1939년 1월 29일자 〈뉴욕타임스〉에 보이는데, 기사의 제목은 '노동자들이 즐겁게 일할 수 있도록 밤낮없이 연주되는 음악으로 무장한 부두'였다. 정기 화물선 운영 업체인 이스브란첸 몰러 컴퍼니는 "듣기 좋은 음악을 들으면" 브루클린의 39번 부두 노동자들의 작업 능률이 증가하리라 생각했다. 뮤자크는 축음기를 전기로 작동할 수 있게 된 1934년에 설립되어 이후 신속하게 호텔과 음식점에 오디오 오락 서비스를 공급하기 시작했다. 직장에 지속적으로 음악이 흐르면서 기업 마케터들에게는 새로운 지평이 열렸다. 뮤자크의 한 이사는 이스브란첸 몰러의 결정에 찬사를 보내면서, "노동자들이 계속 일하도록 격려하기 위해 활기 넘치는 선율이 흐르고 여기에 커피가 어우러지면 낭만적인 분위기가 새롭게 조성될 것이다."라고 선언했다. 뮤자크의 프로그램 담당 부서는 부두 노동자, 화물 하역 노동자, 부두 사무실 직원들이 저녁 식사를 하고 춤을 추기에 적당한 음악을 방송한다는 방향을 설정하고 "음악 재생 시스템"의 정확한 내용을 결정했다. 담당자들은 "종잡을 수 없이 불안정한 노동자들의 감정을 다스리고 기분을 고양시키는 음악과 다른 범주의 음악을 제공하는 심리적 시간대"를 알고 있었다.

뮤자크의 부사장과 이스브란첸 측은 프로그램을 실시한 후에 모든 부두 노동자들이 즐겁게 작업할 수 있게 되었다고 발표했지만, 얼마 지나지 않아 지역 노조 지도자들은 프로그램의 진정한 목적이 노동자들의 작업 속도를 증가시키는 것일 뿐이라고 결론지었다. 이에 따라 노조는 파업을 선언하고 즉시 음악을 중지시켰다.

그러나 2년이 지나 2차 세계대전이 진행되는 동안에 "리듬을 즐기자는" 개념이 전국적으로 호소력을 갖게 되었다. 이는 웨스팅하우스의 뉴어크 지역 공장 관리자가 라디오 수신기를 시험하다가 직장의 에너지 수위를 높일 수 있는 음향 비결을 우연히 발견한 데서 비롯되었다. 이 관리자가 시험 운영을 마치고 공장 실내에 틀어 놓았던 라디오 수신기를 껐을 때, 노동자들이 음악을 듣지 못하니까 피로감이 쌓인다고 불평하면서 다시 음악을 틀어 달라고 요구하는 상황이 벌어졌다. 노동자 권리 옹호자들의 비판이 끊이지 않는 가운데 기업 간부들은 "지친 말에 박차를 가하기"보다는 따분한 분위기에 종지부를 찍겠다는 취지로 결정을 내렸다. 그들은 음악 특히 분당 65~90비트의 인기 있는 선율이 건강과 기분 전환에 좋다고 주장했다. 1941년에 들어서자 미국 노동총동맹 총재인 윌리엄 그린이 "음악은 노동자의 친구이다. 음악은 노동자의 신경과 정신을 상쾌하게 만들어 주어 노동의 무게를 줄여 준다."고 선언하기에 이르렀다.[71]

박자를 먹자

음식점 평가 회사 재거트는 전국적으로 고객들이 불만을 갖는 사항 1순위가 불친절한 서비스이고 그 뒤를 소음과 높은 가격이 잇는다고 발표했다. 2008년 뉴욕 시 소재 음식점을 이용하는 고객의 3분의 1 이상은 소음을 최대 불만거리로 지적했다. 자료를 볼 수 있는 첫 해인 2002년부터 2008년까지는 소음을 1위로 대답한 고객이 21퍼센트에 불과했었다. 10년 전 〈샌프란시스코 크로니클〉은 신문으로는 처음으로 소음 등급을 음식점 평가 항목에 추가했다. 소음 수준은 종 모양으로 표시했는데 종 하나는 65데시벨 미만이고 종 세 개는 80데시벨 이상의 "폭탄" 범주이다. 〈샌프란시스코 크로니클〉의 음식 및 와인 분야 수석 필자 마이클 바우어는 이제 "이중 폭탄" 범주를 새로 만들어야 할지도 모른다고 말하면서, 샌프란시스코 소재 음식점 중에서는 요란한 공장 소음과 동일한 수준인 종 네 개 이하의 소음 등급을 받는 곳이 급격하게 줄어들고 있다고 전했다.[72)]

1980년대 중반에 이르러 빠른 음악이 식사 속도에 미치는 영향에 대한 면밀한 연구가 처음으로 이루어졌다. 느린 음악에 노출된 고객들은 확실히 오래 테이블에 앉아 있었는데, 식사 시간은 평균 56분으로 일반적인 45분과는 비교되는 시간이었다.[73)] 거의 동일한 시기에 페어필드대학에서 실시한 연구에 따르면, 좀 더 빠르고 소리가 큰 음악을 들을 때 음식을 씹는 속도는 거의 3분의 1배 증가했다.[74)] 딕 클라크의 아메리칸 밴드스탠드 그릴 같은 체인 음식점은 이러한 성격의 자료에 자극을 받아 컴퓨터 식 음향 장치를 개발했다. 이는 음식점이 테이블을 빨리 순환시키고 싶은 시간에 맞춰 음악의 박자와 음량을 올리도록 미리 조정하는 장치였다.

"음량을 줄이려는 매니저들이 많아요. 고객들이 음식을 먹기에 지나치게 음악 소리가 크다고 생각하기 때문이죠."

아메리칸 밴드스탠드 그릴을 위해 장치를 개발했던 돈 블랜턴은 그런 이유로 자동화 장치를 사용하게 되었다고 말했다.[75)]

음식점에 틀어 놓은 음악 소리가 크면 영업 이익이 늘어난다는 주장은 확실한 증거에 근거하기보다는 직관적 인식에 따른다.(실제로 테이블을 지나치게 빨리 순환시킨 음식점에서는 매출이 줄었다.) 하지만 알코올 소비에 대한 자료는 예상한 대로였다. 2008년 프랑스 남브르타뉴대학 연구원들은 72데시벨로 음악을 틀었을 때 사람들이 14.51분에 한 잔 꼴로 평균 2.6잔을 마신다는 사실을 밝혀냈다. 소음 수준이 88데시벨까지 올라가면 11.47분에 한 잔 꼴로 평균 3.4잔까지 마시는 것으로 나타났다. 이러한 가속 현상의 원인으로는, 주변 에너지가 증가하면서 대화를 이어가기가 어려워지고 바텐더에게 한 잔 더 달라는 신호를 보내는 일이 대화에 참여하기보다 오히려 쉽다는 점, 그리고 실제로 일어날 수 있는 뇌 화학 작용의 변화 등을 들 수 있다.[76)]

엑스터시로 더욱 잘 알려진 엠디엠에이(MDMA, 향정신성 물질-옮긴이)의 독성에 음향적 자극이 영향을 미친다는 사실이 이미 입증되었다. 대부분의 사람들은 귀청이 터질 듯 시끄러운 환경에서 엑스터시를 복용하기 때문에 우려할 만한 사실이 아닐 수 없다. 비록 그 작용 구조를 충분히 파악하지는 못했지만 한 이탈리아 의학 연구자가 실시한 최근 연구에 따르면, 자체만으로는 피질 뇌파에 영향을 미치지 않는 소량의 약물이라도 전형적인 디스코텍 같은 소란한 곳에서 복용하면 두뇌의 전기 활동을 손상시켜 강력한 환각과 흥분을 일으킬 수 있다. 조용한 환경에서 마약을 주입한 실험 대상 동물의 뇌는 24시간 안에 정상 피질 뇌파 활동 수준으로 돌아왔지만, 요란한 소리 속에서 마약을 주입한 경우에는 동물의 뇌가 정상으로 돌아오기까지 꼬박 닷새가 걸렸다.[77)]

여기서 눈여겨봐야 할 사실은, 소음이 자극 특히 과잉 자극의 형태를 증가시킨다는 것이다. 소란스러운 음향 자체가 과잉 자극을 갈망하게 만든다는 증거도 있다. 짠 음식부터 단 음식까지 골고루 제공받은 실험 집단은, 낮은 소리의 음악보다 요란한 음악을 들으며 식사할 때 당분이 높은 음식에서 훨씬 큰 만족을 느꼈다고 보고했다.[78] 감자 칩을 가지고 실험한 연구에서는, 헤드폰을 끼고 감자 칩을 먹은 사람은 그렇지 않은 사람보다 감자 칩이 더욱 아삭하고 신선하다고 응답했다. 아삭아삭 깨물어 먹는 소리가 증폭되어 들렸기 때문이다.[79]

따라서 소매 업체는 고객이 신나게 매장을 돌아다닐 수 있도록 음량을 올린다. 음식점은 테이블을 순환시키고 실내를 활기차게 만들려고 음량을 올린다. 그리 오래지 않은 과거에는 훨씬 조용했던 장소가 문득 머리에 떠올랐다. 바로 운동 경기장이었다. 현대의 검투사들은 음향 스테로이드에 의존하고 있다.

프로소음풋볼

2008년 10월 23일자 〈애신즈 배너 헤럴드〉는 루이지애나주립대학의 홈구장이면서 데프 밸리(Deaf Valley)라는 별명으로 유명한 타이거 스타디움을 가리켜 "미국에서 소리가 가장 요란한 곳"이라고 주장했다. 조지아대학 코치 마크 리히트는 타이거 스타디움이 "자기 생각을 들을 수 없는 곳이다. 내가 여태껏 가 본 가운데 진심으로 가장 시끄러운 장소이다."라고 말했다. 〈스포츠 일러스트레이티드〉는 상대 팀이 "경기하기에 가장 힘든 곳" 1위로 캔자스 시의 애로헤드 스타디움을 꼽았다.[80] 그만큼 프로풋볼 팀 치프스의 팬들이 요란하기 때문이다. 또 다른 풋볼 팀인 덴버 브롱코스의 로드 스미스는 맨 처음 애로헤드 스타디움에서 경기할 때 "정말 겁이 났어요. 국가 대항 경기가 벌어진 것 같았죠. … 이러다가는 상대편 팬들이 내게 덤벼들겠다는 생각이 들었어요. 군중 7만 명이 일제히 자리를 박차고 일어나 우리 팀에 달려들 것만 같았어요."라고 실토했다.[81] 유진 소재 아우첸 스타디움에 울리는 관중의 소음은 127.2데시벨[82]로 이곳을 찾은 응원객들은 마치 시동이 걸린 보잉 747 옆에서 소리를 지르는 것과도 같다.

2002년에 건립된 시애틀 소재 퀘스트 필드는 미국 프로풋볼리그의 지붕 달린 경기장 가운데 가장 요란하기로 유명하다. 시애틀 시호크스 팀의 소유주 폴 앨런은 관중의 소음을 최대한 그라운드에 반영하라고 건축가에게 요청했다. 또한 호크스 네스트(Hawk's Nest)로 불리는 가장 요란한 팬들을 위해 금속 관중석으로 채운 특별 관람 구역을 설치해서 팬들의 발 구르는 소리가 최대한 격렬하게 울려 퍼지게 해 달라고 요청했다. 2005년 자이언츠 팀은 퀘스트 필드에서 경기하다가 관중 소음으로 선수들끼리 의사소통을 할 수 없어서 11회나 부정 출발 범칙을 범했다.[83]

따라서 상대 팀의 팬들은 홈팀이 전자적으로 소리를 증폭시켰다면서 끊임없이 비난하고 있다. 워싱턴 레드스킨스 팀의 마이크 셀러스는 최근 퀘스트 필드에 대해 이렇게 언급했다.

"그곳에서는 마이크를 썼어야 했어요. 지난번에 경기했을 때는 정말 어처구니가 없었죠. 우리끼리 하는 말을 알아들을 수가 없었다니까요. 그렇게 작은 경기장이 그토록 소란스러울 수 있다니 믿기지가 않아요."[84)]

퀘스트 필드의 오디오 엔지니어 프레드 미체라는 셀러스의 비판이 시호크스 팬들에 대한 모욕이라고 주장하면서 팬들은 경기장에서 인위적으로 소리를 키울 필요가 없다고 말했다.(하지만 과거에 이런 일이 발생하기는 해서, 몇 년 전에는 뉴저지 네츠 팀이 미리 녹음된 다른 경기의 소음을 틀어서 관중이 지르는 소리를 증폭시켰다는 사실이 드러났다.)

음량을 전자적으로 확대하는 방법 말고도 구조적으로 주변의 소음 수준을 최대화하는 방법이 있다. 옥외 경기장을 설계하는 건축가들은 이층에 돌출 발코니를 만들어 소리가 관중석으로 다시 그라운드로 울려 퍼지게 만든다. 반향을 최대화할 목적으로 특정 건축 재료를 사용할 수도 있다. 미국 내 유명한 여러 경기장의 음향 디자인을 담당했던 WJHW의 사장 잭 라이트슨은 이렇게 말했다.

"건물이 관중을 만들지는 않아요. 관중의 소리를 끌어올릴 수는 있지만 건축 재료를 가지고 형편없는 관중을 열렬한 관중으로 바꿀 수는 없죠."

그러면서 전형적인 예로 2000년 덴버의 마일 하이 스타디움에서 벌어졌던 경기를 들었다. 이 경기에서 브롱코스 팬들의 함성은 세계에서 가장 요란한 단일 함성으로 기네스 세계 기록에 올랐다. 이때부터 미국 풋볼리그연맹(NFL)은 관중의 소음이 지나치게 커서 라인업을 향한 쿼터백의 작전 지시를 방해한다고 생각되는 경우에는 홈팀에게 반칙을 선언하기 시작했다.(라이트슨은 연맹이 정한 관중 소음 규제가 전적으로 무시되고 있다고 지적했다. "자신들의 함성으로 인해 반칙을 받는 일은 관중들에게 가장 큰 즐거움이에요.") 하지만 라이트슨은 건축의 관점에서 마일 하이 스타디움에는 특별한 점이 전혀 없었고, "모두 관중 때문"이었다고 말했다.

그런데 아우성치고, 박수를 치고, 발을 구르고, 쿵쾅거리는 수만 명의 구경꾼만 관중은 아니다. 여기에는 구경꾼들이 몸을 사용해 만드는 소음에 더해 온갖 소리를 내는 전자 및 비전자 장치도 포함된다. 일부 경기장에서는 카우벨(cowbell, 원래는 '소에게 다는 방울'을 뜻하지만, 오늘날에는 타악기로 대중음악에 사용되고 있다.–옮긴이), 마라카스(maracas, 양손에 들고 흔들어 소리를 내는 간단한 악기–옮긴이), 땡땡이 등 소리 나는 물건을 나눠 준다. 상인들은 호루라기, 메가폰, 휴대용 사이렌, 경기장용 경적, "엄청난 소리를 내는 공기 분사 목걸이"를 판매한다. 또한 경기장에서는 공고, 음악, 광고, 불꽃놀이, 박수, 관중 선동 등에 공식적인 소음 증폭기가 사용된다.[85]

이러한 온갖 소음은 선수들의 투지를 북돋우기 위한 목적에서 쏟아져 나오는 것으로, 선수들은 산업안전보건청이 약 세 시간 동안 진행되는 경기에 안전하다고 승인한 소음 기준을 수백 퍼센트포인트나 초과한 조건에서 뛰고 있다. 인디애나폴리스 콜츠 팀의 전 수비수 래리 트리플렛은 군중의 함성이 "바로 귀로 들어와요. 소리가 헬멧으로 들어가 웅웅 울리죠."라고 호소했다.[86] 살기등등한 관중이 들끓는 대형 경기장의 소음에 대비하기 위해 풋볼리그연맹의 대학 소속 선수들은 사이드라인에 소음 기계를 비치하는 동시에 록 음악을 귀청이 찢어질 정도로 크게 틀어놓고 훈련한다. 이러한 기계는 팬들이 만드는 소음 때문에 주의가 산만해지는 현상에 선수들이 적응할 수 있도록 설계되었고, 뉴욕 자이언츠 팀의 코치 톰 콜린에 따르면 선수들의 요청으로 사용되기도 한다. 선수들은 소음이 자신들의 에너지 수위를 높이는 데 유익하다고 믿기 때문이다. 경기장의 소음과 훈련 시에 인위적으로 생성된 소음에 둘러싸인 오늘날의 프로 선수들은 너무 일찍 청력 상실의 고통을 겪게 될 것이다.

제5장

소음인가 소리인가

Sounds Like Noise

해마다 일정 시간을 미국에서 생활하는 독일인 친구 한 명은 처음에 미국 생활에 적응할 때 맞닥뜨린 큰 문제의 하나가 소음이었다고 최근 내게 말했다. 그 친구에게는 거리나 상점, 음식점에서 나는 소음이 아니라 '소음(noise)'이라는 단어 자체가 문제였다. 그는 미국인들이 크고 불쾌한 소리를 가리킬 때에도("I can't stand the noise here!(이곳의 소음을 참을 수가 없어요!)"처럼), 단순히 소리를 뜻할 때에도("Don't you love the noise of that fountain?(저 분수에서 나는 소리가 좋지 않나요?)"처럼) 어째서 똑같이 'noise'라는 단어를 사용하는지 이해할 수 없었다. 그가 줄기차게 "우리가 지금 소음을 듣고 있나요?"라고 반문할 때마다 주위 사람들은 그의 청력에 문제가 있다고 생각했을지 모른다. 독일어 단어에는 소리를 뜻하는 geräusch와 불쾌한 소리를 뜻하는 lärm이 있어서 소리와 소음을 분명히 구별해 말한다.

앞에서 설명했듯이 'noise'의 어원은 라틴어 'nausea(메스꺼움)'이다. 이는 어떻게 소리라는 개념으로 바뀌게 됐을까? 단어의 중립적 용법은 1400년경 영국 후기 중세영어에서 나왔다. 인구의 폭발적 증가에 따른 음향 환경의 변화와 함께 개념이 전환되었다는 주장이 가장 그럴듯한 설이다. 이질적인 소리가 많이 섞여 들리면서 소음에 대한 경험을 형성했기 때문이다.

얘기는 여기서 끝나지 않는다. 소리 차단 헤드폰의 경우를 보자. 이 제품의 작동 원리는 배경 소음의 파형(波形, 음의 진동 모양을 시간 차이로 나누어 표시할 때 생기는 파장의 형태-옮긴이)을 분석해서 대등한 반대 음파를 만들어 내는 것이다. 적극적인 소음 제어는 사실 소리를 더욱 많이 만들어서 소음을 덜 듣게 하는 것이다. 이러한 기술을 언급하지 않더라도, 주변에서 많은 사람들이 떠들 때보다 옆에 있는 한 사람이 날카로운 목소리를 낼 때 대화 상대의 말을 듣기가 훨씬 어려움을 누구나 알고 있다.

"우리는 패턴을 인식합니다."

헤드 어쿠스틱스의 음향 엔지니어 웨이드 브레이가 말했다.

"차를 운전하고 가다가 낮게 달그락거리는 소리가 들리면 상당히 신경이 쓰입니다. 정작 엔진에서는 더욱 큰 소리가 계속 나는데도 말입니다. 신경 쓰이는 소리를 감추고 싶으면 그 소리가 들리지 않도록 무슨 일인가를 하게 되겠죠. 패턴 전체가 항상 소리의 객관적 기준을 따르는 것은 아니에요. 그래서 인간의 느낌과 소음 측정기가 일치하지 않는 현상이 일어나는 겁니다."

브레이는 그 예로서 10분에 자동차 스무 대가 지나가는 번화한 곳과, 같은 시간 동안 자동차 두세 대만 지나가는 조용한 지역을 비교해 보라고 했다. 이런 경우에는 자동차 두 대가 스무 대보다 더욱 신경 쓰일 때가 많다.

물론 이것이 인간 두뇌에만 일어나는 현상은 아니다. 선택을 둘러싼 오랜 진화적 기본 원칙을 예로 들 수 있다. 빨간눈청개구리는 음향 패턴을 인식해서 자신의 부화를 촉진하는 방식으로 죽음을 피하는 비범한 재주를 갖고 있다. 이들의 정상적 부화 기간은 4~7일이다. 보스턴대학 동물학자와 기계 공학자로 구성된 합동 연구팀이 지난 몇 년 동안 파나마에 체류하면서 발견한 결과에 따르면, 빨간눈청개구리의 알에 있는 배아는 젤리 형태의 막이 움직이는 정도에 따라 포식자의 공격을 받으리라는 사실을 감지하고 미숙한 올챙이 상태로 미리 부화하기 위해 온 힘을 기울이기 시작한다. 빨간눈청개구리에게 진동이나 소리에서 패턴을 인식하는 능력이 있기 때문에 가능한 일이다. 가장 위협적 존재인 뱀이 알을 때릴 때 물결치듯 일어나는 진동으로 배아가 물속으로 튀어나간다. 동물학자들은 빗방울과 바람도 뱀과 똑같은 주파수로 진동을 일으킨다는 사실을 밝혀냈다. 그렇다면 알은 어떻게 그 차이를 구별할 수 있을까? 뱀이 만들어 내는 진동은 계속되다가 끊어지는(온오프(on-off)) 패턴을 이룬다고 알려졌다. 파충류가 개구리 알을 먹기 위해 물러섰다가 다시 다가가는 과정과 같다. 진동과 진동 사이의 간격으로 형성된 패턴에 따라 알이 찢어지고 분출 장치가 작동하면서 알에서 배아가 튀어나오는 것이다. 하지만 빗방울과 바람이 일으키는 진동 패턴은 무작위이므로, 배아는 시간 여유를 두고 알 속에서 성숙할 수 있겠다는 신호로 받아들인다.[87]

이러한 현상을 설명해 준 보스턴대학의 기계 공학자 그레고리 맥다니엘은 바위도 흔들 듯 웃음소리가 호탕하고 체구가 컸다. 현재 그는 패턴을 인식하는 빨간눈청개구리 알을 응용해서, "생물학에서 영감을 받은" 군대용 감지 장치 모델을 만들고 있다. 군인들은 이라크 및 아프가니스탄 지역에 뿔뿔이 흩어져서 센서를 사용해 패턴화된 진동을 감지할 것이다.

"군대는 센서의 단가가 1달러 미만이어야 한다고 고집해요."

맥다니엘은 이 말을 한 번 더 되풀이하더니 큰 소리로 웃었다.

"이제 센서를 만들어 내기 시작했으니까 조만간 물속에 집어넣어 패턴화된 진동을 감지할 수 있을 거예요. 개구리 알처럼 말이죠!"

개구리 배아를 연구해서 만든 진동 감지 장치가 곧 전 세계 군인들의 생명과 선박을 구할지 모른다.

인간은 잔잔한 흐름에서 튀어나오는 소리에 본능적으로 방해를 받게 되어 있기 때문에 분리되어 들리는 낮은 소리보다 동시에 나는 여러 다른 소리를 들을 때 불쾌감도 줄어들고 마음도 더욱 평온해질 수 있다. 따라서 백색소음 기계로 귀에 들리는 주파수를 모두 합해서 수면 유도 패턴을 만들어 내고, 대도시의 설비로 하루 종일 음악 소리를 만들어 낸다.

미국 강철 및 전선 회사의 연구 및 음향 이사인 윌리엄 브레이드 화이트 박사는 1931년 열린 미국 과학진흥회 모임에서, 함성처럼 들리는 도시의 소음에는 실제로 음악상의 저음이 깔려 있다고 주장해 일대 파문을 일으켰다. 화이트 박사는 뉴욕의 고층 건물 20층에 올라가 창문을 열고 몸을 창밖으로 내밀어 보라고 제안했다.

"거리에서 떠올라 오는 소음에 주의 깊게 귀를 기울여 보세요. 잠시 후면 거리에서 산산이 흩어져 귀에 부딪치는 소리, 쿵 하는 소리, 통탕거리는 소리가 들리다가 이내 소리가 하나로 섞이며 지속적인 함성으로 들리기 시작할 겁니다."

이렇듯 높은 소리 인식 단계에 도달했다면 "주된 함성 소리에 깔린 낮은 베이스의 웅웅거림"을 인식하게 될 때까지 더욱 집중력을 발휘해 보라고 했다. 화이트 박사는 이것이 수많은 작은 요소들을 기본으로 하는 뉴욕의 "바탕음"으로, 개인적으로는 못마땅하지만 어쨌거나 음악의 소재인 음이 되는 것이라고 주장했다.(그는 뉴욕의 바탕음이 내림가음과 내림나음 사이의 낮은 베이스라고 말했다.)

세계 모든 도시에는 나름대로 특별한 바탕음이 있다고 화이트 박사는 강조했다. 예를 들어 시카고는 뉴요커만큼 요란한 사람들로 들끓지만 도시의 소리는 "좀 더 명랑하게" 들린다. 상업 중심지인 루프 지구는 숨이 막힐 지경으로 혼잡하지만 호수가 댐퍼(damper, 에너지를 소산시키는 방법으로 진동이나 충격 또는 소리의 진폭을 경감시키는 장치–옮긴이) 역할을 하기 때문이다. 전차 소리가 훨씬 시끄럽고 고가도로에서 나는 소리가 "매우 구석구석 퍼지기" 때문에 호수의 역할은 그만큼 중요하다. 화이트 박사는 이러한 점을 모두 고려해서 시카고의 바탕음이 내림마음이라고 생각했다. 반면에 런던은 "낮은 건물, 나무로 포장된 구획, 다습한 대기, 지나친 흥분을 자제하고 법을 지키는 사람들"로 이뤄진 도시이므로 바탕음은 가장 낮은 도에 가까운 "묵직한 웅웅거림"이라고 했다.

화이트 박사는 자신의 발견이 과학적으로 적절하다고 확언할 수는 없더라도, 여러 소리가 섞인 도시 소음이 만들어 낸 특정한 성격의 음악에 귀를 기울이면 도시 거주민에게 미치는 환경의 영향과 그들의 고유 심리에 대한 통찰력을 키울 수 있으리라 주장했다. 화이트 박사의 주장은 보통 유해한 소음 정도로만 들릴 도시의 소리에서 콘서트의 즐거움을 느끼고 싶다면 소음으로부터 약간의 거리를 두면 된다는 점 또한 시사한다.[88]

개구리 알, 뱀, 화이트 박사의 실험, 소리, 귀에 거슬리는 소리에 대해 생각해 봤다. 그렇다면 다양한 소음이 사람을 짜증나게 만드는 불협화음이 아니라 음악상의 저음으로 들릴 때는 언제일까? 쇼핑몰의 지붕을 벗겨 내고 화이트 박사를 그 위로 올리면, 그는 쇼핑몰의 성격을 어떤 소리로 특징지을까?

하지만 문제가 되는 현상은 쇼핑몰의 범위를 훌쩍 넘어선다. 음향 디자인 업체 DMX는 자사 고객으로 음식점, 호텔, 종합 오락 시설, 건강 및 피트니스 센터, 일류 대학 등을 꼽았다. 오늘날 슈퍼마켓, 병원, 건물 로비, 주차장, 공중 화장실, 대부분의 공항에는 대기 구역과 복도에서 계속 음악이 흘러나온다. 소음을 주제로 한 회의의 개최 장소였던 폭스우즈 카지노처럼 수영장 물속에도 음악이 흐른다. 폭스우즈 카지노는 어느 쪽으로 몸을 돌려도 엄청나게 소란스러운 곳이고, 카지노를 둘러싼 짙은 녹음은 투숙객들에게는 출입 금지 구역이다. 따라서 투숙객에게 유일하게 허용된 '탈출구'는 도박뿐이다. 소음에 지친 나는 수영장 물속으로 들어가면 숨을 참을 수 있는 동안만큼이라도 휴식을 취할 수 있으리라 스스로 위로했다. 하지만 놀랍게도 물속까지 스피커가 설치되어 있다는 사실을 잠수하고 나서야 알게 되었다. 인기의 절정을 누리고 있던 뮤자크는 주로 시각적 전시의 배경으로 음악을 사용했다. 또한 오늘날에는 높은 음량으로 연주되고 성악, 베이스, 타악기 등의 예술가를 부각시키는 소위 전경음악(foreground music, 화면 내의 오디오, 오케스트라 공연 등을 통해 들리는 음악－옮긴이)이 널리 인기를 끌고 있다.

새로운 소음은 환경을 둘러싼 소리의 좀 더 큰 패턴을 찾아내서 이를 거부하려는 시도에 따른 결과로서 대개 소란스럽다고 해석되지만 항상 그렇지는 않다. 디자이너들은 개별 상품이 내는 온갖 소리로 분위기를 조성하고 감정적인 연결을 만들어 내기 위해 힘쓰고 있다. 그만큼 음향 브랜딩이 주요 산업으로 급부상하는 중이다. 제품이 내는 소음에 대한 연구가 소비자들의 구매 욕구를 부추기기 위해 더욱 활발히 이루어지고 있는 가운데 자동차 엔진의 굉음, 카메라의 찰칵 소리, 음식을 아삭아삭 씹는 소리, 뚜껑이 열리면서 립스틱이 미끄러져 올라오는 소리 등이 이미 분석을 거쳐 개발 중이다. 현대인이 구매하는 제품은 자신의 소리 정체성을 지나가는 소비자에게 끊임없이 읊조린다.

화이트 박사를 만나 볼 수 있다면, 소음을 머릿속에 들어와 절대 사라지지 않는 소리로 정의하면 어떨지 제안해 보고 싶다. 극초음파 음향 발신기는 스피커를 사용하지 않고 표적에 직접 음선(音線)을 쏘는 상대적으로 새로운 기술로, 대부분의 새로운 소음이 시도하려는 기능을 극단적으로 보여 주는 예이다. 극초음파 음향 발신기의 음향 레이저빔이 귀를 때리면 발사된 소리가 마치 듣는 사람의 두개골 안에서 말하는 것처럼 느껴진다. 나는 매사추세츠공과대학의 미디어랩에서 파티용 댄스 음악을 빔으로 맞아 봤다. 평평한 검은 서판 형태의 스피커를 잡고 있는 사람이 빔을 쏘자 머리를 통과해서 귀에서 귀로 전달되는 소리를 들을 수 있었다. 극초음파 음향 발신기를 사용해서 극도로 무시무시한 세력이 엄청난 시간과 에너지를 쏟아부어 사람들의 두뇌를 장악한 후에 자살하게 만들려는 음모를 진행하고 있다고 주장하는 글들이 수없이 온라인에 올라오고 있다.

피할 수 없는 소리의 영향력은 그야말로 아찔하게 클 수 있다. 지나치게 큰 소리는 평형감각을 담당하는 내이의 전정기관을 방해할 수 있다. 그러면 실제로 현기증을 느끼지는 않더라도 소리에 장악당해 심리적 균형을 잃을 수 있다. 청각으로 세상과 소통하는 방식이 사라지고 더 큰 진동에 뒤흔들리게 된다.

어느 날 오후 퇴근 시간 무렵 그랜드 센트럴 역에 갔다. 별이 반짝이는 하늘과 거대한 둥근 천장을 머리 위로 하고 터미널 한복판에 서서 귀를 기울였다.

13주 동안 실시되었던 프로그램이 산발적으로 계속된 항의 때문에 1950년 1월 2일 중단되었다. 17시간마다 광고 240편을 포함해서 미리 녹음된 음악을 터미널 구석구석에 설치한 스피커 82개로 방송하는 프로그램이었다. 이는 수익성 있는 민관 협력 사업으로 뉴욕 센트럴 레일로드는 그랜드 센트럴 역의 음향 장치를 뮤자크의 협력 광고주와 뮤자크에 임대해서 주당 1,800달러(오늘날 화폐 가치로 환산하면 거의 1만 5,000달러 상당)를 거둬들였다. 하지만 통근자들이 반대하고 나서 "들지 않을 권리"를 요구하는 동시에 프로그램이 승객을 피동적 수용자로 떨어뜨려 승객의 빼앗길 수 없는 권리를 침해한다고 항의했다. 승객들은 이러한 관행이 계속되면 승차를 거부하겠다는 극단적인 통보까지도 서슴지 않았다. 또한 정신과 의사의 견해를 인용하면서 지속적 소음이 신경계에 유해하고, 또 프로그램 실행에 주도권을 행사했던 광고주들이 광고업의 고결성을 더럽히고 있다고 주장했다. 승객들은 항의에 그치지 않고 법적 소송을 준비하기 시작했다.

그러자 레일로드 측이 갑자기 뒤로 물러나 프로그램을 포기하는 놀라운 상황이 벌어졌다. "우리는 두말없이 항복했어요."라고 익명의 레일로드 측 대변인이 말했다. 터미널 관리자는 "이번 사건은 이처럼 철저한 논쟁을 거쳐야만 해결할 수 있는 문제였으므로 해당 사건을 놓고 진지하게 찬반 의견을 표시해 준 승객에게" 감사한다는 말로 프로그램의 종료를 알렸다.[89]

나는 터미널에 잠시 서서 널리 울려 퍼지는 음파에 몸을 맡겼다. 트렁크 바퀴가 돌아가는 소리, 지도를 펴는 바스락 소리, 번쩍이는 타일 위로 가방을 질질 끄는 소리와 삑삑대는 신발 소리가 들렸다. 우산 끝이 타일에 닿는 소리, 토막 난 대화, 낮고 희미한 기차 방송 소리도 들렸다. 무엇보다도 여러 주파수의 수많은 소리가 섞여 거대한 청록색 둥근 천장까지 떠다니며 금빛 별과 십이궁도에 얽힌 고요한 이야기와 어울려 춤추고 하나의 거대하고 장엄한 합성으로 요동치는 소리가 들렸다. 나는 가만히 서서 눈을 감았다. 떠다니는 소리에 귀를 기울이니 온 세계에서 오직 이곳에만 속해 있다는 느낌이 들었다.

그랜드 센트럴 역을 다녀와서, 오늘날 사방에 울려 퍼지는 온갖 소음이 소매업자나 음식점 주인, 기업의 탓만이라고 비난할 수는 없다는 생각이 들었다. 어떻게 해서 음향의 기습 공격에 이토록 취약해졌을까? 어떤 성향 때문에 이러한 지경까지 말려들었을까? 그랜드 센트럴 역을 이용하는 통근자들이 주장했듯이 삶은 이렇게 들려서는 안 된다.

우리가 이러한 상황이 일어나도록 방치한 이유를 더욱 잘 파악하려면 소음의 극단적인 사례, 풀어 말해서 자신과 타인을 소음으로 철저하게 뒤흔들어 놓기로 결심한 사람들을 탐색해야 했다. 어떤 동기로 음량을 키우는지 즉 소음을 위한 소음의 추구에 숨은 논리적 근거를 파악해야 했다. 이런 근거야말로 우리가 오늘날 매일 듣는 수많은 소리를 설명하는 원칙이라 생각했다. 우리들은 많은 것을 간단히 부정하려 할 때 소음을 만들어 내는 경향이 있다. 따라서 소음이라는 음향적 벌칙을 마치 자유의 배지인 양 여기게 만든 문화적·기술적 발달을 집중적으로 살펴보고자 했다.

하지만 그에 앞서 휴식을 취하고 싶었다. 별 볼 일 없는 장소를 여행이랍시고 돌아다니다 녹초가 된 기분이었기 때문이다. 정말 그랬다. 걸어 다니다 지친 여행객처럼 관광 안내서를 내려놓고 신발을 벗어 던지고 싶었다. 기분 전환이 필요했다. 길가에 늘어선 카페의 파라솔 그늘에 앉아 시원한 레모네이드를 마시고 싶었다. 오래된 회색 조각상이 기품 있게 서 있는 비밀의 정원에 파묻혀 이끼 낀 돌 벤치에 앉아 있고 싶었다. 나는 얼마간의 고요한 시간을 그만큼 갈망했다.

제6장

잠시 조용한 휴식을

Silent Interlude

명절을 끼고 비행기 탈 돈도 시간도 없었던 나는 상업 지구와 주택 지구 사이에 있는 사무실 근처에서 침묵의 오아시스를 둘러보기로 했다. 원칙적으로 침묵을 찾는 활동은 기운을 빼거나 가혹한 경비로 허리띠를 졸라매듯 고통스러워서는 안 된다. 오히려 야생 버섯을 찾아 나서거나 잔잔한 바다에서 수영을 하듯 유쾌해야 한다.

어디에 살든 침묵을 찾는 방법은 여럿이다. 다만 의당 그래야 하는 만큼 유쾌하지 않을 때가 많을 뿐이다. 침묵은 여전히 주변에 있지만 지나치게 강조되는 신성한 침묵의 개념과는 동떨어져 보여 외면 받곤 한다. 철조망 뒤로 깨진 유리창 조각이 흩어진 공터, 텅 빈 건물, 시체 안치소는 고요할지 모르나 대체 어떤 대가를 치른 침묵일까?

자신이 사는 곳에서 침묵의 장소를 찾으려면 코스타 델 솔 해안(Costa del Sol, 스페인 남부 안달루시아 지방의 지중해에 면한 해안으로 '태양의 해안'이라는 뜻을 지닌다. 특히 햇빛을 보기 어려운 북유럽인들이 동경하는 곳이다.–옮긴이)을 마음에 그려 보자. 해안가 자체는 결단코 침묵의 장소가 아니다. 일하거나, 여가를 즐기거나, 쇼핑을 하려고 사람들이 모여드는 장소는 어디든 지독하게 시끄럽기 마련이다. 하지만 해안에서 조금만 내륙으로 들어가도 사람의 수가 눈에 띄게 줄어들면서 간혹 지역 주민만이 눈에 들어오고 불현듯 정말 낯선 장소에 서 있는 자신을 발견한다. 따라서 스스로 이렇게 물어보자. 내가 사는 곳의 내부는 어디일까? 파도와 모래가 끝난 곳은 어디일까? 자동차가 지나지 않는 길은 어디일까? 아무도 앉지 않는 벤치는 어디 있을까?

별 특징 없이 서 있는 고층 건물의 옥상이 그렇듯, 많은 도시에서 주저앉은 오래된 다리 밑 공간은 일종의 피난처이다. 소도시에서는 인터넷 연결 시설이 부실한 역사협회나 도서관에 사람들의 발길이 뜸하다. 인기 없는 주제를 다루는 박물관은 어느 곳이든 한적하기 마련이다. 주중에 찾아가는 공동묘지도 꽤나 확실한 피난처다. 그저 '문화가 사람들을 모두 어디로 끌어들일까?'라는 질문을 항상 던져 보고 그곳에서 등을 돌려 반대편으로 걸어가라. 계속 걸어가라.

맨해튼에서 두 시간 정도 조용히 있을 곳을 찾기는 그다지 녹록지 않다. 하지만 내가 일하는 곳 주변 지역은 특히나 짧은 휴식을 원하는 사람들에게 행운의 장소이다. 나는 겉으로 보기에 좀 더 조용한 지역에서보다 오히려 적게 움직이고 힘도 덜 들이면서 휴식 공간을 찾을 수 있다.

미니 공원

내가 일하는 곳에서 10분 정도 거리에는 미니 공원(pocket park)이 세 군데 있는데 두 곳은 무척 훌륭하고 한 곳은 그런대로 괜찮다. 미니 공원은 대부분 부동산 사업의 틈새에 끼여 버려진 땅이나 나대지에 들어선 소규모의 조경 공간을 가리킨다.

아침에 수수한 침묵을 누리고 싶었던 나는 뉴욕 현대미술관 건너 이스트 53번가에 자리한 페일리 공원을 찾았다. 1967년 봄에 문을 연 이곳은 미국에서 가장 오래된 미니 공원이다. 공원의 이름은 시비에스(CBS)의 전 회장으로 과거 스토크 클럽(Stork Club, 1930~50년대에 뉴욕에서 가장 유명했던 나이트클럽의 하나–옮긴이) 자리에 이 공원이 들어서도록 자금을 제공하고 설계를 감독했던 윌리엄 페일리에서 비롯했다. 페일리는 공원 설립 계획을 발표하면서 이 공원을 "휴식처"이자 "도시의 심장부에서 야외의 즐거움을 누리기 위한 새로운 실험" 장소라고 묘사했다.[90] 문을 여는 순간부터 엄청난 바람을 일으켰던 페일리 공원의 인기는 지금도 여전하다. 〈뉴욕타임스〉는 페일리 공원을 가리켜 "붐비는 도시 한가운데서 조용한 기쁨을 누릴 수 있는 곳"이라는 찬사를 보냈다.[91] 아침 일찍 공원을 찾은 사람들은 떠들썩한 거리에서 벗어나 편안함을 느끼고 공원의 폭포가 퍼뜨리는 "음향의 향수"에 흠뻑 빠진다.[92]

페일리 공원에 들어가려면 53번가에서 옆 벽이 담쟁이덩굴로 뒤덮인 높다란 건물 사이의 좁은 틈으로 몇 발자국 올라가야 한다.(조경 디자이너 로버트 지온은 이 벽을 "수직 잔디"라고 묘사했다.) 공원 입구의 반대편 끝에 설치되어 약 6미터 높이에서 분당 6,800리터의 물을 뿜어내는 폭포가 거리의 소음을 완전히 차단한다. 내가 찾아갔던 날 아침, 공원에 듬성듬성 서 있는 기다란 아까시 나무의 가지는 아직 앙상했지만 공원 곳곳을 장식하는 회색 화분은 노란 튤립 다발로 화사했다. 공원 입구를 들어서면 맞은편 끝에 사각 갈색 돌이 세워져 있고 그 위로 물이 하얀 물거품을 일으키며 마치 영화 스크린처럼 흘러내리는 모습을 볼 수 있다. 가까이 다가가 보면 폭포 뒤에 수없이 많은 갈색 돌과 회색 돌이 들쭉날쭉 박혀 있어 떨어지는 물의 흐름을 늦추기도 하고 눈에 띄게 만들기도 해서 정말 아름다운 광경을 연출한다. 이웃에 자리한 미니 공원 두 곳과 마찬가지로 여기에도 진정한 침묵은 없다. 요란스러운 도시 소음을 물로 가리고 있을 뿐이다. 그럼에도 정신적으로 침묵의 효과를 누릴 수는 있다.

1897년 미니 공원 설립 계획을 생각해 낸 사람은 당시 뉴욕 시 소공원위원회 사무관이었던 제이콥 리스였다. 위원회는 "소송이나 기타 이유로 시장에서 제외된 구석 땅, 삼각형이나 비어 있는 땅이 미니 공원 설립 목적에 적합할 수 있다."고 발표했다. 새로운 세기를 앞둔 뉴욕은 가능성이 넘쳐나는 도시였지만, 리스의 아이디어는 받아들여지지 않았다. 미니 공원 개념을 실천하려는 운동은 전후(戰後) 유럽 특히 런던과 암스테르담을 중심으로 활발하게 일어났다. 폭격으로 큰 피해를 입은 건물 대지가 엄청나게 많아서 재건하는 경우보다 적은 비용으로 미니 공원을 건립할 수 있었기 때문이다. 이렇게 해서 도시 풍경에 미니 공원이 둥지를 틀기 시작했다. 뉴욕에서 미니 공원이 보급되기 시작한 것은 1960년대 말 린제이 행정부 시절로 공원 국장은 토마스 호빙이었다. 호빙은 당시 베드퍼드 스타이버선트 지역만 해도 공터가 378군데, 버려진 건물이 346곳에 이를 정도로 도시 안에 비어 있는 작은 면적의 땅이 많다는 사실에 주목하고, 공원 시설에 할당된 연간 예산의 10퍼센트 미만만 활용해도 도시 전체에 미니 공원 200곳을 조성할 수 있으리라 계산했다.

호빙은 작은 오아시스가 해당 지역 사람들의 생활에 엄청난 변화를 일으키리라 믿었다. 미니 공원은 도시의 "허파"가 되었을 뿐 아니라 소음을 피할 수 있는 휴식처가 되었다. 또한 공원을 조성하기 위해 협력 요청을 받은 주변 지역 사회에 집단으로 행동할 수 있는 기회를 제공했다. 호빙은 조용한 장소를 만들기 위해 공동으로 노력하는 과정을 거치면서 지역 주민 사이에 조화를 북돋울 수 있으리라 생각했다.[93)]

나는 페일리 공원에서 나와 51번가에 자리한 그린에이커 공원을 찾았다. 페일리보다 규모가 크고 내가 생각하기에는 훨씬 세련된 공원이었다. 51번가로 나 있는 입구의 맞은편에는 페일리 공원보다 훨씬 높은 3단 폭포가 거칠게 다듬어 울퉁불퉁 쌓은 화강암 위로 쏟아져 내렸다. 일본산 목련 나무의 여리고 예쁜 가지들이 폭포의 서쪽 경계를 따라 뻗고, 특히나 그날은 높게 솟은 커다란 관상용 배나무에 핀 하얀 꽃이 호화롭게 장관을 이루었다.

나는 공원에서 가장 낮은 지대에 있는 분수 근처에 놓인 하얀 철제 의자에 앉았다. 미니 공원에는 벤치가 아닌 개인 의자가 놓여 있어 참신하게 느껴진다. 페일리 공원이 문을 연 이후 도시의 공공 광장과 기타 개방 지역의 사용 정도를 조사하기 위해 실시한 몇 년 동안의 연구에 따르면, 이러한 장소의 효과 여부는 앉을 장소가 있고 원할 때 자리를 바꿀 수 있는지와 직접적으로 관계가 있다. 또한 분위기에 파묻혀 편안하게 쉴 수 있을 때 해당 장소가 조용하다고 느낀다.[94]

활짝 핀 하얀 목련 꽃이 그대로 눈에 들어왔다. 기다란 꽃잎이 불가사리처럼 평온하게 늘어져 있었다. 한 달 전, 캘리포니아에 사는 동생과 함께 앤젤레스 산맥에 올랐다가 나무에 활짝 핀 목련을 본 적이 있다. 자갈 깔린 길에서 벗어나 걷다 보니, 좁은 등산로의 가파른 곳에 뻗어 있는 나무줄기와 뿌리가 직접적으로 소리를 차단하는 듯했다.

나무는 소음을 잠재우고 저 너머 세상과 관계를 맺도록 인간을 돕는다는 말이 있다. 17세기 영국인 원예사이자 문인이었던 존 이블린은 벌목으로부터 영국 숲을 보호하려는 운동을 오랫동안 펼쳤다. 그는 여러 가지 주장을 인상적으로 펼치면서 나무가 없어 휑한 프랑스의 길을 걷는 것이 그다지 유쾌하지 못하다고 말했다. 그늘이 없고 길의 경계를 나타내는 나무가 없기 때문에 나그네들은 "혼잣말을 하거나 동료 나그네와 지루한 대화를 할 수밖에 없다."는 것이었다.[95]

공원에 오래 앉아 있을수록 자연에 둘러싸여 보냈던 시간이 떠올랐다. 과거를 기억하면, 스스로 더 커다란 침묵을 만들어 내는 동시에 소리가 통과하지 못하는 과거의 층으로 현재를 감싸 보호할 수 있다.

마침내 나는 자리에서 일어나 맥그로힐 빌딩 쪽으로 걷기 시작했다. 공원에서는 플라스틱 터널을 통해 '폭포 아래'를 지나게 된다. 지나치게 인위적인 느낌을 주기는 하지만 그 또한 시끄러운 거리에서 벗어난 고마운 휴식의 연장이다.

그림

현대미술관 가까이까지 갔지만 하필 금요일이어서 관람객이 많았다. 그래서 미술관에 들어가지 않고 근처 계단에 털썩 앉아, 가지고 나온 엽서를 꺼냈다. 지오토, 페르메이르, 샤르댕, 호퍼의 작품을 복제한 엽서였다. 엽서에 그려진 형상을 찬찬히 훑어보았다. 얼마간 시간이 흐르면 작품에 담긴 화가의 환영은 아니더라도 특정 미술 작품이 발산하는 고요가 스스로 말하기 시작할 것이다. 주위를 감싸던 거리의 웅성거리는 소음이 잦아들기 시작했다. 나는 대단한 명상가는 아니지만 고요한 정신 상태를 유지하는 나름의 방법은, 눈을 감고 손바닥을 펴는 등 틀에 박힌 방식 말고도 수없이 많다. 집중하기만 하면 마음의 평정을 유지시켜 주는 요소를 찾을 수 있다.

프랑스 계몽 철학자 드니 디드로는 그림을 바라보는 사람에게서 특이하면서도 인상적인 사실을 밝혀냈다. 예술 작품을 감상하는 사람은, 자신이 알고 있는 주제에 대한 침묵의 신호를 바라보는 청각장애인 같다는 것이다. 이는 그림을 골똘히 바라보면 상호 소통하는 침묵 상태에 놓인다는 뜻이다.[96](모든 예술 작품이 이러한 도발적 효과를 내지는 않는다. 디드로는 최초로 시각적 소음 문제를 주시했던 사상가로서, 사회적으로 용납되지 않는 경망스러운 언행의 대가인 프랑수아 부셰의 그림을 "눈이 견뎌 낼 수 없는 소음"을 만들었다고 묘사하면서 "침묵의 치명적인 적"이라 주장했다.[97])

시간을 속일 수 있는 그림과 조각이 있다. 예술 작품을 감상하느라 넋이 나간다면 키츠(Keats, 영국의 낭만파 시인-옮긴이)가 그리스 항아리를 보았을 때의 경험을 어렴풋하게나마 겪을 수 있다.

“그대, 침묵의 형태여! 우리를 생각 너머로 몰아내는구나. / 영원이 그러하듯이.”

위험에 빠진 그림의 침묵

사람들은 누구나 자신이 바라보는 대상에 대해 더욱 많이 알고 싶어 한다. 하지만 휴대전화를 꺼 놓거나 다른 방문객의 오디오 가이드에서 흘러나오는 기계음 없이 훌륭한 그림 앞에 느긋하게 서서 시간을 보내 본 적이 있는가? 그렇더라도 키츠가 노래했듯 “침묵과 느린 시간의 양자(養子)(the foster child of Silence and Slow time)”를 알지는 못할 것이다.

신경미학이라는 새로운 분야의 연구자들은 무시무시한 인지적 문제를 제기한다. 우리 두뇌의 전기회로 구조가 반복되는 경험으로 인해 극적으로 바뀐다는 것이다. 중요 시각 처리 유형에는 두 가지가 있다. 하나는 등측 흐름(dorsal stream)에서 일어나는 ‘행동 시각 경로(vision-for-action channel)’이고 또 다른 하나는 복측 흐름(ventral stream)에서 생겨나는 ‘인지 시각 경로(vision-for-perception channel)’이다. 텔레비전 방송을 비롯해서 컴퓨터와 비디오 게임은 거의 전적으로 ‘행동 시각 경로’를 자극한다. 대략적으로 말하면 눈에 보이는 대상은 생각이 아닌 본능적 반응을 일으킨다는 뜻이다.〔조이스틱(joystick, 일부 컴퓨터 게임에서 화면의 이미지 이동 시 사용하는 기구－옮긴이)을 움직이는 물리적 행동이 그 예이다.〕 등측 흐름을 지나치게 자극하면 결국 시각은 초점을 맞추기 위해 움직이는 표적이 필요하다. 최근에 수행된 연구에 따르면, 아이가 “그림에서 움직이는 형상과 미세한 상호작용"을 수없이 쌓으면 정적인 그림을 탐색할 신경 능력을 잃어버릴지도 모른다.[98] 움직임이 없고 조용한 예술 작품을 반복해서 감상하지 않으면, 정적이 전달하는 내적 침묵을 잃고 만다. 귀에 들리지 않는 음악은 그저 듣지 못하게 된다.

경배 장소

자리에서 일어나 엽서를 주머니에 집어넣고 교회로 향했다. 신자이든 아니든 현대의 거대 사회에서는 신에게 불평할 것이 많은 법이다. 하지만 신에 대해 한 가지 인정해야 할 점이 있다. 신은 자신이 경배받는 장소를 조용하게 만드는 데 대가라는 사실이다. 뉴욕 같은 대도시에 자리한 교회는 대부분 비어 있다. 교회라는 현대 도시의 경배 장소에서 신앙이 모습을 감추면서, 매우 장엄하고 전반적인 침묵이 가득 드리운 엄청나게 커다란 암흑의 장소만이 덩그렇게 남은 셈이다.

나는 51번가와 파크가가 교차하는 지점에 자리한 성 바르톨로뮤 교회를 찾아가 보기로 했다. 제단 위에 스테인드글라스 창이 길게 나 있는 아름답고 동굴 같은 곳이었다. 신도 석은 텅텅 비어 있고 교회는 완전히 암흑에 싸여 있었다. 교회를 나와 북쪽으로 몇 블록을 걷다가 5번가에 있는 성 토마스 교회에 들어갔다. 기가 막히게 멋진 곳이었다. 제단 뒤에는 유명한 25미터 높이의 장식용 장막이 쳐 있고 그곳에 새겨진 사도들의 모습을 조명이 집중적으로 비추고 있었다. 수백 명은 족히 들어설 수 있는 신도 석에는 기껏해야 대여섯 명만이 앉아 있고 사방이 고요했다. 신도 석에 앉은 나는 대상이 누구이든 나에게 주어진 양질의 침묵에 감사했다. 사람의 발길이 끊긴 교회에서 맞은 침묵은, 마치 꿈에서 깨어난 사람이 부드러운 침대에서 자면서 누렸던 호사와 같았다.

성 토마스 교회를 나서자 어느덧 자유 시간을 다 써 버려 일하러 돌아가야 했다. 하지만 잠깐이나마 얼마간의 침묵을 누릴 수 있어서, 어느 정도 무기력에서 벗어나 마음이 평온해졌다. 이제 소음의 한복판으로 들어갈 채비가 됐다.

제7장

소리 죽이기

Soundkill

베이스(bass)의 왕 토미가 이끄는 익스플로시브 사운드 앤드 비디오(Explosive Sound and Video)는 케이프 커내버럴(Cape Canaveral, 미국 플로리다 반도 동쪽 연안에 있는 곶으로 항공 우주국 기지, 미사일 실험장, 인공위성 로켓 발사장 등으로 유명하다.-옮긴이)에서 200여 킬로미터 떨어져 있고, 마틴 루터 킹 대로를 벗어나자마자 세프너와 망고를 가르는 경계선 근처에 자리하고 있다. 이곳은 플로리다 중부의 한 자락으로 값싼 상점과 음식점이 줄줄이 들어서 있다. 세상에서 가장 요란하게 음악을 틀고 자동차를 수집하기로 유명한 토미는 전몰장병 추모일 전날 일요일에 자사 주차장에서 데시벨 드래그 레이스(dB Drag Race, 자동차 오디오의 음압과 강약을 측정해 승부를 겨루는 대회-옮긴이)와 베이스 레이스(Bass Race)를 동시에 열었다. 토미가 주최하는 행사는 원래 일 년에 한두 번뿐인 데다가 그가 오디오 소리로 자동차 유리를 깨고 어느 정도 시간이 흘렀기 때문에 이번 행사에는 사람들의 이목이 집중되어 있었다. 온라인 토론 사이트 중 "남부에서 가장 시끄러운 웹사이트"인 플로리다SPL(Sound Pressure Level)의 한 회원은 주차장을 주시하면서 "토미가 오늘 끝장을 내고 말 거예요."라고 힘주어 말했다. 주차장 여기저기 서 있는 자동차 주위로 150명은 족히 넘어 보이는 사람들이 모여 있고 자동차 네댓 대에서는 행성 사이에나 존재할 법한 진동음이 퍼져 나왔다.

"사람들도 웬만큼 모였고, 시간도 적당하고, 충분히 할 수 있지 않을까요? 내 말은 오늘 토미가 자동차 유리를 깨지 않을 이유가 없지 않겠느냐는 거죠."

나는 그 말에 수긍한다는 뜻으로 고개를 끄덕였다.

"그렇겠네요. 자동차 유리를 박살 내고 말겠어요."

나는 기운차게 에너지를 내뿜는 자동차 오디오의 미로를 지나면서 굉음을 사랑하는 이들의 조상, 즉 이탈리아인 미래 신봉자들을 생각했다.

"낡은 수로의 웅얼거리는 맥 빠진 기도 소리와 축축한 녹색 수염 위로 병약한 궁궐의 삐걱거리는 뼈 소리를 듣고 있을 때, 갑자기 창문 아래로 자동차의 허기진 굉음이 들렸다. '가자!' 하고 내가 말했다. '친구들이여, 떠나자! 어서 가자!'"[99]

시인이자 혁명가였던 필리포 토마소 마리네티는 1909년 새로운 예술 운동을 창안하고 미래파라는 명칭을 붙이면서 선언문에 이렇게 썼다. 미래파는 속도와 기계, 소음을 내걸고 과거의 문화 전형, 과거 자체를 없애기 위해 모든 노력을 기울였다. 마리네티와 뜻을 같이했던 루이지 루솔로는 몇 년이 지나고 나서 '소음의 예술'이란 제목으로 선언문을 썼다. 루솔로는 소음이 19세기 기계의 발명과 함께 태어났다고 선포했다. 또한 "오늘날 소음은 승자로서 인간의 감성을 지배한다."며 기쁨에 넘쳐 외쳤다.

미래파가 생겨나기 전에도 이미 많은 사람들이 소음을 의도적으로 만들어 냈지만, 소음을 놓고 이렇듯 정교하고 도발적으로 철학적 논쟁을 펼친 적은 일찍이 없었다. 미래파는 소음이 해방을 위한 소리라고 주장했다. 그때 이후로 우리는 소음을 혁명적으로 아무 제재 없이 우리 삶에 덧씌우고 있다.

소음을 향해 미래파가 품은 갈망의 이면에는 침묵에 대한 혐오가 깃들어 있다. 루솔로는 고대의 삶이 침묵에 불과하다고 투덜댔다. 자연 전체도 전혀 나을 것이 없었다. 그는 "허리케인, 폭풍우, 눈사태, 폭포처럼 지구 표면을 가로지르는 이례적인 움직임을 제외하고 자연은 고요하다."는 사실에 한탄했다.[100] 마리네티는 침묵을 "탈진과 휴식의" 소멸해 가는 "이상(理想)", "고약한 냄새를 풍기는 낭만주의"라며 매도하고, 1910년 7월 어느 고요한 일요일 오후에 공식 활동을 시작했다.

마리네티와 그를 따르는 무리는 베네치아 산마르코 광장의 시계탑 꼭대기에 올라갔다. 그들이 미래파 운동의 출발지로 세계에서 가장 조용하기로 유명한 도시를 선택한 것은 충분히 납득할 만하다. 마리네티의 추종자들은 탑의 발코니에 기댄 채로 탑 아래 모여서 어리둥절해하는 군중을 향해 "과거에서 헤어 나오지 못하는 베네치아에 반대한다(Against Past-loving Venice)."는 제목의 유인물 80만 부[101]를 뿌리고 확성기로 "이제 그만! 지나가는 인간들에게 지긋지긋한 유혹을 속삭이는 짓을 멈추라, 뚜쟁이 베네치아여!"라고 외쳤다.[102] 베네치아 사람들에게 그들이 사는 도시를 상업적이고 군사적인 대도시로 바꾸라고 촉구하는 유인물의 내용은 먼 곳까지 퍼져 나갔다.

"바보들을 위해 흔들흔들 움직이는 곤돌라를 불태워라. 기하학적 원리를 엄격하게 적용한 거대한 철제 다리와 연기를 뿜어내는 공장을 하늘을 찌를 듯 세워라."[103]

미래파의 주장에 나름대로 기백이 담겨 있다는 사실만큼은 인정해야 한다.

물론 미래파가 갑자기 등장한 것은 아니다. 세상을 바꾸기 위해 인간이 내는 소음을 찬양하는 목소리는 문명이 시작한 이래로 줄곧 있어 왔다. 정착의 장점을 알아보려고 1819년 미국 서부를 둘러봤던 영국인 농부 윌리엄 포가 한 말이 그 전형적인 예였다. 포는 동물을 쉽게 사냥할 목적으로 "백인 사냥꾼들"이 숲에 불을 지른 사건을 언급하면서 이렇게 썼다.

"계속 나무가 쓰러지면서 … 대포를 발사할 때처럼 커다란 소리가 밤낮을 가리지 않고 진동한다. 이 야생의 따분한 침묵을 깨 주는 것은 오직 도끼와 총, 야생동물의 울부짖음이다."[104]

인간이 만든 소음은 자연의 패배를 뜻할 때가 많다. 미래파는 침묵에 대한 보다 깊은 철학적 불신을 이러한 개념과 연결시켰다.

미래파 선언문이 처음 발표되기 20년 전에 프리드리히 니체는 『우상의 황혼』에서 철학적 질문의 "망치"로 "우상을 진단해 볼" 의도라고 선언했다. 니체가 말하는 우상은 인간을 세계의 본질에 대해 잘못 생각하게 만들고, 인간 정신이 지닌 건강한 에너지를 약화시키는 온갖 위선적인 자기 위로의 환상이다. 니체는 "부풀어 오른 창자에 대해 말하는 유명하고 공허한 소리—귀 뒤에 귀가 있는 사람에게는 기쁨이 아닌가! … 이는 침묵하고 싶어 하는 사람의 면전에 들릴 수 있어야 한다."는 대답을 기대했다.[105]

니체의 목소리는 이후 불공정한 세력에 대해 "소음을 만들어 내고" 말할 자유를 억압당한 사람에게 목소리를 돌려주고자 애썼던 해방 운동에 메아리쳤다. 인간이 시끄러운 상태를 좋아했던 부분적인 이유는 "입을 다물도록 강요당하고", "묵살당하는" 것이 침묵과 연결되기 때문이다.

1차 세계대전이 일어났을 당시, 미래파는 이탈리아의 개입을 앞장서서 찬성했다. 가장 애석한 행보로, 마리네티는 전쟁이 "세계의 유일한 위생학"이라 선언하면서 전투를 지켜본 경험을 지속적인 황홀경으로 묘사하는 글을 남겼다.

"대포가 쾅쾅쾅 울리며 땅을 송두리째 파괴하고 500개의 울림을 산산이 부수어 끝없이 흩어지게 한다. … 이렇듯 낮고 깊이 일정하게 울리는 격렬하고 잔인한 소리에 부글부글 분노하고 숨을 헐떡이며 전장을 미쳐 날뛰는 사람들의 이상하고 높고 날카로운 비명이 합쳐져서 귀가 열리고 눈이 열리고 콧구멍이 열린다! 준비! 장전! 발사! 찰싹찰싹 채찍질당하듯 격렬한 고통에 헐떡거리며 따따따 외치는 기관총 소리를 듣고 화염 냄새를 맡는 것이 얼마나 큰 즐거움인가…."[106]

마리네티의 전쟁 광시곡은 마치 새로 탄생한 갱스터 랩처럼 들린다.

미래파가 찬사를 퍼부었던 여러 소리 가운데 으뜸은 속도가 붙은 자동차가 내뿜는 소음이었다. 마리네티가 쓴 선언문에는 미래파 운동을 시작한 순간이 기록되어 있다. "우리는 코로 김을 내뿜는 야수(자동차) 세 마리에 다가가 그 타는 듯 뜨거운 가슴에 욕정에 불타는 손을 얹었다." 미래파가 출범한 시기는, 피아트의 주도로 이탈리아 자동차 산업이 활기를 띠고 상업적으로 성공해서 유럽의 주요 산업 세력으로 부상했던 때와 우연히 일치했다. 미래파는 명성을 더해 간 반면 자동차 때문에 로마가 지상에서 가장 시끄러운 도시가 되어 간다는 평가도 나오게 되었다.[107] 마리네티는 자동차를 구세주의 탄생을 알리는 금속 천사로 우상화했다. "커다란 관으로 후드를 꾸민 경주용 자동차는 파열하는 숨을 내뱉는 독사와 같고, 포도탄(여러 개의 쇳덩어리로 된 대포알-옮긴이)을 타고 있는 듯 굉음을 내뿜는 자동차는 사모트라케의 승리의 여신상(Victory of Samothrace, 기원전 190년경에 제작된 그리스 헬레니즘 시대 대표적 조각상으로 하늘에서 뱃머리에 내려온 날개 달린 승리의 여신을 표현하고 있으며 현재 파리 루브르 박물관이 소장하고 있다.-옮긴이)보다 아름답다."

속도, 소음⋯ 소음, 속도. 미래파에게 크나큰 기쁨을 안겨 줬던 두 가지 요소는 본질적으로 서로 관계가 있다. 움직임이 소리가 되는 것은 물체가 매우 빨리 진동할 때이기 때문이다. 빠르게 움직이는 삶은 시끄러운 삶이다. 강력한 기계도 시끄럽기 마련이다. 굉음을 내는 붐카(boom-car, 고성능 스피커를 장치하여 음악을 시끄럽게 틀어 대는 자동차-옮긴이) 현상 이면에는 속도 증가와 소리 증폭의 요소가 포함되어 있다.

드래그 레이스(drag race, 특수 개조된 자동차로 짧은 거리를 달리는 경주-옮긴이)는 붐 카가 등장하기 오래 전부터 열렸다. 하지만 "요란한 소리"에서 발산되는 에너지와 자동차 경주를 직접 연결하는 시도가 처음 빛을 본 것은, 롱비치 출신의 체구가 땅딸막한 청소부 에디 로페즈가 1989년 세계 최초로 붐 카를 몰기 시작했을 때부터였다. 5천 달러를 들여 자동차에 오디오 시설을 갖춘 로페즈는 소음을 낸 데 따른 벌금으로 경찰에 1,200달러를 납부하게 된 정황을 인정하면서 〈로스앤젤레스타임스〉 기자에게 "개조한 자동차에 타면 속도를 내고 싶어지는 이유가 뭘까요?"라는 질문을 던졌다.[108)]

자동차 개조는 여전히 행해지고 있다. 그런데 오늘날 수많은 도로에서는 경주를 벌이기보다 요란한 소리를 내기가 훨씬 쉽다. 물리적 지평이 제약을 받는다고 느끼는 사람들은 음향적으로 팽창하고 싶어 한다. 20세기 초에 활동했던 유럽 작가이자 철학자로서 대표적으로 침묵을 주장했던 테오도르 레싱은 이러한 현상을 미리 감지했다.

"채찍을 휘두르는 마부, 침대보를 탁탁 터는 하녀, 드럼을 두드리는 드러머들은 자신이 내는 소음에서 개인적으로 즐거움을 느끼고, 자신이 행사하는 힘의 영역이 팽창한다고 느낀다."[109)]

붐 박스(boom box, 대형 휴대용 카세트 라디오－옮긴이)의 역사상 선례는 1920년대로 거슬러 올라가지만 움직이는 소음인 요란한 휴대용 라디오는 1970년대 말과 1980년대 초에 세상의 이목을 크게 끌었고, 이때 힙합과 붐 박스의 인기가 하늘을 찔렀다. 스파이크 리 감독이 제작한 영화 〈똑바로 살아라〉에서 라디오 라힘의 손을 통해 불멸의 존재로 거듭난 붐 박스는 체제에 저항하는 무기가 되었다.(피자 가게에서 퍼블릭 에너미(Public Enemy)의 '권력에 맞서라(Fight the Power)'를 시종일관 내보내는 붐 박스의 소음은 영화의 클라이맥스에서 벌어진 인종 대결을 촉발시켰다.) 이는 자기표현이 소음의 형태를 띠면서 자기주장으로 해석되어 경계를 위협한 전형적인 예이다. 소리가 클수록 자신의 지배 영역은 더욱 커지기 마련이다.

붐 카는 1980년대 말에 이르러 처음으로 매체의 주목을 받기 시작했지만 그 전에 이미 여러 해 동안 인기를 누렸다. 붐 카 열풍은 남캘리포니아에서 시작했지만 발 빠르게 동부로 퍼져 나갔고, 동시다발적으로 여러 주에서 무거운 벌금형이 쏟아졌다.

붐 카를 모는 사람들은 자신의 좌절감에 반응하는 것일 수도 있었다. 정책 연구 및 환경 방어 텍사스센터의 보고에 따르면, 미국의 대도시 교통량은 1980년대 들어 이미 도로 수용량을 넘어섰다.[110] 붐 카가 부상한 이후인 1980년대 초부터 2003년까지 26개 미국 주요 도시의 교통 정체는 655퍼센트나 급증했다.[111] 이런 통계 수치를 보고 나자, 사람들이 우리에 갇혔다고 느끼면 소란스러워진다는 테오도르 레싱의 주장이 문득 생각났다. 붐 카 열풍이 불었던 시기는 미국 전역의 교통 속도가 서서히 줄어들기 시작했던 시기와 일치한다.

그러나 붐 카가 지축을 울리며 지나가는 소리를 집 안에서 듣는 사람들은 여전히 자신이 무언가에 포위당했다는 느낌을 지울 수 없다.

나는 근래 몇 개월 동안 소음 공해 방지 모임인 '리스트서브 오브 노이즈 프리 아메리카(Listserv of Noise Free America)'의 인터넷 게시물을 읽었다. 이 모임은 붐 카가 절대적으로 사악한 영향을 미친다고 주장하면서, 자동차 소리가 시끄럽다고 불평한 사람을 공격했다는 죄목으로 체포된 운전자 이야기, 음악을 시끄럽게 틀면서 달리는 차량을 정지시킨 경찰관이 공격을 받았다는 기사, 붐 카와 마약 상인 사이에 새롭게 발견된 연관성, 붐 카 안에서 총이 발견되었다는 이야기 등을 담은 이메일을 회원들에게 며칠에 한 번씩 발송한다. 이에 대한 회원들의 글에는 붐 카 주인들을 폭력배나 붐 폭력배라 부르는 경우도 있고, 내가 탬파로 여행을 떠나기 전주에 올라온 글처럼 분노로 들끓는 내용도 있다.

"이 범죄자들은 붐 카 역병에 감염된 인간쓰레기들이다. 안타깝게도 불법만 아니라면 그들을 총으로 쏴서 시체를 늑대 먹이로 내주고 싶다. 그러면 늑대는 식량을 구하고, 우리는 평화와 정적을 누릴 수 있을 텐데 말이다."

남성 네 명이 한 여성을 공격했다면 그것은 분명히 혐오스러운 범죄라 단언할 수 있다. 하지만 "붐 카 역병에 감염된" 사람을 범죄를 저지른 "인간쓰레기"라 할 수 있을까? 나 또한 집 주변에 왕왕 울리는 붐 카 소음을 정말 싫어한다. 붐 카가 쿵쿵대며 지나갈 때 집 창문이 흔들리는 것도 싫다. 관련 기사 또한 많이 읽었던 탓에 붐 카가 내는 소음이 때때로 타인에게 심각한 고통을 안겨 준다고 믿고 있다. 하지만 리스트서브의 대화방에서처럼 지나치게 분노로 가득 찬 반응을 읽으면 마음이 불편하다.

반면에 붐 카광들의 반응은 비교적 조용하다. 소음 방지 법안을 통과시키려는 노력에 대해서는 플로리다SPL 사이트를 통해 분명하게 분노를 표현하지만, 여기서 일반적으로 가장 큰 불평은 모든 붐 카 소유주들이 집단으로 매도당하는 일에 대해서였다. 이 사이트에는 깜짝 놀랄 정도로 형이상학적인 고찰의 글도 올라온다. 예를 들어 아이디가 CalusaCustomConcepts인 회원은 '아무도 단어에는 신경 쓰지 않는다.'는 제목으로 다음과 같은 글을 올렸다.

"단어에 뜻이 있기는 할까? 우리가 사용하는 단어가 중요할까? 어쨌든 단어는 무엇일까? 단어는 우리가 상상하는 개념을 해석한 것이 아닐까? 부여된 의미를 지닌 소리가 단어라면 단어는 표현된 생각이다."

이 글을 읽고 호기심이 생긴 나는 사이트 측 의견을 듣고 싶어 플로리다SPL 사이트 운영자 케이시 설리번에게 연락했다. 설리번은 익스플로시브 사운드 앤드 비디오가 개최하는 전몰장병 추모일 행사에 가면 진상을 파악할 수 있으리라고 설명했다. 또한 사이트 회원들이 주로 다니는 장소에서 붐 카를 경험해 볼 수 있도록, 시합 전날 밤 몇몇 토론방 구성원과 자동차를 '타고 돌아다닐 수 있게' 주선해 주었다.

그래서 토요일 밤 아홉 시에 탬파 외곽에 있는 주차장에 갔다. 쇠사슬이 얽혀 있는 울타리 사이로 메트로놈처럼 이리저리 흔들리는 키 큰 갈대가 보였고, I-75 도로에서 자동차들이 쌩쌩 지나가는 단조로운 소리가 들렸다. 마침내 '엠피스리 핌프(MP3 Pimp)'의 전화를 받고 앞유리가 깨진 짙은 오렌지색 자동차를 찾아 후터스 레스토랑 건너편에 있는 쉘 주유소로 향했다.

부메랑(Boom-erang)

주유소에 도착해서 오렌지색 자동차를 발견했지만 뭔가 잘못되었다는 생각이 들었다. 자동차는 말 그대로 성냥갑만 했다. 붐 카일 리가 없었다. 자동차에는 주유 호스가 꽂혀 있고 안에는 아무도 없었다. 나는 차에서 내려 가까이 다가갔다. 자동차 앞 유리가 사방으로 미세하게 금이 가서 형광등 불빛으로 보니 마치 섬세한 얼음 조각을 뿌려 놓은 듯했다. 조금 있으니 기다란 반바지를 입은 덩치 큰 남자가 골똘하게 생각하는 표정으로 청량음료를 마시며 주유소 가게 문을 열고 나왔다.

별명이 엠피스리 펌프인 로빈 버틀러는 20대 중반의 체구 큰 남성으로 피부가 뽀얗고 밝은색 눈동자에 턱수염은 부드럽게 고불거렸다. 좀 더 온화하고 내성적으로 보였지만 어쨌거나 성서에 나오는 족장처럼 생겼다. 버틀러는 나와 악수를 나누고 나서 자신의 자동차로 나를 안내했다. 조수석 쪽 문을 열고 차에 앉는 순간, 완전히 새로운 세계에 들어왔다는 것을 깨달았다. 여태껏 보아 온 자동차 인테리어가 아니었다. 원래 부품은 모두 뜯어내서 발포 고무와 섬유 유리를 붙였고 검은색 스피커에 연결된 형형색색의 전선이 여기저기 눈에 띄었다. 자동차 뒤쪽 절반에는 거대한 검은색 오디오 장비가 들어차 있었다. 버틀러가 시동을 걸자 나는 안전벨트에 손을 뻗었다.

"안전벨트는 매지 마세요."

버틀러가 말했다. 안전벨트 꽂는 구멍은 이미 깨져 있었다. 우리는 고속도로로 나왔다. 운전을 하는 동안 버틀러는 유리조각이 무릎으로 떨어지지 않도록, 가끔씩 두 손가락을 뻗어 깨진 앞 유리에 얼키설키 붙여 놓은 테이프를 바깥쪽으로 밀었다. 나는 어쩌다가 자동차 오디오에 관심을 갖게 되었는지 물었다.

"사람들이 운전을 하면서 틀어 놓은 음악에 귀를 기울이다가요. 열일곱 살 때 좀 더 진지하게 파고들기 시작했고 지금처럼 깊이 빠져든지는 2년쯤 됐어요."

버틀러의 자동차 앞 유리가 소리 때문에 깨졌다는 말이 사실일까?

"네," 그가 고개를 끄덕였다.

"올해만도 네 번이나 깼는걸요. 여기 난 구멍 보이죠?"

버틀러가 천장을 가리키며 말을 이었다.

"이것도 오디오 때문이었어요."

나는 경찰의 반응은 어떠냐고 물었다.

그는 어깨를 으쓱하며 말했다.

"존중하는 태도만 보이면 경찰은 크게 간섭하지 않아요. 음악을 틀어 놓고 가다가도 경찰을 보고 소리를 낮추면 크게 문제 삼지 않아요. 그만큼 경찰을 존중하는 셈이니까요. 경찰이 자동차를 갓길에 세우게 하고 운전 면허증을 검사하고 문제가 없는지 확인할 수는 있겠지만요."

또한 버틀러는 쇼 참석자들이 평소 일반인들에게 해를 끼치는 경우는 거의 없다고 말했다.

"그렇다면 문제를 일으키는 사람은 소수에 불과하다는 말인가요?"

내가 대담하게 물어보았다.

버틀러는 잠시 망설였다.

"실제로는 아니에요. 물론 우리 대부분은 점잖지만, 어린애들이 있거든요. 애들은 차 안에 요란한 장비를 갖춰 놓고 모두에게 과시하기 위해 항상 크게 틀어 놓죠. 쇼 참석자의 다수가 이 애들이에요. 애석하게도 카스테레오를 구비한 사람 중에는 쇼에 오지 않는 사람이 많아요. 쇼가 있는지조차 모르는 사람도 있고요. 재미로 음악을 트는 사람도 있고 저처럼 단순히 크게 틀기를 좋아하는 사람도 있어요. 물론 여자에게 잘 보이고 싶거나 다른 사람에게 깊은 인상을 남기고 싶어 하는 사람도 있죠."

근처 사라소타에서 통과시킨 엄격한 소음 방지 법률 때문에 탬파에서 붐 카를 대하는 경찰의 태도가 바뀌었는지 물었다.

"법이 개입되기 시작하면 모두 달라져요."

버틀러가 나를 바라보며 말했다.

"특히나 법을 어기면 말이죠."

나는 곰곰이 생각하며 고개를 끄덕였다.

그가 다시 나를 쳐다보며 말했다.

"음악을 들어 보고 싶으면 언제라도 말씀하세요."

"한번 들어 봅시다."

여기까지 온 목적은 소리 자체였기 때문에 망설일 이유가 없었다.

버틀러가 몸을 앞으로 구부려 계기판 버튼을 눌렀다. 숫자와 단어가 반짝거리며 떠올랐다가 사라졌다.

음악이 흐르는 처음 잠깐 동안은 상당히 만족스러웠다. 소리는 컸지만 참을 만했고 저음의 랩이 흥겨웠기 때문이다. 가사도 알아들을 수 있었고 재미도 있었다. 버틀러는 계속해서 이런저런 버튼을 만지작거렸다. 갑자기 오디오 시스템 전체가 켜졌다. 그러고는 마치 천둥이 치고 불이 붙어서 비상 탈출 좌석에 앉았다가 튕겨 나갈 것만 같은 느낌이 들었다. 하지만 좌석은 그대로였고 나는 무방비 상태로 천둥과 불 속에 앉아 있었다. 오장육부가 쏟아져 내릴 것 같았다. 소리를 들었다기보다 뼈와 심장이 피부를 뚫고 터져 나가는 것 같았다. 나는 머리의 옆 부분을 손바닥으로 탁탁 치면서 몸을 앞으로 구부렸다. 버틀러가 내 관자놀이에 손을 얹고 맥을 짚는 것이 어렴풋이 느껴졌다. 그러더니 소리를 줄였다.

"고통을 주고 싶지는 않아요."

"고마워요."

나는 가까스로 마음을 진정시켰다.

140데시벨의 소리에 단 한 번 노출돼도 청력을 영구적으로 상실할 수 있다던 의사의 말이 생각났다.

"소리가 얼마나 컸나요?"

"보통은 그보다 훨씬 더 크게 틀어요."

버틀러가 키득거렸다.

"얼마나 크게 트는데요?"

"정확하게는 몰라요. 여태껏 들어 본 가장 큰 소리는 158.6데시벨이었어요. 대략 그 정도로 50초 넘게 들어 봤어요. 방금 들은 소리는 141~142데시벨 정도예요. 물론 소리가 크기는 크죠. 하지만 점점 더 커져요."

이러한 숫자에 대한 개념을 살펴보자. 약 1.2미터(4피트) 거리에서 작동하는 공기 리베터(pneumatic riveter, 압축 공기를 동력으로 하여 작은 피스톤에 고속 왕복 운동을 시켜 그 충격력으로 커다란 못을 박고 죄는 기계-옮긴이)의 소리는 125데시벨이다. 데시벨 체계에는 로그방정식이 적용되기 때문에 10데시벨이 증가했다는 말은 소리가 열 배 커졌다는 뜻이다. 약 90센티미터(3피트)

거리에서 총이 발사될 때 나는 소리는 약 140데시벨이다. 약 23미터(75피트) 거리에서 이륙하는 제트기의 소리는 150데시벨, 9미터(30피트)면 160데시벨이다. 약 160킬로미터(100마일) 상공에서 듣는 크라카토아(Krakatoa, 인도네시아의 화산섬–옮긴이)의 화산 폭발 소리나 약 30센티미터(1피트) 거리에서 듣는 제트 엔진의 소리는 180데시벨이다.[112]

"붐 카가 전부 사악하다고 말하는 사람들에 대해서는 어떻게 생각해요?"

내가 불쑥 물었다.

"솔직히 그런 토론방에 들어가 본 적이 없어요. 그런 부류의 사람이 보낸 이메일을 몇 번 읽은 적은 있지만요. 제대로 알지도 못하면서 공격을 하니 우스울 뿐이에요."

나는 무슨 뜻이냐고 물었다.

"총을 갖고 있다 해서 실제로 사람을 쏘리라고는 말할 수 없잖아요. 마찬가지로 자동차에 스테레오를 설치해 놓았다고 해서 밤마다 가정집을 지나다니면서 사람들을 괴롭힌다고는 말할 수 없죠. 그렇다면 랩 음악을 듣는 사람이 모두 깡패라고 말하는 것과 같아요. 저는 붐 카가 스포츠의 하나라고 생각해요. 물론 운동 경기는 아니지만 취미가 일종의 스포츠가 되었다고 봐야죠. 붐 카는 일하고 있지 않을 때나 가족과 함께 있지 않을 때 나를 바쁘고 즐겁게 만들어 주거든요."

트럭 정류장에서 또 한 명의 플로리다SPL 토론방 회원을 기다리고 있는데 경찰 헬리콥터가 우리를 향해 헤드라이트를 비췄다. 프로펠러가 도로 전체를 삼킬 듯 요란하게 돌아갔다.

"경찰들이 누군가를 찾고 있나 보군요."

버틀러가 한숨을 뱉으며 말했다.

"기다리는 동안 차 안을 구경시켜 줄게요."

버틀러는 문 안쪽을 가리켰다.

"옆면을 뜯어내고 완전히 다르게 바꿨어요. 유리섬유를 가져다가 모양을 만들었고요. 뒤편 데크는 앵글그라인더로 잘라 냈죠. 사방에 발포 고무 스프레이를 뿌리고, 자동차 안에 쌓이는 압력을 최대로 끌어올리기 위해 가능한 한 전체를 밀폐시키려 했죠. 또…."

버틀러는 자동차 뒤로 걸어가 트렁크를 열었다. 청록색 전선으로 연결된 자동차 배터리 다섯 개가 트렁크 안에 고정되어 있었다.

"와!"

"배터리는 이것 말고도 후드 밑에 하나, 조수석 옆 구석에 하나가 더 있어서 모두 일곱 개가 장착되어 있어요. 무게만도 하나에 18킬로그램 정도 나가요. 실제로 자동차를 엄청난 무게로 짓누르고 있는 셈이죠. 그래서 차체가 10센티미터 정도 내려앉았어요. 그뿐이 아니에요. 자동차 창문을 모두 검게 칠해서 바깥 빛을 차단합니다. 그래야 아무도 안을 들여다볼 수 없거든요."

빅 레드(Big Red)는 모두가 갖고 싶어 할 만한 거대하고 좌석이 높은 빨간 트럭에서 내렸다. 작은 머리에 몸집이 거대하고 고수머리에 코밑 수염을 길렀으며, 얼굴의 약간 패인 자국은 버틀러의 자동차 천장에 '오디오 때문에' 생긴 구멍과 비슷해 보였다. 또 에어브러시로 해골을 그려 넣은 커다란 검은색 티셔츠를 입고 있었다. 운전석 반대편에서 가느다란 빨간 머리카락을 흩날리며 체구가 작은 여성이 뛰어내렸다. 그녀는 부드럽고 경쾌한 남부 사투리를 썼다.(버틀러는 그녀가 '빅 레드의 여자 친구'라고 소개하면서 자신들은 모두 서로를 별명으로 부른다고 겸연쩍어 하며 말했다.)

빅 레드는 빠른 말투로 불쑥 "내가 자동차 앞 유리에 테이프를 붙이는 모습을 저 여자가 유심히 보던 걸요."라고 말하며 웃었다.

"안에서요?"

버틀러가 물었다.

"아니, 아니에요. 차 안에서 음악을 크게 트는 건 좋아하지 않거든요. 두통이 난다네요."

"음악 소리가 커지면 나는 차에서 되도록 멀리 떨어져 있어요."

빅 레드의 여자 친구가 말했다.

"편두통이 있거든요. 하지만 음악도 들으며 즐기는 삶이 여전히 좋기는 해요."

우리는 마카로니 그릴로 자리를 옮겼다. 싸구려 현악이 주위를 감싸며 흘렀다.

빅 레드는 자리에 앉으면서 "모든 이혼 사유는 100퍼센트 결혼에 있다는 사실이 과학적으로 밝혀졌답니다."라고 화제를 꺼냈다. 버틀러는 빅 레드에게 여자 친구와 결혼했는지 물었다.

"아뇨!"

빅 레드가 답했다. 빅 레드의 여자 친구가 말을 이었다.

"이 사람은 결혼을 두 번 했어요. 나는 한 번 했고요. 물론 다른 사람하고죠. 우리가 가끔 아기와 함께 있는 모습을 본 적이 있을 거예요. 이 사람이 두 번째 결혼에서 얻은 아기죠. 첫 번째 결혼에서 얻은 아이는 지금 열일곱 살이에요. 그리고 내게는 스물넷, 스물, 열일곱 살짜리 아이들이 있어요."

"두 사람은 합해서 자식이 다섯 있고, 결혼에 세 번 실패했고, 하나의 관계를 맺고 있군요."

버틀러는 놀랍도록 빨리 계산해서 이야기를 정리하고는 "정말 멋지네요."라고 말했다.

"그리고 남자를 좋아하는 전 남편이 있어요."

빅 레드의 여자 친구가 덧붙였다. 그 말에 모두들 조용해졌다. 그녀가 "그쪽으로는 절대 빠지면 안 돼요!"라고 말하자 "그럼, 안 되고말고요." 하고 빅 레드가 재빨리 받아쳤다.

"한번 그쪽 길로 빠지면 헤어날 수가 없거든요. 이 사람 전 남편은 남자 친구와 같이 사는데 그 사람한테는 또 다른 남자 친구가 있어요. 우린 가끔 이 사람 전 남편 집에 들르곤 해요."

빅 레드는 이렇게 말하고는 킥킥거렸다.

"맞아요."

빅 레드의 여자 친구가 고개를 끄덕였다.

"사실 우린 전 남편 남자 친구 덕을 톡톡히 보고 있어요. 컴퓨터를 정말 잘 다루거든요."

버틀러는 두 사람을 그날 저녁까지 붙잡아 두었다.

"카 오디오를 장착한 사람 모두가 얼간이는 아니라는 말을 조지에게 해 줬어요."

버틀러의 말에 빅 레드가 목소리를 높였다.

"법안에는 무조건 찬성이에요. 새벽 세 시에 주택가에서 스테레오를 귀청 떨어져라 틀어 놓고 자동차를 모는 사람들에게는 벌금을 물려야 해요. 지금보다 두 배로 늘려도 싸죠. 하지만 일요일 오후 세 시에 8미터 거리에서 음악을 크게 틀었다고 해서 벌금을 내라는 것은 심한 처사죠."

얼마 동안 사라소타는 여러 도시 가운데서도 소음 방지 법률 위반자에게 가장 무거운 벌금을 부과했다. 첫 번째 위반인 경우에 경찰관이 약 8미터(25피트) 거리에서 차량 안의 소음을 들을 수 있으면 차량을 견인하고 위반자에게 견인료 125달러 외에도 벌금 74달러를 부과했다. 두 번째 위반인 경우에는 견인료에 덧붙여 벌금이 250달러로 뛰었다. 세 번째 위반인 경우에는 벌금 500달러를 부과하고 자동차를 10일 동안 억류했다.

"게다가 경범죄로 처벌받아야 하다니 정말 화가 나요."

빅 레드가 말을 계속했다.

"음악을 크게 틀었다고 경범죄로 차량을 억류하면, 긴급 차량에게 차로를 비켜 주지 않는 차량을 억류하지 않는 이유는 뭔가요? 고속도로를 달리면서 휴대전화를 사용하는 차량은 어떻고요? 사람을 죽일 수도 있는 행동인데 말이죠. 스테레오를 크게 틀어 놓는다고 사람이 죽지는 않잖아요? 물론 괴로울 수는 있겠죠. 하지만 내 나이 이제 마흔셋이고 사업체도 갖고 있어요. 내가 고속도로에 나가서 이따금씩 스테레오를 틀까요? 물론 그래요. 그런 내 행동 때문에 주위 사람들이 괴로워할까요? 아마도 그럴 테죠. 하지만 내게 와서 '소리 좀 줄여 주겠어요?'라거나 '나는 그 음악을 좋아하지 않는데 다른 음악을 틀어 줄 수 있나요?'라고 말하면 두말없이 그렇게 할 거예요."(고속도로를 굉음과 함께 달리는 그에게 누가 어떻게 다가가 그런 요구를 할 수 있는지에 대한 질문은 나오지 않았다.)

"나는 25, 6년을 이렇게 살았어요. 메릴랜드에 살 때였죠. 어느 토요일, 자동차를 타고 동네 라디오 가게를 지나다가 바깥에 주차되어 있는 전시 차량을 보았어요. 장비가 정말 멋지고 소리도 크다고 생각했고 그때부터 카스테레오에 마음을 빼앗겼죠. 그 후로 소유했던 차량이 모두 일곱 대였는데 전부 스테레오를 설치했어요."

빅 레드는 여자 친구를 가리키며 말을 이었다.

"이 사람이 매일 모는 세비(Chevy)는 겉만 봐서는 무슨 장치가 장착되어 있는지 알 수 없답니다. 모두 숨어 있거든요. 그러다가 시동을 거는 순간 모습을 드러내죠."

"정말 그래요!"

빅 레드의 여자 친구가 맞장구를 쳤다.

"우리는 40대 중반인데, 이 스포츠를 즐기는 경쟁자 중에는 50대 중반도 있어요."

빅 레드의 말에 여자 친구가 고개를 끄덕이며 말했다.

"연령층이 다양하죠. 열여덟 살 어린애부터 파파(Papa) 나이까지 있어요. 파파요? 쉰네댓 살 정도? 육십 대도 본 적이 있는 걸요."

"배경도 전부 달라요. 해군 퇴역 장교도 있어요."

"변호사도 있고요."

"나는 지붕 공사 일을 하죠. 또 주정부 직원도 있고 공무원도 있답니다. 대형 식료품점에서 풀타임으로 일하며 돈을 버는 사람도 있고요."

빅 레드와 여자 친구가 번갈아 말을 하던 중 버틀러가 끼어들었다.

"하지만 소음 방지법을 무산시킬 만큼 우리 평판이 좋지는 않아요."

그러자 빅 레드의 여자 친구가 수긍한다는 뜻으로 고개를 끄덕이며 말했다.

"사람들이 우리를 마약 거래상 정도로 여기는 것이 문제예요. 그냥 평범한 부부가 토요일 오후에 창문을 내리고 스테레오를 틀어 놓은 채 자동차를 몰다가 우연히 경찰관 눈에 띄었을 뿐이라고는 생각하지 않는 걸요."

빅 레드가 앞으로 몸을 구부리며 말을 받았다.

"게다가 주당 60시간씩 부지런히 일하면서 자기 자동차를 닦고 꾸미는 사람이라고도 생각하지 않죠."

어쨌거나 나는 그들이 서로를 부를 때 사용하는 별명이 마음에 들었다. 나는 대부분 언제부터 카스테레오라는 스포츠에 입문하게 되는지 물었다. 자동차 안에 앉아서 카스테레오의 다이얼을 조정하는 일을 과연 '스포츠'라고 말할 수 있을지 마음 한편으로 의문이 생기긴 했지만.

빅 레드의 여자 친구가 "대개는 고등학교를 갓 졸업하고 나서죠. 아참, 마이티 타이크가 있네요. 그 앤 이제 네 살이에요."라고 답하자 빅 레드가 고개를 끄덕이며 말했다.

"우리 팀에 속한 남자아인데, 아빠가 이라크에서 복무하는 군인이에요. 네 살인지 다섯 살인지 그래요. 베이스 시스템이 장착된 파워 휠스(Power Wheels, 배터리로 작동하는 장난감 자동차 브랜드-옮긴이)를 갖고 있죠."

빅 레드는 잠시 키득거리더니 덧붙였다.

"그 애의 파워 휠스는 136데시벨까지 소리를 내요. 8미터 거리에서 들을 수 있는 것보다 훨씬 큰 소리가 나죠."

"본체에 배터리 하나가 붙어서 136데시벨이에요. 그게 뭐더라, 그레이브 디거(Grave Digger)였던가?"

여자 친구의 말에 빅 레드가 대답했다.

"음, 그레이브 디거 파워 휠스 맞아요. 소리가 얼마나 커지는지 보려고 마이티 타이크의 파워 휠스에 그야말로 마이크를 달았다니까요."

마이티 타이크가 그레이브 디거로 136데시벨을 쳤다는 이야기를 하다가 자연스럽게 자동차 오디오의 음량을 높이는 문제로까지 대화 내용이 확대되었다. 빅 레드는 몇 년 전까지만 해도 130데시벨의 기록을 깨면 훌륭하다는 말을 들었지만, 전날 밤 토론방 회원 하나가 181.6데시벨을 기록한 사람의 동영상을 올렸다고 했다.

"소리가 점점 커지고 있어요."

빅 레드가 놀랍다는 표정을 유쾌하게 지으며 말했다. 나는 지속적으로 발전하는 기술의 경이로움에 대해 두서없이 몇 마디 했다. 하지만 그 자리에 있던 세 사람은, 특히 최근 들어 카스테레오 기술이 발달하고 있는 데는 구체적인 이유가 있다고 이구동성으로 말했다. 세 사람 모두 가장 중요한 요소로 인터넷을 꼽았다. 플로리다SPL 같은 토론방의 회원들이 부품과 노하우를 활발히 주고받는 속에서 기술적 진보가 급물살을 타고 있는 것이다.

카스테레오 경쟁의 극단적인 환경이 모두를 위해 가능성의 지평을 넓히고 있다고 거듭 강조한 사람은 빅 레드만이 아니었다. 카스테레오는 전반적으로 오디오 산업을 이끌었고, 경쟁을 하기 위한 장비가 카스테레오의 진화를 부추기고 있다.

소리 끄고!

일요일 아침 열 시 삼십 분에 도착했을 때 대회가 열릴 주차장은 사람들의 열기로 이미 뜨겁게 달아올라 있었다. 푸른색 텐트 두 개에는 고품질 음량 측정 장비와 노트북 여러 대가 놓여 있었다. 그 후 두 시간에 걸쳐 대회 참가자들의 차량이 주차장에 속속 모여들었다. 관객들은 자동차 오디오 시연을 기다리는 동안 차 안에 어떤 특별한 장치가 숨어 있는지 보려고 차량 주위를 에워싼 채 검은색 창문을 호기심 어린 눈으로 응시했다. 남자들은 손에 커다란 플라스틱 컵이나 짙은 색 병을 쥐고 있었고, 일반적으로 목이 짧고 대머리거나 마른 근육형에 머리카락이 노랬다. 여성들도 상당히 많았지만 한두 명을 빼고는 참가자의 여자 친구이거나 아내였다. 사방이 해골과 십자가가 커다랗게 새겨진 티셔츠와 문신으로 넘실댔다. 정오가 되자 대회에 참가하는 차량의 상당수가 광장에 모였다. 이리저리 돌아다니다 보니 '머리카락 묘기'를 선보이려는 엠피스리 펌프가 눈에 띄었다. 머리카락 묘기의 시작은 오디오가 작동하는 자동차의 창문에 머리를 기댈 긴 머리 여성을 찾는 일이었다. 내가 다가갔을 때 머리카락이 매우 길고 붉은 젊은 여자가 엠피스리 펌프의 자동차 조수석에 기대고 있었다. 엠피스리 핌프가 카오디오를 켜자 여자의 붉은색 머리카락이 이리저리 흩날리는 도깨비불처럼 공중에 떠돌기 시작했다.

"환상적이야. 세상에서 제일 멋진 느낌인데!"

엠피스리 핌프가 오디오를 끄자 여자가 소리 질렀다.

"어째서요?"

내가 이유를 묻자 여자가 답했다.

"머리 전체가 들썩거리면서 머리카락이 움직이는 모습을 볼 수 있었어요!"

"당신 머리숱이 정말 많다는 사실도 증명했고 말이죠."

옆에 있던 한 구경꾼이 거들자 "맞아요. 내 머리숱이 많기는 많더군요." 하며 여자가 맞장구를 쳤다.

마침내 데시벨 드래그 레이스를 위한 자격 심사가 진행되었다. 적갈색 턱수염을 듬성듬성 기르고 가슴에 '고릴라 헤비웨이트(Gorilla Heavyweight)'라고 적힌 몸에 달라붙는 짧은 민소매 티셔츠를 입은 덩치 큰 남자가 자동차 사이를 누비고 다니면서 차창을 통해 마치 수혈 준비를 하기 위해 정맥주사를 놓듯 호스에 소음계를 찔러 넣었다. 고릴라 헤비웨이트가 소음계를 꽂으면 자동차 안에서 창문이 닫혔다. 심사위원이 데시벨을 측정하는 노트북에 손가락을 얹고 카운트다운을 끝내자마자 자동차 안에서 오디오가 켜지고 밖에서는 거의 들리지 않는 소리가 났다.

네 시간 반 동안 진행되는 자격 심사 과정을 지켜보다가 문득 한 남자에게 눈길이 멈췄다. 베이스의 왕 토미 맥키니였다. 그는 익스플로시브 사운드 앤드 비디오의 차고를 막 벗어나서 검정과 은색으로 된 번쩍번쩍 광이 나는 트럭으로 걸어가고 있었다. 트럭은 전용 차양 아래 서 있었고, 앞 유리에는 '호 프라블럼(HO PROBLEMS)', 양쪽 측면 유리에는 '킹 오브 베이스(KING OF BASS)'라고 적혀 있었다.

베이스의 왕 토미가 움직이는 모습을 먼발치에서 지켜보기만 해도 대가의 범상치 않은 분위기가 느껴졌다. 토미는 외모가 준수하고 약간 통통한 체구의 30대 남성으로 자사 로고가 찍힌 검정 티셔츠를 입고 색깔에 맞춰 검정 야구 모자를 챙을 뒤집은 채로 썼다. 그에게는 철두철미한 경계심과 절대적인 긴장 완화가 절묘하게 균형을 이룬 사냥꾼의 냉정한 태도가 엿보였다. 또한 시기적절하게 자기 몸을 정확하게 움직일 줄 아는 성공적인 전문 운동선수의 자신만만한 기질이 눈에 띄었다. 차대가 낮은 1995년형 이스즈(Isuzu)에는 소리만으로도 사람을 압도할 만한 오디오 장비가 가득했다.

맥키니는 10년 동안 대회에 줄곧 참가하면서 자동차 오디오 대회를 모두 휩쓸었다고 했다. 그는 트럭을 몰고 미국 전역을 순회하면서 2005~2008년 4년 연속으로 세계 결승전에서 우승했다. 2007년에는 세계에서 가장 요란한 차량을 가려내기 위해 미국의 플로리다 주, 인디애나 주, 캘리포니아 주가 프랑스, 그리스, 노르웨이와 인터넷을 통해 '마주보면서' 생방송으로 결승전을 실시했다. 우승자는 역시 베이스의 왕인 토미였다. 그는 내게 이렇게 말했다.

"사람들은 베이스의 왕(the King of Bass)을 '더 케이스(the Case)'라고 부르죠. 트위터(tweeters, 고음 재생 스피커-옮긴이) 24개, 우퍼(Woofer, 저음용 스피커-옮긴이) 24개, 증폭기 24개, 미들레인지(middle range, 중간음 재생 스피커-옮긴이) 24

개 등 모두 24개씩 갖고 있기 때문이에요."

토미의 트럭은 "항상 얘기는 듣지만 정작 직접 본 사람은 없기 때문에" 네스 호 괴물(Loch Ness Monster, 스코틀랜드의 네스 호수에 산다고 여겨지는 공룡처럼 생긴 괴물－옮긴이)로 알려져 있다. 네스 호 괴물은 일 년에 10개월을 베이스의 왕 토미의 차고 깊숙이에서 지낸다. 토미는 트레일러에 실어서 쇼에 참가할 때를 빼고는 트럭을 운전하지도 밖에 내놓지도 않는다. 트럭 안은 괴물 고르곤(gorgon)의 머리카락처럼 엉킨 전선, 짙은 색 금속 평판, 번쩍이는 디스크들로 마치 알리바바의 동굴 속 같았다.

토미의 트럭에 장착된 오디오는 일 분 동안 쉬지 않고 160대 데시벨의 소리를 낼 수 있지만, 이는 기술적으로 심사의 범위를 넘어서기 때문에 150~159 데시벨 그룹에 참가한다.

"우리는 '전력 질주(Balls to the Wall)'라 부르는데요," 토미가 고개를 끄덕이며 말했다.

"자신이 준비해 온 음량을 최대한 내야 합니다."

환한 흰색 티셔츠에 짙은 선글라스를 쓰고 약간 평범한 스칼렛 요한슨처럼 생긴 예쁜 여성이 오색 라인석이 가득 박힌 검정 벨벳 왕관을 들고 등장했다. 토미의 여자 친구라고 했다. 토미는 여자가 건네주는 왕관을 받아 조금도 망설이지 않고 트럭 후드에 올려놓았다.

"내가 이 스포츠에 뛰어든 것은 첫 자동차를 갖기도 전인 중학생 때였어요."

토미가 말했다.

"동네나 길거리에서 스스로 시끄럽다고 생각하는 사람들이 자동차를 몰고 집 앞을 지나갈 때마다 나는 문으로 달려갔어요. 부모님은 그런 내가 제정신이 아니라고 생각하셨죠. 나는 '언젠가 나도 자동차를 몰고 다니면서 모든 집과 음식점을 뒤흔들어 놓을 거예요.'라고 큰소리 쳤어요. 내 소망은 늘 소리가 큰 스테레오였죠."

토미는 처음 소유한 자동차에 첫 오디오 시스템을 갖추고는 음악을 너무나 크게 틀고 다니다가 버거킹, 맥도날드, 타코벨 등의 유리창을 깨뜨려서 동네의 모든 음식점에 출입을 금지 당했다. 심지어는 세차장 유리까지도 박살내 금지 구역을 더 늘렸다.

토미가 들려준 얘기는 전날 밤 엠피스리 핌프와 빅 레드에게 들은 이야기뿐 아니라 그날 오후 십여 명의 대회 참가자에게 들은 내용하고도 일치했다. 모두들 자신이 세상에서 가장 간절하게 원했던 것은 소리가 큰 스테레오였다고 입을 모아 말했다. 어떤 사람은 자동차를 갖는 것은 고사하고 운전을 하기도 전에 첫 카스테레오를 장만했다. 이들에게 소위 깡패 같은 모습은 없었다. 공격적인 성향과 수입에도 차이가 있었고 인종적으로 매우 다양했으며 연령 면에서는 극단적인 예외가 있기는 했지만 대부분 20대와 30대였다.

토미가 극성맞은 팬들로부터 트럭을 보호하려고 자리를 뜨자 플로리다SPL의 관리자로 혈기왕성한 열여섯 살 소년 같은 동안에 상냥하고 호리호리한 체격의 케이시 설리번과 동료인 버즈 톰슨이 다가와 자신을 소개했다. 그들은 빅 레드와 엠피스리 핌프가 전날 밤 얼핏 얘기해 주었던 대회 연혁을 그들 입장에서 전해 주었다.

대회가 생겨난 것은 자동차 오디오가 갑자기 주목을 받기 시작했던 1980년대 초였고, 차량에 설치된 가장 크고 요란한 경보 장치 자리를 놓고 경쟁했던 '자동차 경보 장치 대회'처럼 소수를 대상으로 하는 성격이 짙었다고 했다.

그 후 십 년 동안 두 가지 현상이 일어났다. 첫째, 스피커 및 증폭기 기술이 발달하면서, 음질만으로는 불가능한 방식으로 청중들을 흥분시키는 거대 음량 장비 시대가 새롭게 열렸다. 톰슨의 설명에 따르면, 새로운 서브우퍼(subwoofer, 초저음역용 스피커-옮긴이)를 갖춘 사람들은 자신의 집 차고에서 "옷을 더럽히고 돈과 시간을 써서" 직접 장비를 손본 경우가 많았고 그 비결을 절대 글로 남기지 않으면서 이름을 떨쳤다. 이들은 자동차 오디오 품질 기준을 향상시키는 데 유익한 역할을 담당했던 주요 제조업체에 발탁되었다. 둘째, 1990년대 중국이 생산한 강력한 서브우퍼가 시장을 강타하기 시작했다. 중국산 제품의 음량이 워낙 강하고 고품질 장비와 비교해서 가격이 매우 저렴했기 때문에 경쟁 업체들은 음량만으로 승부하는 쪽으로 방향을 틀기 시작했다. 이 같은 서브우퍼 기술의 급격한 발달이 데시벨 드래그 레이스 시작의 발판이 되었다.

1994년 어느 날 팀 메이너가 조나단 디무스와 함께 베이스 대회에 모습을 드러냈다. 당시에는 대회 참가자들이 후원 업체가 선택한 노래로 경쟁해야 한다는 규정이 있었다. 그날 첫 연주곡은 영화 〈플래시댄스〉의 사운드트랙이었다. 메이너와 디무스는 〈플래시댄스〉의 첫 사운드트랙을 분석해서 음량이 절정에 이르는 주파수와 지점을 찾아냈다. 또한 눈에 띄는 군더더기를 버리고 음량이 가장 큰 순간에 버튼을 눌러 한 음만을 연주함으로써 세 가지 데시벨의 소리를 얻어냈다. 여기에, 디무스의 표현에 따르면 수천 명에 이르는 군중들이 환호했다.

두 사람의 발견으로 봇물이 터졌다. 너 나 할 것 없이 "경이로운 한 음"을 위해 자동차 개조에 나섰던 것이다. 토미는 이렇게 말했다.

"그러자 곧 데시벨 드래그 레이스의 성격이 바뀌기 시작했어요. 모든 사람이 높은 음과 멋진 물건, 멋져 보이는 물건에서 관심을 거두고 자동차에서 얼마나 큰 소리를 낼 수 있는지에만 신경을 쏟게 되었죠."

데시벨 드래그 레이스를 위한 자동차들은 음악조차 틀지 않는다. 음악을 틀면 아마도 스피커가 부서질 것이다.(때로는 파괴가 대회의 목적이 되기도 한다. 세계 결승전에서는 경쟁자가 5분 동안 접전을 벌이는 '죽음의 시합'이 열릴 때가 많다. 마지막까지 남는 자동차가 승리하고, 두 자동차 모두 오디오 내부가 과열되면서 연기에 휩싸인다.) 오디오 시스템은 고사하고 차량 자체도 소리의 압력을 견디지 못한다. 메이너와 디무스가 최초로 차량의 앞 유리를 강철판으로 대체한 것도 납득할 만하다.

하지만 디무스는 차량에 지나치게 많은 "과학 장비"를 설치하면 재미가 사라지고 후원 업체도 잃기 시작한다고 내게 말해 주었다. 마침 그때 몇몇 단체들이 토미에게 접근해서 새로운 형식의 베이스 레이스에 참가해 달라고 요청했다. 베이스 레이스에서는 참가자들이 30초 동안 일정 범위의 데시벨을 유지하면서 음악을 틀어 놓아야 한다.

음악적 매력을 느낄 수는 있지만 그렇다고 베이스 레이스가 데시벨 드래그 레이스보다 현저하게 조용하지는 않다. 작년에 토미는 자동차 앞 유리 30장을 깼다. 그는 플로리다의 보험사가 일 년에 유리 세 장만 보상해 준다며 씁쓸하게 말했다. 실제로 최고 음량을 기준으로 보면 데시벨 드래그 레이스는 181데시벨 이상이고 베이스 레이스는 161데시벨에 가깝지만, 사람들이 몸으로 더욱 큰 소리를 경험하는 것은 베이스 레이스일지 모른다. 데시벨 드래그 레이스에 출전하는 개조 차량은 8~15센티미터 두께의 앞 유리와 특별 반사 패널 같은 재료로 에너지 파동을 유도해서 정확하게 심사위원의 마이크에 소리가 닿게 하기 때문이다. 최근에는 참가자들의 청력을 보호하기 위해 규정을 바꾸어서, 데시벨 드래그 레이스에서 140데시벨 이상에 출전하는 사람은 자동차 오디오를 차량 밖에서 원격으로 작동하게 했다. 이보다 낮은 데시벨 부문에서는 "적절한 청력 보호 장치"를 갖추어야 자동차 안에 머물 수 있다. 베이스 레이스에도 이와 비슷한 규정이 생겨났다. 하지만 내가 익스플로시브 사운드 앤드 비디오가 개최한 대회를 참관했을 때는 매우 높은 소리가 났음에도 베이스 레이스 참가자 가운데 차량 밖에 있는 사람은 하나도 없었다. 자동차 창문과 문은 열려 있었다. 게다가 아무런 보호 장비도 갖추지 않은 군중들이 엄청나게 커다란 음악 소리와 이에 따른 진동에 몸을 맡겼다.

대화를 나누고 나서 베이스의 왕 토미가 마침내 네스 호 괴물을 가동시켜 자신의 주제곡인 필 콜린스의 '인 디 에어 투나잇(In the Air Tonight)'을 틀었다. 나는 8미터 떨어진 곳에 서 있었다. 첫 몇 초 동안은 음악을 듣고 있지만 소리를 순수한 진동으로 느끼는 신비스러운 경험을 했다. 청각장애인이 음악을 들을 때의 경험과 같다는 생각이 들었다. 바지와 셔츠가 갑자기 헐렁해지는 느낌이 들면서 몸에서 분리되어 거칠게 나부끼기 시작했다. 마치 몸에서 진동이 나오는 것 같았다. 청바지 오른쪽 앞주머니에 들어 있는 휴대전화와 왼쪽 앞주머니에 들어 있는 녹음기가 마치 미니 안마기처럼 넓적다리를 마사지하기 시작했다. 특이한 느낌이었다. 정확히 말하면 아주 신나지는 않았지만 짜릿했다. 파마, 태닝, 염색이라는 글자가 인쇄된 불투명한 미장원 유리가 마치 색종이처럼 펄럭였다. 누군가가 약 6미터 높이의 기둥 꼭대기에서 빛을 발하는 투광 램프를 가리켰다. 전구가 소켓에서 분리되고 있는 듯 보였다.

토미의 시범이 끝난 후에 버즈 톰슨이 전해 준 이야기에 따르면, 45미터 이상 떨어져 있는 맥도날드 드라이브스루(drive-through, 차를 탄 채로 주문용 스피커로 물건을 주문하고 나가면서 받는 방식-옮긴이) 창구에서 일하는 직원들이 주차장으로 몰려와 토미의 트럭에서 나는 소리 때문에 손님들의 주문을 받을 수가 없다고 항의했다. 나는 기술의 자연스러운 발달과 이를 가속화하는 인터넷의 위력이 결합하기 때문에 경쟁자들의 데시벨 수준이 계속 높아지는 것은 아닌지 톰슨에게 물었다.

톰슨은 자동차 오디오가 계속 발전하기에는 문제가 있다고 강조했다. 소리의 물리학이 허용 한계에 다가섰기 때문이다. 자동차 오디오의 소리가 163데시벨 이상이 되면 자동차의 내부 압력이 지나치게 커져서 공기 분자가 더 이상 공기처럼 움직이지 않는다. 공기의 진동 밀도가 매우 높아서 마치 물속에서 움직이는 것처럼 느껴진다. 그러고 보니 내가 들었던 소리가 마치 수중 스피커를 통해 나오는 음악 같긴 했다. 톰슨은 소리가 163데시벨 이상이면 공기는 더 이상 공기가 아니라고 설명했다. 오늘날 경쟁자들이 내는 소리는 이미 180 초반대의 데시벨에 도달했다. 하지만 194데시벨 정도가 되면 소리는 더 이상 소리가 아니다. 기본적으로 소리가 공기를 파열시켜 흩어 놓는다.

대략 194데시벨에서 압력은 대기압의 두 배이다. 따라서 흩어질 공기 분자가 더 이상 없고 공기가 순환하지 않으며, 지속적으로 압력이 발생할 추진력만 생겨날 뿐이다. 데시벨 드래그 레이스나 베이스 레이스 경쟁자들이 어느 날 194데시벨을 기록한다면 그들은 음속 폭음과 지진의 영역에 속하는 충격파 생성에 성공한 것이다.

사람들이 커다란 소리에 끌리는 이유에 대해 설명을 듣고 나서도 여전히 미심쩍은 점이 남았다. 자동차 오디오 대회는 상상조차 못했던 규칙과 규정을 내세우면서 소리의 증폭을 부추기고 있었다. 나는 톰슨에게 커다란 소리를 향한 열정의 핵심이 무엇인지 물었다.

"커다란 소리는 너무나 관능적이에요!"

톰슨은 신음 소리를 내며 대답했다.

"핵심은 바로 소리고, 감정이고, 우리에게 쏟아지는 주목이에요! 자동차에 서브우퍼를 장착하면 마음이 정말 뿌듯해요! 일단 시도해 보면 좋아하게 되죠. 더욱 커다란 소리가 나는 장비를 보면 자연스럽게 자기 장비와 비교하게 됩니다. 이 대회에 참가한 사람이라면 너 나 할 것 없이 더욱 큰 소리를 내고 싶어 하죠. '이 정도 음량이면 족해.'라고 생각하는 사람은 단 한 명도 없어요."

이해가 갔다. 하지만 '머리카락 묘기'와 '전력 질주'에 담긴 관능성은 조심스럽게 말하자면 모든 사람이 느끼는 것은 아니다. 톰슨의 분석에 따르면 특별히 그런 것에 관능성을 느끼도록 태어난 사람이 있는 것이다. 하지만 나는 이보다 설득력 있는 해답을 얻고 싶었다. 톰슨 옆에 서서 빅 레드의 여자 친구가 권하는 맥주를 마시며 곰곰이 생각했다. 과학자들이 '소음 숭배'의 유전적 요소를 밝혀내고, 톰슨이 자동차 안에서 150데시벨의 소리를 느끼며 감정에 복받쳐 "플로리다 전체는 자동차로 돌아다니게 설계되었어요! 걸어서는 어디도 갈 수 없다고요. 이곳에서 살려면 자동차가 꼭 필요해요. 플로리다에 사는 모든 열여섯 살 청소년은 누구라도 자동차를 갖고 싶어 해요! 자동차는 삶 자체니까요!"라고 외치는 것이 어떤 의미를 지니는지 말이다.

문득 떠오르는 생각이 있었다. 열여섯 살 청소년들은 첫 붐 카를 갖기 전에, 헤드폰을 벗고 정체된 대기에 귀가 그대로 노출될 때 어떤 소리에 귀를 기울일까?

특별한 묘기를 선보이는 붐 카 운전자를 향한 열기가 끓어오르는 주차장을 뒤로 하고, 이제 우리는 이러한 문제를 좀 더 깊이 생각해 볼 수 있는 조용한 장소를 찾아야 한다. 톰슨이 내뱉은 마지막 말은 음향 무기의 영역에 이르는 우리 세대의 소리와 깊은 관련이 있다. 아이팟의 축복 받은 백색소음 또한 여기 포함된다. 오늘날 소음에 대해 생각해 봐야 하는 또 다른 점은, 소음으로 인해 이래저래 겪는 고통에 대해 면역성을 키우려고 우리 스스로 새로운 소음을 만들어 낸다는 것이다. 그리고 이 새로운 소음을 방음 부문에서 세계적으로 일고 있는 다양한 움직임의 하나로 볼 수 있다는 것이다.

제8장

소음 고속도로

Freeway to Noise

최근 유럽환경청의 추정에 따르면, 유럽연합만 해도 6천7백만 명 이상이 청력과 심장 혈관의 안전 기준을 초과하는 교통 소음에 정기적으로 노출되고 있다.[113] 교통 소음은 지표면에 가장 널리 퍼져 있는 현상으로, 인간은 그 파괴적 영향력에 정신적으로는 길들어 있을지 모르나 생리적으로는 결코 그렇지 못할 것이다. 의식적으로든 아니든 인간의 행동에는 교통 소음에 대한 신체 적응의 실패 사례가 드러난다.

플로리다에서 보낸 시간을 생각하면 제일 먼저 교통과 소음이 떠오른다. 큰 소리로 뒤덮인 I-75 도로에서 조금 떨어진 호텔에 묵든, 지루하게 자동차 여행을 계속하든(자동차를 타지 않으면 아무 곳에도 갈 수가 없기 때문에) 언제나 교통 소음에 시달려야 했다. 실내에 들어서면 어디서든 커다란 음악 소리나 텔레비전 방송 소리를 들어야 했다. 이러한 음향 환경에서 사는 사람들이 환경을 뚫고 크게 소리 내고 싶어 하는 것은 당연하지 않을까! 적어도 자신이 내는 소음이 주변의 소리를 덮어 주니 말이다.

사람이 내는 "불필요한" 소음은 소리로 인해 겪었던 고통에 대한 반응일 때가 많다. 우리는 균형을 파괴하는 소리에 본능적으로 대항하려 한다. 모스키토(MosquitoTM)가 좋은 예이다.

몇 년 전 하워드 스테이플턴이란 사악한 영국인 발명가가 반사회적으로 행동하는 청소년들을 물리칠 목적으로 모스키토 십 대 격퇴기(Mosquito Teen Deterrent)를 개발했다.[114] 이 장치는 인간이 들을 수 있는 범위의 상위 극단에 속하는 주파수 약 1만 8천의 소리를 내는데, 스무 살 이상이 되면 이 소리를 듣는 능력이 상실돼 간다. 즉 십 대에게만 잘 들리는 소리인 것이다. 광고는 모스키토 제품을 "젊은이와 십 대들이 쇼핑몰과 상점 주변 등에 불필요하게 모여들어 문제를 일으키는 것을 막기 위한 해결책"으로 묘사했다. 유럽과 북아메리카에 수천 개의 모스키토가 설치되었다. 제품에 대한 수요가 증가하자, 여러 민권 단체들은 이 음향 격퇴기가 무의식중에 노출되는 아이들을 비롯해서 십 대의 인권을 침해한다고 비판하면서 이를 금지하는 법률을 제정하기 위해 노력해 왔다. 신호에 따른 고통의 정도는 소리 높이에 따라 다르지만 고통을 느낀다는 것은 90데시벨의 소리가 난다는 뜻이다. 90데시벨이면 불도저의 엔진이 공회전할 때 나는 소리보다 크다. 스테이플턴은 모스키토에서 발산하는 소리가 청력 상실을 가져올 만큼 크지 않고, "망가진 자명종"에 견줄 수 있을 정도라고 주장했다.[115] 하지만 고주파 소리를 이용한 모스키토가 출현하자마자 교사나 어른들은 들을 수 없는 휴대전화 벨소리 '틴 버즈(Teen Buzz)'가 등장해서 영국 십 대 청소년들이 고주파 소리를 무차별적으로 흡수하고 있는 실정이다.[116] 주파수 1만 7천 대의 높고 윙윙거리는 소리인 '틴 버즈'는 십 대들이 자신들을 침묵하게 만들려는 어른들에게서 등을 돌릴 수 있도록 하는 음향 무기가 되었다.

타인에게 고통을 안기는 소리를 별다른 거부감 없이 좋다고 생각한다면 고통을 분담하는 방법에 대해서도 생각해야 마땅하다. 붐 카광들과 대화를 나눌 때마다 톰 댄리라는 이름이 계속 거론되었다. 자동차 오디오 대회에서 우상으로 떠오르면서, 경외에 가까운 열정을 품고 서브우퍼 열풍을 최고 수준으로 끌어올린 인물이라고 했다. 또한 세계 최대 서브우퍼인 마터호른을 발명했다고 했다. "마터호른에 대해 꼭 들어 봐야 해요!"라고 버즈 톰슨은 내게 말했다.

댄리의 회사인 조지아 소재 댄리 소리연구소는 자사 웹사이트에 '오늘의 말씀'을 올린다. 내가 사이트를 처음 방문했던 날에는 〈사무엘서〉 하의 구절이 실려 있었다.

"주 여호와여 주는 위대하시니 이는 우리 귀로 들은 대로는 주와 같은 이가 없고 주 외에는 신이 없음이니이다."

댄리가 저주파 소리에 매료된 것은 아홉 살 때 할아버지께서 파이프가 들어찬 교회 천장에 들어가게 해 주었을 때였다.

"나가야 할지 계속 있어야 할지 몰랐어요. 하지만 계속 남아 있었죠!"

댄리는 이렇게 회상했다. 그때부터 그는 직접 스피커를 만들기 시작했다.

댄리의 동료인 마이클 헤돈이 전화상으로 전해 준 말에 따르면, 서브우퍼 광들은 1980년대 중반부터 1990년대까지 이어진 전성기 시절부터 댄리를 "그분(the Guy)"으로 부른다.

"저니(Journey), U2, 본조비 등도 모두 톰의 서브우퍼를 사용했어요."

헤돈이 말했다.

"마이클 잭슨의 '스릴러(Thriller)' 순회공연 때도 톰의 서브우퍼가 사용돼 강력한 소리를 만들어 냈죠."

태양의 서커스 팀은 라스베이거스 공연에 댄리의 제품을 썼고, 아이맥스도 댄리의 고객이다. 또한 댄리는 빌 게이츠와 조지 루카스 자택의 홈시어터와 많은 경매 장소에 사용되는 스피커를 제작했다.

강력한 서브우퍼로 구성된 신무기를 제작하려는 군대가 댄리를 적임자로 선택한 것은 결코 의외가 아니다. 헤돈의 이야기를 듣다 보니 먹이사슬이 생각났다. 자동차 오디오 대회는 더욱 강력한 오디오의 개발을 부추긴다. 더욱 강력해진 오디오는 더욱 강력한 오디오를 기반으로 하는 음악의 개발을 촉구한다. 궁극적으로 우리는 스스로를 벌하기 위해 직접 만들어 온 장비가 사실상 무기라는 사실을 깨닫는다. 여기서 한 단계 더 나아간다면 실질적인 무기가 될 수 있다.

마터호른은 4만 와트의 앰프로 동력을 받는 서브우퍼 40개를 자랑한다. 이러한 스피커를 배치해서 음파를 만들면 스텔스 항공기가 이륙하면서 내는 소음을 감출 수 있다. 마터호른을 동굴 입구에 설치하면 "그 동굴에는 결코 누구도 머물 수 없어요."라고 헤돈은 말했다. 마터호른의 소리가 발산하는 엄청난 에너지가 동굴 속 멀리까지 온전히 전달되기 때문이다.

"성서에는 모든 창조물이 노래한다고 적혀 있지만, 모든 창조물은 진동합니다."

헤돈이 주장했다.

"동굴 입구에서 10~15헤르츠에 150데시벨의 소리를 뿜어 대면 인간의 유스타키오관을 엉망으로 만들어서 현기증을 일으키죠."

이스라엘 테크니온공과대학 소속 신경생물학과 교수인 힐렐 프랫의 보고에 따르면, 가청 범위 아래의 주파수가 전정기관을 자극하면 시각 기관과 체온, 촉각, 심장 운동에 불일치가 생긴다.[117] 세상이라는 영화의 영상과 사운드트랙의 동시성이 깨진다. 다시 한 번 미래파의 세계로 돌아가는 것이다. 강력한 저주파 소음의 공격을 받은 전정기관은 격렬한 가속 경험을 신호로 보낸다. 마터호른에 노출된 사람은 가만히 서 있어도 극심한 멀미를 느끼게 된다.

"자연에서는 찾아볼 수 없는 현상이죠."

헤돈이 말했다.

"엄청난 양의 저주파 에너지가 계속 발산되는 현상은 어디서도 찾아볼 수 없어요. 지속적인 저주파 진폭 안에 들어가면 정말 무시무시한 경험을 하게 됩니다. 예를 들어 내가 굉음을 내서 당신 호흡을 멈추게 할 수도 있어요. 그 소리를 들으면 심장이 리듬을 잃기 때문이에요. 마터호른을 작동하면 동굴을 붕괴시킬 수도 있어요."

헤돈이 갑자기 말을 멈추더니, 예전에 마터호른을 다룬 자료 대부분이 기밀로 분류되어 있다고 했던 자신의 말이 생각났는지 바로 주제를 바꿨다.

"우리는 그저 사람들이 아이맥스로 즐거운 시간을 보내도록 도와줄 뿐이에요. 우리가 하는 일로 해서 사람들은 괴로움을 날려 버리고 기쁨을 맛봅니다. 그런 의미에서 우리는 축복 받은 행운아들이에요."

전화를 끊고 정신이 아찔했다. 헤돈의 말을 듣는 동안, 예전에 관타나모 만에 증폭된 소음이 사용되었다는 보고서를 읽은 기억이 났기 때문이다. 보고서에는 앤디 니미엑의 작업(아기 울음소리 위에 미아우믹스(Meow Mix, 미국의 고양이 사료업체-옮긴이) 광고 사운드트랙을 덧입혔다.)을 비롯해서 불협화음의 배음 변화에 대한 흥미로운 글이 상세하게 쓰여 있었다. 그중에서도 다음 부분이 유난히 기억에 남았다. 메탈리카(Metallica, 1983년에 데뷔한 후 20여 년간 헤비메탈 팬들의 우상으로 군림해 온 밴드-옮긴이)의 공동 결성자인 제임스 헷필드는 그룹이 부른 '엔터 샌드맨(Enter Sandman)'이 관타나모 만 수용소에서 죄수를 고문하는 도구로 사용되었다는 미국 심문관들의 이야기를 전해 듣고 웃음을 터뜨리며 이렇게 말했다.(미국은 9·11 테러 이후 알카에다와 아프가니스탄의 전 탈레반 정권에 연루된 외국인들을 대통령의 행정명령으로 구체적 증거 없이 쿠바 관타나모 기지에 구금하고 있다.-옮긴이)

"우리는 이 노래를 불러서 부모와 아내, 사랑하는 사람을 끊임없이 벌주고 있어요. 이라크 사람이라고 해서 다르겠어요?"[118]

아이팟 열기

아이팟 하면 오디악(Audiac)이 생각난다.

1960년 매사추세츠 주 케임브리지의 치과의사 윌리스 가드너는 자신의 환자이자 음향 전문가인 리클라이더와 손잡고 새로운 통증 관리 기술을 개발했다. 오디악이라는 상표로 특허를 받은 오디오 무통증 장비는 환자에게 커다란 소리를 들려줘서 치과 치료를 편안하게 받을 수 있게 한다. 오디악을 사용하는 치과 환자들은 함선 조종사가 사용하는 두껍고 커다란 헤드폰을 쓴 채로 의자에 반듯이 누워 폭포 소리처럼 다른 소리를 뒤덮는 여덟 곡의 음악에서 하나를 고른다. 치과의사가 예민한 부위를 치료하기 시작하면 환자는 다이얼을 돌려 음량을 늘린다. 따라서 고통이 클수록 소음은 더욱 커진다. 가드너의 연구에 따르면, 오디악을 사용한 환자의 90퍼센트는 충치를 치료받을 때 느끼는 통증이 모기에 물린 정도로 줄어들었다고 증언했다.[119] 가드너가 자신의 환자에게 처음 사용하고 나서 일 년도 지나지 않아 오디악은 미국 전역의 치과로 보급되었고, 일반 병원에서도 분만과 경미한 수술 과정에 쓰이기 시작했다.[120]

원래 오디악은 소음에 따른 고통을 없애기 위해 발명되었다. 고막이 찢어졌던 가드너 박사는 자신이 작동하는 치과용 드릴 소리 때문에 괴로웠다. 이에 리클라이더는 더욱 큰 소리를 만들어 다른 소리를 덮음으로써 고통을 줄이는 방법을 생각해 냈다. 두 사람은 근원이 무엇이든 오디악의 "통제된 소리"가 "두뇌에 전달되는 통증 메시지를 덮는다."는 사실을 인식했다.

전망이 밝았던 오디악의 미래가 어째서 암울해졌는지는 분명하지 않다. 미국 치과마취학회는 오디악의 사용을 금지하라고 강력하게 주장했다.[121] 청력이 손상되거나 최면 상태에 빠질 수 있는 등 오디악의 부작용을 진심으로 걱정했기 때문인지 아니면 약물에 의존하는 기존 마취 방법에 쏟은 자신들의 투자 자본을 보호하기 위해서인지 한마디로 이유를 말하기는 어렵다. 하지만 오디악이 가져온 통증 완화가 그만큼 대가를 치른 결과인 것만은 확실하다. 최근 들어서는 사운드 페인 릴리프(Sound Pain Relief)라는 회사가 감각 전체 차단 같은 더욱 진보된 효과를 선전하면서 오디오 무통증 장비를 부활시키기 위해 애쓰고 있다.[122]

1979년 아이팟의 선도자인 소니 워크맨이 출시되었을 당시에 이를 둘러싼 대중들의 반응을 보도한 신문 기사를 읽어 보면, 워크맨이 듣기 괴로운 소음을 차단하고 현대 생활의 고통을 전반적으로 감소시켜 준다는 애호가들의 찬사가 쏟아졌다는 사실이 무척이나 인상적이다. 이러한 특징은 소니가 애초에 중점을 두었던 "원하는 곳 어디에서든" 음악을 제공하는 기능만큼이나 대중들의 관심을 끌었다. 사람들은 워크맨을 사용하기 시작하면서 출퇴근의 괴로움이 줄어들고 "도시의 끔찍한 소리"로부터 얼마간 구제받았다고 주장했다.[123] 뉴욕 텔레비전 제작자 안소니 페인은 1981년 〈타임〉과의 인터뷰에서 이렇게 주장했다. "우리 주변에 있는 버스, 비행기, 사이렌 소리 … 우리 자신의 소리를 귀에 강제로 밀어 넣어서 더욱 큰 소리로 도시 소음을 대체해야 합니다." 맨해튼에서 근무하는 한 컴퓨터 기업 이사는 워크맨을 "세상을 거부하는 멋진 방식"이라 칭찬했다.[124]

여기에도 소음과 속도가 개입된다. 워크맨에는 이름 자체에 운동 개념이 포함되어 있다. 하지만 그저 걷는 동작을 넘어서서 개인의 해방감을 높이는 온갖 운동이 포함된다. 베네치아 해변에서 롤러스케이트를 타다가 〈타임〉의 인터뷰 요청에 응했던 목수 하워드 보가즈는 워크맨의 매력을 한마디로 이렇게 말했다.

"스키 탈 때도 오래 운전할 때도 워크맨을 가져갑니다. 음악에 흠뻑 빠져 지내고 있어요! 햇빛이 화창하게 내리쬐고 바람이 산들 부는 도로를 자동차로 달리면서 말입니다."

도쿄에 워크맨을 처음 출시했을 당시에 소니는 롤러스케이트 또는 자전거를 타거나 조깅을 하면서 음악을 듣는 사람들의 모습을 집중적으로 광고에 내보냈다.[125] 가장 인기가 높았던 워크맨 텔레비전 광고는 워크맨을 사람들의 몸을 "날렵하게" 만드는 도구로 선전했다. 한 여성이 몸에 꼭 끼는 원피스를 입고 바람이 솔솔 부는 방 한가운데서 무용수처럼 우아한 몸짓을 선보인다. 잠시 후에 남자 성우가 "이제 힘들이지 않고도 허리둘레를 줄일 수 있습니다."라고 말하자, 광고 속 여성은 동작을 멈추고 허리에 차고 있던 카세트 플레이어를 좀 더 크기가 작은 모델로 바꾼다. 그녀는 "세계에서 가장 작은 카세트 플레이어, 소니의 신제품 슈퍼워크맨, 고마워요!"라고 말한 후에 동작을 다시 시작한다.[126]

소니의 워크맨은 휴대용 음악 장비로 판매되었지만 한편으로는 소리를 통해 기동성에 대한 개인의 경험을 바꾸어 놓았다고 할 수 있다.

아이팟은 워크맨이 거둔 성공을 아이제너레이션(iGeneration, 애플 컴퓨터의 휴대용 디지털 음악 기기 아이팟을 즐길 줄 아는 디지털 세대의 첫 번째 성년-옮긴이)이라는 용어가 생기는 수준까지 끌어올렸다. 아이팟이 최초로 등장한 것은 2001년이었다. 2009년 가을에 애플은 전 세계적으로 아이팟 2억 2천만 대를 판매했다고 발표했다.[127] 이에 비해 소니가 출시 후 16년 동안 판매한 워크맨 수는 1억 1,500만 개였다.[128] 아이팟이 눈에 띄게 성공할 수 있었던 이유 중 하나는, 개인 소리의 개념을 동작을 대신하는 것으로까지 확대한 데 있다. 엄청난 저장 용량을 자랑하는 아이팟은 어느 곳에나 음악을 가져갈 수 있게 하는 수준에 머무르지 않는다. 음악이 사람을 이끌어, 처리된 소리가 가는 곳이라면 어디나 데리고 가는 것이다.

아이팟이 출시되고 이어폰을 귀에 꽂은 사람이 점점 더 눈에 띄기 시작할 즈음 나의 도보 습관도 바뀌었다. 내가 일하는 사무실은 센트럴 파크에서 다섯 블록밖에 떨어져 있지 않다. 처음 미드타운에서 일하기 시작했던 1990년대 말에는 6~7분이면 센트럴 파크에 다다를 수 있었다. 하지만 요즘에는 점심시간이나 교통 정체가 절정에 이르는 퇴근 시간에라도 걸리면 15분은 족히 든다. 이제 센트럴 파크는 바쁜 도시 생활에서 손쉽고 빠르게 휴식을 취할 수 있는 장소가 아니다. 나만 해도 사무실에서 출발해 왕복 30분이 걸리므로 예전만큼 자주 가지 못한다.

주요 도시에서 보행자 증가에 따른 혼잡도를 조사한 통계를 찾아보기는 어렵지만 세계 주요 도시를 걸어 다니는 일이 점점 더 갑갑해지고 있음은 사실이다. 뉴욕 시의 인구 성장률은 1960년대 들어 감소하기 시작해서 1970~1980년에는 10.4퍼센트라는 최대 낙폭을 기록했다. 하지만 놀랍게도 1990~2000년에는 9.4퍼센트나 증가했는데, 이는 2차 세계대전 이전으로 돌아간 수치다.[129] 비록 수치가 그만큼 높지는 않지만 이너 런던(inner London)도 뉴욕과 비슷한 증가 곡선을 보인다.[130] 수십 년 동안 가파른 인구 감소를 보였던 도쿄도 1997년부터 매년 증가를 기록하고 있다.[131]

아이팟은 사람들이 누리는 이동의 자유가 역사적으로 더할 나위 없이 위태로워진 시기에 인기를 끌기 시작했다고 볼 수 있다. 더 나아가 우리는 얽매이지 않는 속도에 대한 잃어버린 감각을 소리를 통해 되찾도록 우리를 몰아가는 수많은 혼잡한 자극과 커져 가는 과부하를 짐작해 볼 수 있다.

분명히 서로 관계가 있다고 단언하기가 망설여지더라도, 바깥세상에서 이리저리 방해를 받는 속도와 운동 감각을 헤드폰에 집어넣어 준다는 점이 아이팟의 매력이라고 주장해도 좋을 것이다.

아이팟을 좋아하는 사람은 장비에 찬사를 보낼 뿐 아니라, 아이팟을 향한 열정에 대해 말할 때도 유별나게 일관성을 보인다.

그토록 아이팟에 빠져드는 이유가 무엇인지 물으면 자칭 '헤비 유저(heavy user, 사용 빈도가 높은 사람–옮긴이)'들은 무한정 많은 곡을 들을 수 있기 때문이라고 즉각 대답하지만 이내 대답을 바꾼다. 많은 사람에게 아이팟은 각자 개인적으로 음악을 듣는 도구라기보다는 종합적인 소리의 세계, 음향의 초고속 정보 통신망과도 같은 세계를 만날 수 있는 통로가 된다. 사람들은 아이팟이 음악을 통해 경험을 엮어 내면서 소리로 연속성을 제공한다고 말한다. 또한 자기 삶에 사운드트랙을 제공한다고 주장한다. 한 열다섯 살 학생은 이렇게 말했다.

"아이팟은 모든 것을 조화롭게 만들어요. 혼란스러운 것을 순탄하게 흐르게 하고 모든 것을 명쾌하게 만들죠. 삶에 완벽한 사운드트랙을 제공하는 거예요."

아이팟은 우리의 조각난 경험과 느낌을 한데 엮어 자연스럽게 흐르게 한다. 매일 생활하며 생겨나는 침묵의 틈을 메우고 언제라도 소리를 통해 고통을 잊을 수 있는 통로를 제공한다.

아이팟을 좋아하는 사람과 대화하거나 그들이 쓴 글을 읽으면, 과거 워크맨 시절과는 달리 끔직한 도시 소음을 차단하기 위해 아이팟을 사용한다고 말하는 사람은 없다. 오히려 휴대전화를 사용하거나 디지털 게임을 하거나 음향 장치를 사용해서 음악을 매우 크게 트는 이들을 포함한 아이팟 사용자들은 "집중을 방해하는 요소를 걸러 내는" 기능을 이구동성으로 언급한다.[132] 오늘날 아이팟이 인기를 끄는 이유는 과거처럼 기본 소리를 덮기 때문이 아니라 그런 소리에 달라붙은 불특정의 불쾌한 소음을 차단하고 디지털 시대의 소음 개념을 새롭게 정의했기 때문이다. 아이팟에 대한 사람들의 말을 근거로 판단해 보면, 오늘날 우리에게 고통을 안기는 것은 개별적인 큰 소음이 아니라 지속적으로 왕성하게 발생하는 여러 자극의 난립이다. "아이제너레이션의 단절"에 대해 큰 목소리로 비판하기보다는, 어떻게 해서 보다 큰 음향 환경을 마치 패스트푸드처럼 지나치게 소비적으로 만들었는지를 자문해 보아야 한다.

소음을 증가시켜 치과 치료에서 느끼는 통증을 막으려 했던 오디악처럼 치료법이 질병보다 결국 더 나쁠 수도 있다.

아이팟에 치르는 대가

인터넷을 검색하다 보면 아이팟을 들으며 걷거나 자전거를 타고 있었던 탓에 차량이 다가오는 소리를 듣지 못해 교통사고가 났다는 글을 수없이 읽게 된다. 영국의 대기업 스윈턴 보험은 최근 보고서에서 경미한 교통사고 열 건 중 하나가 개인 음향 장치를 사용하는 보행자 때문에 일어난다고 밝혔다. 스윈턴에 따르면 대부분 보행자는 다치지 않지만 운전자가 헤드폰 쓴 보행자를 피하려고 브레이크를 급하게 밟아서 추돌 사고가 발생한다.[133]

현대인은 환경의 음향적 요소를 평가해야 한다고 느낄 정도까지 발전하지 못했다. 갤로뎃대학에서 청각장애에 대한 문화적 연구를 실시하고 있는 디륵센 바우만이 청력을 갑자기 잃은 집단에 대해 이야기해 주겠다고 했을 때, 나는 그가 갑자기 침묵에 던져졌을 때의 심리적 경험을 말해 주리라 추측했다. 실제로 청력을 상실했을 때의 초기 충격을 겪은 사람들은 "정말 끔찍하군. 아무것도 들리지 않아."라는 개인적인 생각보다는 "내가 지금 어디에 있는 거지?"에 대한 깊은 감각을 경험하는 데 이르렀다고 한다.

"장소에 대한 모든 감각, 스스로 사용하는 신호, 주변 세계에서 자기 위치를 결정하는 기본 원칙 등이 모두 사라지는 경험을 한 거죠."

바우만이 말했다.

소리 장치가 처음 인기를 끌기 시작했을 당시만 해도 사람의 귀는 이러한 문제를 더욱 예리하게 인식했을지 모른다. 워크맨이 출시되자마자 음향 세계를 차단하는 위험성이 부각되면서 워크맨의 무차별적 사용을 제한하는 법을 제정하려는 움직임이 일었다. 워크맨이 출현하고 2년 만에 미국 아홉 곳의 주에서 운전하는 동안 헤드폰을 사용하지 못하게 하는 법안을 통과시켰다.[134] 한 발 더 나아가 뉴저지 주 우드브리지는 보행자가 헤드폰을 낀 상태로 거리를 걷지 못하고, 위반자에게는 50달러의 벌금형이나 15일의 구금형을 가하는 법안을 통과시켰다.[135] 한 뉴욕 시의회 의원은 뉴욕에도 이와 비슷한 법안을 통과시키려 하기도 했다. 하지만 한동안 뜨거웠던 운동의 열기가 한풀 꺾였다. 법률을 시행하기가 매우 어려운 데다가 몸을 움직이며 듣는 소음의 매력이 지나치게 컸기 때문이다. 주변의 소리를 듣지 않음으로써 공간에서 자신이 속한 지점을 더욱 예리하게 인식할 수 있게 되었다고 말하는 사람도 있을 것이다. 하지만 나는 더 둔해지고 부딪히기 쉬운 상태에 익숙해졌을 뿐이라 생각한다.

더욱 명백한 문제로, 청력이 완전히 상실된다면 어떨까? 개인 음향장치의 음량이 일정 수준을 넘어서면 청력을 앗아갈 위험이 있다는 연구 결과가 나오고 있다. 청력을 위협하는 정도까지 엠피스리 플레이어를 정기적으로 듣는 사람의 수는 단정적으로 말하기가 애매하다. 연구 결과를 대략 살펴보면 지나치게 큰 소리로 아이팟을 계속 듣는 젊은이들이 있기는 하지만 그 수가 걱정스러운 수준에 도달한 정도까지는 아니라고 한다. 물론 걱정스러운 수준을 어떻게 정의하느냐에 따라 체감 수위는 달라진다. 최근 이 분야에서 가장 권위 있는 연구로 인정받는, 볼더 소재 콜로라도대학과 보스턴 소재 아동병원의 공동 연구에서는 위험한 수준의 음량으로 아이팟을 듣는 십 대의 비율이 전체 인구의 7~24퍼센트에 달한다고 추정했다.

커다란 음량으로 아이팟을 사용하는 습관에 대한 이 같은 통계보다 더 흥미로운 점은 위험을 알리는 경고를 들었을 때 젊은이들이 보이는 반응이다. 콜로라도대학과 보스턴 아동병원의 공동 연구에 따르면, 큰 소리로 아이팟을 들으면 위험하다고 친구와 타인으로부터 강력하게 경고를 받은 십 대들은 오히려 음량을 높인다.[136] 자신에게 손상이 가해진다는 소리를 들을수록 더욱 큰 손상을 가하는 것이다.

이는 충격적인 발견이 아닐 수 없다. 십 대들이 보이는 반응은 소음방지 행동주의의 한계를 나타낸다. 발전적 공격성 때문이든 소음을 낼 권리를 위협하는 요소에 저항하는 문화 경향 때문이든, 십 대들은 음량을 낮추라는 말에 정확하게 반대로 행동한다.

그렇다면 어떻게 해야 할까? 소리를 크게 들을 권리가 침해당한다고 느끼지 않도록 경고의 목소리를 낮추면, 자신이 원하는 수준보다 소음 음량을 낮출까? 아마도 일부 십 대는 그렇게 할 것이다. 소음 문제는 마약 합법화를 둘러싼 논쟁과 비슷하지만 여러 측면에서 마약 문제보다 훨씬 복잡할 수 있다.

첫째, 새롭게 생겨난 소음이 청력을 어떻게 해치는지에 대한 실마리를 찾지 못하고 있다. 둘째, 안전한 수준의 음량에 대한 논쟁 전체가 근본적으로 무의미하다. 록펠러대학에서 청력의 생물 물리학적 기본 원리를 연구하는 짐 허즈페스에 따르면, 단기간 괜찮은 수준의 음량이라도 장기간 노출되면 청력을 해칠 수 있다. 허즈페스는 이렇게 주장했다.

"우리가 뉴욕 시에 살면서 부딪히는 소음은 당장은 고통스럽지 않더라도 오랫동안 노출되면 영구적으로 청력 손상을 입게 되죠. 워크맨이 등장해서 엄청나게 인기를 끌었던 시절을 기억하세요? 지금은 어디를 가나 아이팟이 눈에 들어오죠. 사람들은 일하면서, 출퇴근하면서, 심지어는 운동하거나 식사하면서 아이팟으로 귀를 혹사하고 있어요. 음량에 노출되는 정도가 심하지 않더라도 장시간 지속되면 심각한 손상을 미치지 않는다고 장담할 수 없습니다."

다시 한 번 강조하지만 문제는 음량 자체가 아니라 지속적인 소음의 범람이다. 전혀 고통스럽지 않은 음량으로 하루에 몇 시간만 소음을 들어도 장시간 계속 들으면 청력이 심각하게 손상을 입는다는 사실이 곧 밝혀질지 모른다. 십 대 자녀에게 개인 음향 장치의 음량을 줄이라고 말하기 힘들다면 꺼 보라고 제안해 보자.

"지금부터 하루에 여덟 시간 만큼씩 열흘 동안만이라도 아이팟을 끄면 어떻겠니? 그러면 고주파수에 노출되는 정도를 줄일 수 있을 텐데 말이다."

하지만 그런 어른의 경고를 누르기 위해 음량 다이얼을 서서히 키우는 십 대의 모습이 눈에 보이는 듯하다.

제9장

방음 전선

Home Front

이제 세상이 내는 소리를 좀 더 잘 이해하게 되었다는 생각이 들었다. 발전적이고 상업적이며 사회문화적인 이유에서 현대인은 과거 어느 때보다 지속적으로 소음을 경험하고 그러한 소음에서 빠져나올 수 없다. 우리를 소음의 벼랑 끝까지 미는 새로운 형태의 소음을 억제하기는 어려울지 모른다. 왜 그럴까? 활력과 젊음을 생생히 느끼고, 집중력을 살리고, 자유와 속도감을 만끽하기 위해서, 스스로 통제할 수 없는 다른 소음을 차단하기 위해서 새로운 형태의 소음을 갈망하기 때문이다. 그렇다고 해서 침묵해야 할 필요성이 덜해지지는 않는다. 어떻게 소음의 세계에서 발을 뺄 수 있을까? 단순히 소음을 덮지 말고 자기 삶을 소음으로부터 보호하려면 실제로 무엇을 해야 할까?

2008년 여름, 천둥이 낮고 육중하게 울리며 비바람이 몰아치던 날에 '소음 회의'[137]에 참석하기 위해 미시간 주 디어본으로 갔다. 주최 측은 "소음 통제 분야에 종사하는 다양한 전문가들의 상호작용 촉진"을 행사 취지로 내세웠다. '지구의 기어 소음 생성에 대한 예측과 마모 추정의 효과', '가속 시 발생하는 요란한 소음에 미치는 체강 음향 형태의 영향' 등의 발표 내용을 장시간 들으면서, 이러한 주제에 대해 생각해 본 사람이 있을까 싶었다. 그중에는 존 애시베리의 시에서 인용한 것처럼 들리는 글도 있고, 1950년대 예절 관련 서적에서 도용한 것처럼 야릇한 느낌이 드는 글도 있었다. 경마장 소음의 감소를 주제로 하는, 칵테일파티 분위기를 풍기는 발표도 있었다.(발표자는 주변 이웃이 불평하는 롤러코스터 소음 문제에 대한 연구를 최근에 실시했다고 말했다. 그의 연구 결과에 따르면, 지금껏 놀이공원에서 발생한 곤혹스러운 소음의 주범은 롤러코스터가 아니라 음악 콘서트였다.) 이 행사에서는 소음통제재단이라는 베일에 가린 단체가 특별 회의를 주도하고, 비행기, 공항, 차량, 도로 소음 등을 다룬 논문이 발표되었다. 행사에 참석하면서 많이 배웠지만 가장 흥미로웠던 대상은 논문이 아니라 판매업자들이었다.

회의에는 방음 산업에서 활동하는 주요 사업가들이 모두 모였다. 사업의 최전선에서는 어떤 현상이 일어나고 있는지 알고 싶었던 나는 다음과 같은 간단한 질문을 해 보리라 마음먹었다.

"세계의 소음을 차단하고 합리적으로 완벽에 가까운 정적을 이루려면 어떻게 해야 할까요?"

방음 산업 종사자 수십 명이 회의가 열린 호텔의 거대한 연회장에 들어찼다. 모두들 기분 좋게 술을 마시면서 왁자지껄하게 대화를 즐기는 것 같았다. 행사장에는 타일과 널빤지를 특이하게 층층이 쌓아 올린 부스에 가짜 약장수처럼 요란한 복장을 갖춰 입은 사람이 들어가 있고, 스프레이 발포 고무 깡통, 이상한 금속 조각, 고무 매트, 문짝 등이 널려 있었다. 또한 행사장 게시판에는 주택단지, 시멘트 벽돌, 나무, 그리고 "쉿!"이라는 단어 위에서 머리를 땋아 늘어뜨리고 굳게 다문 입술에 손가락을 대고 있는 예쁜 소녀들의 모습이 대형 흑백 사진에 담겨 붙어 있었다. 예외가 있기는 하지만 대체로 미국인은 벽·바닥·틈새에 접착제를 바르거나, 액체를 뿌리거나, 못을 박는 방식으로 소리를 차단하는 반면에 유럽인은 소리 측정에 몰두해서 초감도 데시벨 측정기, 진동 분석기, 소음 문제의 종류를 정확하게 파악하기 위한 소프트웨어 시스템 등을 고안해 냈다.

나는 인터내셔널 셀룰로오스 코퍼레이션의 부스 앞에 걸음을 멈췄다. 대머리에 피부가 갈색인 남자가 몸을 구부려 내 이름표를 보면서 인사했다.

"안녕하세요, 조지 씨?"

"예, 안녕하세요?"

나는 인사를 받으며 물었다.

"집에서 소음 문제로 고민 중이에요. 해결할 방법이 없을까요?"

그는 안됐다는 표정으로 대답했다.

"우리 회사는 인가 받은 도장공, 건축가, 음향 엔지니어에게만 제품을 판매합니다. 하지만… 신제품인 소나크레테(SonaKrete)에 대해 들어 보셨어요?"

나는 고개를 저었다.

"이것은 새로 출시된 고급 음향 마감재로, 현재 우리 회사가 가장 자부심을 가지고 권하는 제품입니다. 믿기지 않을 정도로 효과가 좋아요. 법원, 음식점 등 여러 곳에서 이 제품을 사용하고 있습니다. 프리덤 타워(Freedom Tower, 2001년 9·11테러로 무너진 미국 세계무역센터 자리에 들어설 건물-옮긴이)에도 사용하고 있어요. 30센티미터당 가격이 35달러인 텍스처드 스프레이(textured spray)와 유럽형 회반죽 마감재 사이의 틈새시장을 차지하고 있습니다. 가격이 30센티미터당 8~12달러로 저렴하기 때문이죠."

소나크레테가 어떤 제품인지 묻는 내 질문에 그는 매우 부드럽고 "건축학적으로 만족할 수 있도록" 음향을 처리했고 "재료에 곧장 스며드는 고객 맞춤형 복합적 색채로 인기를 얻어 가고 있다."고 대답했다. "프리덤 타워를 침묵하게 만드는 소나크레테"라는 광고 문구가 귀에 울리는 것 같았다.

다음에는 머테리얼 사이언스 코퍼레이션의 부스로 발걸음을 옮겼다. 회사 자료집에는 "자동차든 식기세척기든 컴퓨터든 우리는 소비자들이 침묵과 품질을 동일시하는 세상에 살고 있습니다."고 적혀 있었다. 정말 그럴까? 소음이 적은 진공청소기가 출시되더라도 소비자들은 소리가 작으면 그만큼 흡입력이 떨어진다고 생각해서 외면하리라는 말도 있기 때문이다. 광고 문구는 "간단히 말해서 우리 회사는 침묵을 생산해 냅니다."라는 표현으로 끝을 맺었다. 침묵을 생산한다는 말이 무슨 뜻인지 곰곰이 생각하는 동안 부스에 있던 직원들이 다가와 콰이어트 스틸(Quiet Steel™) 지붕 재료를 소개하고 싶다고 말했다. 콰이어트 스틸은 NVH 완충 제품으로(NVH는 소음(noise), 진동(vibration), 거친 느낌(harshness)의 준말로 소음, 진동과 더불어 거친 느낌을 제거한다는 개념이 마음에 들었다.) 이 회사의 부스에는 중국 종처럼 생긴 접시 모양의 작은 강철이 사슬에 연결되어 기둥에 매달려 있었다. 세일즈맨은 자사 제품이 "두 겹의 강철 합판 사이에 폴리머를 넣은 것"이라고 설명했다. 제품의 용도에 대해서는 "소음의 확산이 일어나는 곳에는 어디든 사용할 수 있습니다. 자동차, 세탁기, 건조기, 진공청소기 등에요. 요즘에는 지붕에도 쓰이고 있어요."라고 소개했다.

세일즈맨은 내게 작은 나무망치를 주면서 보통 강철판과 콰이어트 스틸을 두드려 보라고 했다. 보통 강철판에서는 심벌즈 소리가 제대로 울려 퍼졌지만, 콰이어트 스틸에서는 작고 은근하게 쿵하는 소리가 났다. 콰이어트 스틸이 점잖게 작은 소리를 내고는 이내 "실례했습니다."라는 말까지 할지 모른다는 현실성 없는 기대감이 살짝 들 정도였다. 세일즈맨은 얼마 전에 주머니에 동전이 든 바지를 콰이어트 스틸 처리한 세탁기에 넣은 적이 있다고 했다.

"세탁기 안에서 동전이 짤그랑거리는 소리를 거의 들을 수 없었어요."

물론 소음과 진동, 거친 느낌을 효과적으로 완화시킨다면 제품이 망가지고 있다는 신호를 제대로 듣지 못하게 되는 단점이 있다. 행사장의 다른 곳에서 들었던 존 디어(John Deere, 세계 최대 농기구 및 산업 장비 제조업체-옮긴이) 제품에 얽힌 이야기가 좋은 예이다. 존 디어는 소음 때문에 농부들의 청력이 손상되는 심각한 문제를 해결하기 위해 자부심을 가지고 농기구에 방음 운전석을 장착했다. 기계는 날개 돋친 듯 팔렸다. 하지만 에어컨이 작동되고 스테레오가 장착된 운전석에 앉아 편안하게 밭을 갈 수는 있었으나 기계가 완전히 고장 날 때까지 문제를 전혀 알아차리지 못하는 일이 속속 생기기 시작했다. 그때부터 농업 중장비의 판매 강조점으로 설정되었던 침묵에 제동이 걸렸다.

스리엠 부스에 다다르자, 밋밋한 이목구비에 체구가 큰 사람이 쩌렁쩌렁한 목소리로, 방음 장치에서 가장 주목을 끄는 신제품은 미세 천공 필름이라고 말했다. 이 제품은 소리를 흡수하기 위해 "조절" 가능한 구멍이 뚫려 있어서, 앞으로 몇 년 안에 "자동차 후드 밑에 장착된 모든 시스템"을 비롯한 상업적 용도에 광범위하게 사용되리라고 했다. 미세 천공 필름의 용도를 묻는 질문에 그는 "쓰일 수 없는 곳을 묻는 편이 나을 겁니다. 어느 곳에 사용하든 모든 소리를 흡수하니까요. 인쇄도 할 수 있어요."라고 대답했다. 나는 정확한 기능이 무엇인지 물었다.

그의 설명에 따르면, 오늘날 대부분 사용되고 있는 소리 흡수제는 유리 섬유, 폴리머 발포체, 폴리우레탄과 방음 타일 등 섬유가 기본이다. 이러한 물질은 특정 성분을 대기로 뿜어내기 때문에 환경적으로 문제가 있다. 하지만 미세 천공 필름은 특정 물질을 손상시키지 않고 무엇이든 그 위에 사용할 수 있는 얇고 유연한 조각이다. 소리가 이 필름의 미세 구멍을 때리고 다른 주파수가 "자유 공간"에서 진동하는 동안에 바람직하지 못한 주파수가 흡수된다.

스리엠 직원이 말한 대로 미세 천공 필름은 "몇 년 전만 해도 나노섬유만큼 인기가 높았"지만, 그날 연회장 여기저기서 거듭 내 귀에 들린 제품은 바로 '그린 글루(Green Glue)'였다. 소음 회의에 선보인 여러 최첨단 제품들 사이에서 이 "점탄성 물질"은 독보적으로 인기가 높았다. 그린 글루는 튜브와 통에 담겨 판매되고, 두 표면 사이에 짜 넣으면 소리를 제거하는 역할을 한다. 소음 파동이 첫 번째 재료를 통과해서 점탄성 물질 층에 닿으면 여기서 벗어나려고 사방으로 뻗어 나간다. 이때의 방향은 회사가 제시한 도표에 불규칙한 빨간 선으로 나타난다. "진동 에너지"가 "분산되어 사라지는 것"이다. 그린 글루는 오늘날 세계에서 가장 많이 판매되는 방음 제품으로 보이며, 작년에 프랑스의 거대 다국적 건축 재료 기업인 생 고뱅이 인수했다. 그린 글루만 봐도 알 수 있듯이 반드시 최첨단 제품이 아니어도 제대로 방음 효과를 거둘 수 있다.

매우 최근의, 심지어 매우 복잡한 형태의 방음 기술조차도 몇 가지 원칙으로 요약할 수 있다. 물질이나 일정 거리를 통과시켜 소리를 차단하거나, 두꺼운 커튼처럼 재료에 파동을 흡수시켜 소리를 약화시키거나, 음원을 흡수해서 음파를 전달하지 못하게 하는 것이다. 방음업자들은 돌려 말할지도 모르지만 실수요자의 관점에서 보면 기본적으로 소음을 부수거나 빨아들이는 것이다. 소리는 "물리적인 힘"이라는 다니엘 게이도스의 묘사는 방음 분야에서 차용한 것인지도 모른다. 방음의 기본 원칙을 나타내는 표현들은 대부분 군사 용어의 분위기를 풍긴다. 방음업자들은 시공 전에 "소음의 고립", "소음 경로의 우회 공격", "소리 진동의 상쇄나 약화" 등의 원칙을 말한다. 넓은 의미로 생각해 보면 이 원칙들은 매우 오래 전부터 우리가 알고 있었던 것이다.

자신의 플러그를 뽑자

방음의 시작은 소리가 머릿속에 들어오는 길을 차단하는 것이었다. 아마도 방음에 대해 처음으로 언급한 문학상의 표현은, 배가 세이렌 가까이 다가가자 오디세우스가 선원들에게 밀랍으로 귀를 막으라고 했던 명령일 것이다. 세계 최초의 집단 방음 사건은 불쾌한 소음이 아니라 너무나 유혹적이어서 죽음에까지 이르게 하는 소리로부터 선원을 보호하기 위한 조치에서 비롯되었다. 오디세우스 자신은 귀를 막는 대신 움직이지 않는 쪽을 선택했다. 돛대에 몸을 꽁꽁 묶고, 귀로는 평생 한 번 들을까 말까 한 세레나데를 즐겼다.

그리스인은 극장의 소리 문제를 해결하는 과정을 거치면서 온갖 음향 기술에 능숙해졌다. 현대에 들어서도 그리스 극장 구조가 소리와 어떻게 상호작용했는지를 제대로 이해하지 못할 정도이다. 최근에 연구원들은 1만 5천 명에 이르는 관객이 서브우퍼 하나 없이 배우의 대사를 똑똑히 들을 수 있었던 에피다우루스 거대 극장의 놀라운 음향 효과를 연구하면서, 석조 좌석이 소리를 차단하는 역할을 부분적으로 담당했다는 사실을 깨달았다. 목소리가 무대에서 시작해서 석회석 좌석을 따라 층층이 전달되는 방식을 추적하면서, 돌에 자연적으로 새겨진 주름이 군중들의 웅성거리는 소리를 비롯한 저주파 소리를 걸러 내고 배우의 대사 대부분에서 발산되는 고주파를 극장 뒤까지 닿게 만든다는 사실을 밝혀낸 것이다.[138] 이렇듯 초기 방음은 침묵을 만들어 내기보다는 듣고 싶은 소음이 군중에 묻혀 사라지지 않게 하는 것이었다.

물론 그 후 수백 년 동안 방음 기술이 많이 발달했지만 19세기에는 방 안의 소리를 죽이는 기술이 큰 발전을 이루었다. 1800년대 초에 이르러 이 분야는 전문 용어가 생겨날 정도로 성장했는데 예를 들어 '데프닝(deafening)'은 흙과 톱밥, 머리카락, 조가비 같은 재료를 빈 공간에 채워 넣는 '퍼깅(pugging)' 방법을 사용해서 소리가 바닥이나 벽을 관통할 수 없게 만드는 과정이다.[139] 하지만 방음 기술을 실제로 적용하는 데 있어 문제는 여전히 남아 있었다. 작가 토마스 칼라일은 자택에 조용한 서재를 마련하려다가 그 사실을 고통스럽게 깨달았다.

칼라일은 요란스럽게 침묵을 추구했던 빅토리아 시대 사람으로, 1840년 편지에 썼듯이 평정심을 잃을 정도로 침묵을 향해 열정을 품었다.

"침묵, 침묵. 나는 유일하게 안전한 안식처인 침묵에 없어서는 안 될 가치가 있다고 선언한다. … 요즘과 같은 얄팍한 세대는 침묵에 대해 전혀 모른다. 이것은 현 세대가 앓고 있는 질병으로, 치유받지 않으면 죽음에 이를 수밖에 없다. 침묵에는 '무욕(無慾)'의 뜻도 담겨 있다."[140]

칼라일은 자택 주변의 거리를 오가며 자신이 쾌적하게 누릴 여름을 망쳐 놓았던 "불쾌하기 짝이 없고 지저분한 이탈리아인" 손풍금 연주자에 대해 불만을 쏟아 내면서 이렇게 썼다.

"그를 암살하지 못한다면, 집 밖으로 나가 경찰을 불러야 할지, 그냥 욕조에서 나와 집구석으로 몸을 피해야 할지 고민이다."

침묵을 찾기 위해 애썼던 사람은 칼라일만이 아니었다. 칼라일은 빅토리아 시대 런던에서 자택을 주요 일터로 삼았던 기류를 탔고 그 결과 침묵의 새 기준을 집 밖에 적용하라고 요구했던 지식인의 한 사람이었다. 이러한 지식인들이 가장 크게 불만을 품었던 대상은 거리 음악가였다. 심지어 자기 음악 소리를 싫어하리라 생각한 사람의 집 앞에 자리를 잡고, 떠나는 조건으로 돈을 요구하는 음악가도 있었다. 하지만 다수의 음악가는 돈을 필사적으로 벌어야 했던 가난한 이민자였다. 따라서 그들은 소음 자체를 위해 소음을 만들어 내지는 않았다. 이들 가운데 다수가 외국 출생이라는 사실 때문에 추악한 인종 편견이 생겨나기도 했다. 〈시티 프레스〉는 거리 음악가가 "동물원에서 도망친 원숭이나 비비처럼 소리 지르고 모습도 딱 그렇게 생겼다."고 보도했다.[141] 수학자이자 발명가인 찰스 바베지는 거리 음악을 "고문 도구"로 부르면서 이를 중단시키려고 지나치게 열성적으로 활동한 나머지 결국 폭동의 원인을 제공했다. 침묵을 집요하고 요란스럽게 주장하는 바베지의 줄기찬 행동에 진력이 난 이웃들이 그의 집 창문을 부수고 소리를 지르면서 뒤를 쫓아다니고 현관 문턱에 죽은 고양이를 던져 놓고 생명을 위협하기까지 했던 것이다.

바베지의 처지를 생각해 보면, 소음에 반대하는 공적인 행동을 자제하고 자택에서 자신만의 침묵 추구에 전념했던 칼라일의 행동은 신중한 것이었는지 모른다. 칼라일은 도시를 돌아다니며 소음을 만들어 내는 음악가들 때문에 미치기 직전까지 내몰린 끝에 자택 맨 위층에 방음 서재를 만들기로 결심했다. 처음에는 방음 서재를 만들 생각에 마음이 들떠서 친구에게 이런 내용의 편지를 썼다.

"체인 로에 있는 집을 고치고 있네. 이번에는 방음실을 짓고 있지. 바로 옆에서 대포를 쏜다 해도 전혀 소리가 들리지 않고 완벽하게 통풍이 되는 곳을 말일세. 주변에서 나를 '화나게 만드는 음악가들'의 시기를 사게 될 이 계획이 제대로 성공만 한다면 이후로 내게 정말 귀중한 승리가 되리라 짐작하고 있네!"[142]

"제대로 성공만 한다면"이란 표현이 맞기는 했다. 칼라일에게는 방음실 공사 소음 자체가 곧 끔찍한 악몽이 되었다.

"아일랜드인 노동자들이 자재를 옮기고, 뜯어내고, 부수는 통에 우리 집은 다시 한 번 먼지 구덩이가 되고 혼란에 빠졌소."[143]

칼라일은 집을 떠났고 공사를 떠맡은 아내는 오히려 소음에 지나치게 집착하는 남편에게서 벗어나 마음을 놓을 수 있었다. 칼라일의 아내는 "이제 남편을 통해서가 아니라 나 자신의 감각으로 소음, 먼지, 무질서를 느끼면서 내가 소음에 거의 신경 쓰지 않는다는 사실이 놀라울 따름"이라고 고백했다.[144]

칼라일은 아래쪽에 공기층을 마련해 소리를 죽이도록 설계한 슬레이트 지붕과 이중벽 등 요즘도 널리 사용되는 소리 경감 방법을 선택했지만, 공사 먼지가 가라앉기도 전에 방음 공사가 대실패로 돌아갔다는 사실이 분명해졌다. 칼라일은 방음실 공사 자체를 "완전히 쓸데없는 짓"이었다고 결론 내렸다. 그토록 자랑했던 완벽한 통풍도 완전히 실패했다. 공사가 끝난 후에 칼라일은 서재로 올라가 문을 걸어 잠그고 담배를 피우면서 자신의 망가진 꿈에 대해 곰곰이 생각하며 비탄에 잠겼다. 집안사람들은 시간이 한참 지난 다음에야 칼라일이 보이지 않는다는 것을 알아차렸다. 칼라일은 담배 연기에 질식해 의식을 잃고 서재 바닥에 쓰러져 있었다.[145]

정말 애석하게도 소음을 둘러싼 경험으로 인해 인간 본성에 대한 칼라일의 견해는 어두워졌다. 칼라일은 방음실에 대한 환상이 "독창적이지만 가난한 건축업자의 아부에 불과한 망상"이라는 사실을 깨달았다. 겉만 그럴듯하고 실속 없는 공사에 비용만 들어가고 방음 공사업자가 도덕적 타락을 드러내자 칼라일에게 서재는 "일종의 '지옥의' 기적"으로 비쳐서 보이지 않는 사탄 세계에 대한 견해를 형성하는 계기가 되었다.[146] 칼라일은 소음 없는 서재를 꿈꿨지만 결국 서재는 집에서 가장 시끄러운 곳이 되었고, 인간의 가장 숭고한 소명인 침묵을 추구하는 마음에도 부패가 무성하다는 사실을 괴로운 심정으로 인정해야 했다.

칼라일은 끝내 방음실 설치에 실패했지만 방음 기술이 점차 개선되면서 여러 방음 방법이 새롭게 부상했다. 귀마개도 개선되었다. 예전에 사용했던 밀랍과 양 기름은 부패 등으로 귀를 불쾌하게 자극했지만 면을 섞은 합성 귀마개가 개발되면서 문제가 해결되었다. 프란츠 카프카는 낮에 발생하는 소음을 차단하기 위해 합성 귀마개에 더욱 의존했고, 베를린에 신제품을 특별 주문하기도 했다. 그럼에도 귀마개의 품질은 여전히 엉망이어서 카프카는 약혼녀에게 스트린드베리히(Strindberg, 스웨덴의 극작가이자 소설가–옮긴이) 작품 속 주인공이 귀에 찔러 넣었던 자그마한 강철 "수면 공"을 작가의 상상력 밖으로 끌어내 쓸 수 있으면 좋겠다고 한탄한다.[147] 20세기 초에 들어서면서 칼라일이 꿈꿨던, 옆에서 대포가 터져도 소리가 들리지 않는 방음실은 실현을 눈앞에 두게 되었다.

방음 기술 분야에서 1922년 선구적 업적을 달성한 플로이드 왓슨은 1차 세계대전 동안 기관총을 시험 발사하는 소리가 들리지 않는 방을 지었다고 발표했다. 실제로 이곳은 방 안의 방이었다. 나무 벽에 10센티미터 두께의 코르크를 붙이고, 천장에는 아마(亞麻) 판자를 두 겹으로 덧댔다. 총알은 흡수력이 강한 커다란 모래 더미를 향해 발사되었다. 방음은 상당히 효과적이어서, 사수가 뿌연 화약 연기를 내보내려고 이중 유리창을 열어 놓았다가 깜빡 닫는 것을 잊을 때까지 이웃 어느 누구도 건물 안에서 어떤 일이 벌어지고 있는지 전혀 몰랐다.[148)]

전 세계적으로 방음 분야는 깜짝 놀랄 정도로 발전했다. 네덜란드 위트레흐트의 과학자들은 자신의 심장 박동 소리를 들을 수 있을 정도로 소음이 없는 방을 지었다고 발표했다. 조지워싱턴대학 정신병원의 셰퍼드 아이보리 프란츠는 사실 여부를 확인하기 위해 그곳을 찾았다가 크게 기뻐했다. 프란츠가 〈사이언스〉에 수록한 도면을 보면 방은 두꺼운 판자 위에 뼈대를 여러 개 얹어 만든 상자처럼 보인다. 또한 안에 들어 있는 코르크, 나무, 납, 말털 섬유, 구멍이 많은 돌, 통풍 공간 등 방음의 뼈대를 이루는 각 재료의 목록도 나열되어 있다. 소음이 있는 방에서도 자신의 심장 박동 소리를 들을 수 있다고 프란츠도 강조했지만, 실제로는 “매우 격렬한 운동”을 하고 나서야 들을 수 있다. 하지만 위트레흐트의 방에서는 “팔이나 다리를 조금만 흔들어도” “심장 소리가 아주 분명하게” 들렸다. 프란츠가 보고한 내용에 따르면, 방은 매우 조용해서 “키니네(quinine, 말라리아의 특효약–옮긴이)를 다량으로 복용했을 때만큼 아니면 그보다 약간 작게 웅웅대는 소리가 들렸다.”[149)]〔프란츠가 말하는 웅웅대는 소리는, 존 케이지(John Cage, 미국의 작곡가. 연주자가 4분 33초 동안 가만히 앉아 있다가 퇴장하는 피아노 곡 '4분 33초'로 음악계에 큰 영향을 끼쳤다.-옮긴이)가 모든 반향을 억제하기 위해 특별 설계된 하버드대학교 무반향실을 처음 방문하고 자신의 신경계에서 나오는 소리로 잘못 알아들었던 귀울음 형태의 소음일 것이다. 케이지는 이 경험을 하고 난 후에 "보고 듣는 것은 언제나 있기 마련이다."라는 말을 남겼다.[150)] 위트레흐트 방이 남긴 교훈은 있는 그대로이다. 층을 겹겹이 두고 거리를 충분히 떨어뜨리면 어떤 소리도 죽일 수 있다는 것이다. 그러나 방음을 통한 침묵의 추구는 방음 재료를 켜켜이 쌓는 데서 그치지 않는다. 여기에는 또한 이상적인 만능 방음 기술, 즉 무소음의 '묘약'에 대한 탐색이 있다.

19세기 무렵 보스턴의 제조업자 사무엘 캐벗은 절인 거머리말을 두꺼운 종이 사이에 채워 넣으면 "두껍고 탄력 있는 단열 공기층"을 만들어 소리를 차단할 수 있다는 사실을 알아냈다. 캐벗은 '캐벗스 퀼트'라는 상표를 사용해 자신의 개발품을 선전했다. 잡지 〈서구 건축 및 엔지니어〉에 게재한 광고에서는 "모든 호텔, 아파트, 별장, 병원, 학교, 강당 등의 건물에는 반드시 방음 시설을 갖춰야 합니다."라고 강조하면서 "방음이 되지 않는다면 그곳은 실패작입니다. 캐벗스 퀼트는 다른 방음 재료들을 모두 합친 것보다 많이 사용되고 있습니다."라고 선전했다.[151)]

1929년에는 영국 기술자들이 캐벗의 제품을 자신들의 발명품으로 다시 개발해 냈다.(그만큼 방음의 역사에는 편리한 망각이 일어난 사례가 많다.) 〈런던 타임스〉는 이러한 내화성 무해 해조류가 방음 재료로 사용될 수 있다는 사실을 발견한 공을, 런던 영공방어여단의 음향 탐지기 담당 장교에게 돌렸다. 천장과 벽에 부착하는 매트 형태로 노바 스코티아에서 제작해 영국으로 수출한 이 해조류 활용 제품은, 침묵이 정말 중요했던 잉글리시 뱅크에 소리 흡수재로 사용되었다.[152)]

1930년 런던에서 개최된 무역 박람회에서 도시 계획 설계자이자 건축 비평가인 트리스탄 에드워즈는 완벽하게 "조용한 주택"의 모델을 전시했다. 그는 주택에 "조용히 닫힐 수 있는" 기적의 문을 장착했다고 자랑했다. 왕립 영국건축학회 회장 배니스터 플레처 경이 에드워즈의 아이디어를 극구 칭찬하면서 런던의 시끄럽고 혼잡한 주요 도로 근처에 주택을 지을 때 활용하라고 건축가들에게 권고했다.[153)]

북미와 유럽에서는 사람들이 대도시 인구 폭발 현상에 불안을 느끼게 되면서 방음의 르네상스 시대가 열렸다. 둔감한 미국 표준국조차도 도시 인구 밀도의 급증을 예고한 연구 결과에 우려를 표명하고 진정으로 조용한 아파트를 설계하는 운동에 동참했다. 미국 표준국은 여러 건축 재료의 음향상 특징을 철저하게 시험하고 나서 칸막이 사이의 공간이 소리를 죽이는 데 가장 효과적이라고 발표했다.[154)]

가정과 금융기관, 법정, 병원, 감옥이 방음 시설의 발전으로 일찌감치 혜택을 입었다. 감옥은 신앙심을 북돋우고 좀 더 소란스러운 죄수로부터 조용한 죄수를 보호하려는 인간적인 시도로 방음을 도입했다. 싱싱(Sing Sing) 형무소(미국 뉴욕 주 오시닝의 주립 교도소-옮긴이)에 새로 마련된 예배당에는 이동식 방음 칸막이가 설치되어 가톨릭 신자와 프로테스탄트 신자가 동시에 예배를 볼 수 있게 했다.[155)]

20세기에 들어서고 2차 세계대전에 이르기까지, 기계로 인해 새롭게 생겨난 소음에 맞서기 위한 방음 기술의 발달을 둘러싸고 낙관주의가 확산되었다. 방음 열풍이 불었던 초기에 〈뉴욕타임스〉는 새로운 방음 공간에 대한 전망을 성생활의 기쁨에 비유했다.

"이혼을 막기 위해서라면 더 이상의 기술은 필요하지 않다. 부부에게는 두 사람이 들어갈 수 있을 정도 크기의 낡고 버려진 전화 부스만 있으면 된다. 이곳은 방음이 되어 있고 투박한 좌석이 있어서 묵고 묵은 이야기를 아무런 방해도 받지 않고 계속할 수 있어야 한다."[156]

뉴욕시 소음감소위원회는 소음 감소 분야에서 처음 생겨난 기관으로 1929년 시보건위원에 의해 설립되었다. 이곳에서 음향 엔지니어로 활동하는 R. V. 파슨스는 "이상적인 미래가 아닌 현재에도 소음을 근원부터 막을 수 있고 차단할 수도 있다."고 언급했다.[157]

소음감소위원회는 벨연구소와 협력해서 개발한 방음실이 도시 소음으로 생겨난 여러 질병에 맞서 어느 정도 효과를 발휘하는지 측정하는 임무를 위원들에게 부과했다. 전문가들은 며칠 동안 방음실에 모여 여러 소음을 차례로 들으면서 방음 효과를 측정했다. 가장 파괴적인 소음은, "사이렌과 자동차 경적으로 이뤄진 날카로운 불협화음이 두드러지는" 교통 홍수의 굉음이었다. 한 참석자가 통명스럽게 "고문실"이라고 불렀던 방음실을 보건위원인 셜리 윈이 방문했다. 그는 방음실에 들어가서 소리를 경험하고 나서 눈에 띄게 동요하며 자리를 떴고, 애당초 연구에 참여하겠다고 동의했으므로 스스로를 "인류라는 명분을 지키는 순교자"라 여겼다.[158]

방음 건물을 건설하기 시작하면서 그에 따른 건강상의 유익함 또한 전 세계적으로 연구되고 있다. 이러한 연구는 때때로 놀라운 결과를 낳았다. 그중에서도 1930년 도쿄위생연구소 소속 과학자들이 시작한 실험이 세인의 호기심을 크게 자극했다. 의사인 후지마키와 아리모토는 흰 쥐 무리를 절반으로 나눠 각각 큰 소음을 차단시킨 방과 시끄러운 환경에서 자라도록 한 후에 양쪽 무리의 신체 상태를 비교했다. 스무 마리씩으로 이루어진 두 무리를 대상으로 실시한 첫 실험에서 두 의사는 매일 기차 1,283대가 통과하는 고가 철로 밑에서 성장한 쥐가 더욱 신경질적이고, 성장이 더디고, 새끼의 사망률이 높고, 번식력이 떨어지고, 더 자주 먹는다는 사실을 밝혀냈다. 하지만 이러한 결과에는 반전이 숨어 있었다. 소음에 찌든 쥐들의 삶은 확실히 고약했지만 적어도 흰 쥐의 기준으로는 수명이 특별히 짧지는 않았다. 실제로 고가 철로 밑에서 성장한 쥐들은 소리가 차단된 환경에서 자란 쥐보다 53일을 더 살았다.

이러한 연구 결과에 깜짝 놀란 후지마키와 아리모토는 소음의 유형을 바꾸어 가며 실험을 계속해 보았다. 두 사람은 도쿄 〈니치니치 신문〉의 인쇄실과 방음실에서 각각 흰 쥐 스무 마리씩을 키웠고, 또 다른 실험에서는 쥐를 벨이 계속 울리는 방에 넣어 키웠다. 어느 경우에도 결과는 같았다. 소음을 들으며 자란 쥐는 소음 때문에 발생한 건강 문제로 시달렸지만 조용하게 자란 쥐보다 오히려 더 오래 살았다.[159]

이러한 실험 결과는 무엇을 뜻할까? 음파에 젊음을 유지시키는 진동 동력이 있다는 일부 현대 의사들의 주장은 사실일까? 정답은 알 수 없지만 오랜 의문이 이 순간 떠오른다. 장수에 따른 대가는 무엇일까? 53일을 더 살기 위해 매일 기차 1,283대가 머리 위로 지나가는 소리를 들으며 평생 살아야 할까? 나는 차라리 일찍 죽는 편을 택할 것이다. 어쨌거나 도쿄 실험으로 연구자들은 곤란한 입장에 놓이게 되었다. 방음은 지나치게 과할 수도 있는 것이다.

요즘 들어 이와 관련한 질문이 더욱 활발하게 제기되고 있다. 2008년 소음 회의에서 경험한 것은 대부분 20세기에 개발된 방음 재료와 전술이었지만 신제품은 계속 나오기 마련이다.

방음 회사들이 후원하는 여러 블로그 중 하나인 슈퍼 사운드프루핑 커뮤니티 포럼(Super Soundproofing Community Forum)의 글을 읽고 알게 된 사실이 있다. 베트남 남부에 서식하는, 칼라일이 그토록 싫어했던 조류도 요즘이었다면 위급을 알리는 능력을 상실했을지 모른다는 것이다. 한 포럼 회원은 방음 시설이 잘 갖춰진 아파트에 살고 있고, 손수 구입한 시끄러운 코카틸 앵무새의 소리 때문에 짜증이 나기는 하지만 그렇다고 담요를 덮어서 소리를 죽이고 싶지는 않아 고민이라는 글을 올렸다. 나는 이런 문제를 해결할 방법은 없겠다는 생각이 들었다. 하지만 그렇지 않았다. 동료 회원이 투명하고 방음까지 되는 새장을 제조하는 회사가 있다고 알려 주었던 것이다. 실제로 거의 완벽하게 방음이 되는 동시에 저자극성이기까지 한 아크릴 모델이 이미 시장에 나와 있었다.

여전히 골칫거리는 시끄러운 이웃이다. 하지만 이 문제에 대해서도 놀랍도록 새로운 해결책이 등장했다. 슈퍼 사운드프루핑 커뮤니티 포럼은 특수 소음 차단벽을 집 주위에 높이 세워서 뒤뜰을 방음 처리하거나, 녹음된 "웃는 개 소리"를 틀어서 개 짖는 소리를 멎게 하는 방법 등을 제안했다. 내가 가장 안타까운 심정으로 읽었던 글은 방음 가면이나 헬멧을 어디서 살 수 있는지 알려 달라는 내용이었다. 하지만 이렇게 절망적인 상태에 빠져 있는 사람에게도 유용한 해결책을 제안하는 사람들이 있었다.

"슈퍼 사운드프루핑 매트로 직접 만들면 됩니다. 입과 눈 부분에 구멍을 내고 매트로 머리 전체를 둘러싸 보세요."

사이트 관리자는 별도의 글을 올려 슈퍼 사운드프루핑 매트를 사용한 기술이 "이러한 모자 형태의 방음 장치를 만드는 데 은밀하게 사용되고 있다."고 덧붙이면서, 문제가 심각하면 직접 와서 제품을 시험해도 좋다고 썼다.[160)]

방음 관련 제품은 수없이 많지만 새로운 기술이 몇 가지 개발되면서 이 분야의 지평이 바뀌고 있다. 그중에서도 현 시점에서 상업적으로 가장 적절하게 응용할 수 있는 것은 소음 제거(Noise-cancellation) 기술이다. 연구자들은 헤드폰부터 소음 중화 장치(Silence Machine)에 이르기까지 새로운 기술의 적용 범위를 확대하고 있다. 소음 중화 장치는 공사장이나 나이트클럽처럼 소음의 근원지에 사용할 용도로 고안해서 이미 특허를 받은 상태이다. 이 장치는 발생한 소음의 반대 음파를 만들어 냄으로써 사용자를 위해 "개인적인 소리 그늘"을 형성한다. 또한 기술적인 침묵 추구의 최전선에 있는 과학자들은 음향 결정체(sonic crystals, "메타 물질"의 인공 합성물)로 불리는 물질을 사용해서 "음향 망토"를 개발하고 있다. 이러한 제품은 과학자들의 말을 빌리자면 "강물이 바위를 둘러싸고 흐르듯" 하여 모든 소리를 물체 주위에서 벗어나게 한다.[161)]

하지만 음향 망토가 언젠가 가능해지더라도 사람들이 마음 편하게 두르고 싶어 할까? 침묵의 망토에 대해 생각하다 보니 1960년대 텔레비전 시리즈 〈겟 스마트(Get Smart)〉에 등장했던 침묵의 원뿔이 자연스럽게 생각났다. 맥스웰 스마트 요원은 상관인 치프에게 극비 정보를 알려야 할 때마다 함께 침묵의 원뿔에 들어가야 한다고 고집한다. 하지만 기술 결함으로 인해 스마트와 치프는 서로의 말을 전혀 들을 수 없었고 오히려 원뿔 밖에 있는 사람들은 두 사람의 말을 너무나 분명하게 들을 수 있었다.

완전한 방음 추구와 관련해서는 우리가 어느 정도까지 침묵에 도달하더라도 결코 만족스럽지 않을 것이다. 이와 관련해서 얼마 전에 들었던 이야기가 생각났다.

세상에서 가장 조용한 집

어느 날 오후 내가 사는 동네의 끝자락에 있는 공원에서 무척 즐거운 듯 까르륵 웃으며 먼지 구덩이를 구르고 있는 우리 아이들을 건축가 앤디 폴락과 함께 지켜보고 있었다. 폴락은 덩치가 크고 환한 미소가 돋보이는 친근한 사람이다. 우리 아들들이 서로의 얼굴에 던지고 있는 미립자 물질의 성분에 대한 불안한 마음을 떨칠 의도로 폴락은 방음 사업을 하면서 겪은 경험을 건축가의 관점에서 들려주었다. 롱아일랜드의 노른자위 땅 중에서도 매우 전망이 좋은 지점에 폴락의 말에 따르면 끝없이 돈을 투자해서 "매우 대단히 커다란 집"을 지을 만큼 재정적 여력을 지닌 고객에 얽힌 이야기였다.

고객은 조용한 장소에 집착해서 크기가 클 뿐 아니라 "몹시 잘 지어진 집"을 소유하고 싶어 했다.

"필요하다면 어떤 컨설턴트라도 고용하고, 어떤 재료라도 구입해 주겠소. 해야 한다고 말하면 무슨 일이라도 하겠소. 그러니 정말 조용한 집을 지어 주시오."

폴락은 고객이 제시하는 도전을 받아들이기로 했다.

"도급업자와 나는 세상에서 가장 조용한 집을 짓기로 결심하고 일을 시작했어요."

폴락이 말했다.

두 사람은 상세한 정보를 제공해 줄 수 있는 일류 컨설턴트를 고용했다. 폴락의 회사는 엄격한 소음 경감 기준을 적용하고 방음 시설을 추가했다. 먼저 벽 사이로 전달되는 소리를 막기 위해 샛기둥(기둥과 기둥 사이의 거리가 멀어 칸막이벽을 치거나 벽 바탕재를 건너 댈 수 없을 때 기둥 사이에 세우는 가는 기둥–옮긴이)의 양면에 벽을 없앴다.(원래는 샛기둥이 벽 사이사이에 들어서 벽을 분리하는데, 이 방식은 처음 들어보는 것이었다.) 폴락은 샛기둥마다 고무 방음막을 둘러 음파가 더욱 차단되도록 했고 샛기둥에 들어가는 모든 시멘트 판은 특수 광물 섬유로 에워쌌다. 고객이 미디어 실을 설치하고 싶어 하는 지하에는 방 안에 방을 지어 집 전체 구조와 완전히 분리시켰다. 이 방은 천장에 닿지 않을 뿐 아니라 바닥에 고무 받침대를 깔았기 때문에 바닥에도 닿지 않았다. "그곳에 앉아서 티에이치엑스(THX, 영화 제작자가 의도하는 영상과 음향을 시청자에게 전달하기 위해 미국 루카스 필름사가 정한 종합 기준이다. 이 기준을 준수해 제작하면 고품질의 음성과 영상을 충실하게 재생할 수 있다.–옮긴이) 사운드로 〈스타워즈〉를 보아도 위층 부엌에서는 아무 소리도 듣지 못할 정도였어요."라고 폴락은 말했다.

이 같은 집을 지을 때는 배관을 통해 전달되는 소리가 항상 문젯거리로 떠오른다. 따라서 배관마다 특수 흡진기를 설치하는 동시에 방과 방이 배관으로 연결되지 않는 방식으로 건축했다. 또한 문지방으로 소리가 새나가지 않도록 특수 문을 달았다. 모든 창문은 "이중으로 절연 처리했고 완벽하게 방음이 되도록 맞춤 제작했다." 폴락은 집의 방음 처리에 자신이 할 수 있는 모든 방법을 동원했고, 완공되었을 때 "집은 더 이상 조용할 수 없을 정도로 조용했다."

드디어 고객이 완벽하게 방음된 새 집에 첫 발을 내딛는 순간이 찾아왔다. 하지만 현관문을 열고 들어선 고객은 몸이 뻣뻣해지더니 이렇게 말했다.

"앤디, 웅웅 소리가 들려요. 나는 한 마디도 하지 않았는데 말이죠."

폴락은 그 소리가 매우 희미하고 집에 완전히 들어오면 사라진다고 대답했다. 하지만 고객은 자기주장을 조금도 굽히지 않고 "현관에서 나는 소리예요. 지금도 소리가 들려요."라고 반복했다.

그 집에는 지열 난방 시스템이 갖춰져 있고 기계실은 깊숙한 지하에 있었다. 그렇게 큰 집을 난방하려면 지하에서 수천 갤런의 찬물을 끌어올리고 물이 덥혀지면 다시 땅으로 돌려보내야 한다. 폴락은 그 같은 일이 벌어지는 기계실을 방음하기 위해 시트록(Sheetrock, 종이 사이에 석고를 넣은 석고 보드-옮긴이)으로 천장을 설치하는 등의 온갖 노력을 기울여, 그냥 두었다면 낮은 굉음으로 들렸을 소리를 거의 들리지 않을 정도의 웅웅 소리로 줄였다. 하지만 기계실 공간이 숨을 쉬려면 바깥에서 공기를 빨아들일 수 있는 모터가 필요했다. 집주인은 현관문을 열고 집에 들어섰을 때 모터가 돌아가는 소리를 통기구를 통해 들었던 것이다. 집터는 바람이 거세기로 유명한 절벽 위에 자리했으므로 거의 언제나 바람이 불었다. 따라서 폴락은 가벼운 바람만 불어 줘도 웅웅 소리가 묻힐 수 있다고 말했다. 하지만 집에는 외부 소리가 전혀 들어오지 않기 때문에 그토록 작은 소리마저도 자연스럽게 대기에 묻히지 못했던 것이다.

폴락은 말을 이었다.

"정말 문제가 심각했어요. 사방이 너무 조용해서 핀 떨어지는 소리가 소음이 되는 사태가 발생한 거죠. 쥐 죽은 듯 조용한 가운데 아무리 작은 소리라도 그대로 다 들렸어요."

한 손님이 아기를 데리고 집을 방문했다. 집주인은 손님과 아기를 자기 침실에서 가장 멀리 떨어진 방으로 안내했다. 하지만 집 전체가 너무 조용했기 때문에 멀리 떨어져 있어도 아기 울음소리가 들렸다. 집주인은 폴락에게 전화해서 불만을 늘어놓았다. 폴락은 아기 울음이 워낙 무엇이든 꿰뚫을 수 있는 소리인 데다가 실제로 아기 울음 외에는 집에서 들리는 소리가 없기 때문이라고 애써 설명했다.

급기야 최악의 사태가 발생했다. 집주인이 폴락에게 전화를 걸어, 침묵의 성소가 되게 해 달라고 했던 서재에서 웅웅 소리가 들린다고 말했던 것이다. 서재는 기계실에서 아주 멀리 떨어져 있었다. 게다가 서재만큼은 집에서 들을 수 있는 온갖 소리를 완전히 차단하기 위해 가능한 모든 조치를 다 취했었다.

"정말 웅웅 소리가 들리던가요?"

폴락이 물었다.

"지금 서재에 앉아서 듣고 있어요."

고객이 답했다.

"컴퓨터 팬이 돌아가는 소리는 아닌가요?"

"아니, 그럴 리가 없어요."

컴퓨터는 출시된 제품 가운데 가장 조용한 모델로 골랐고 중앙처리장치(CPU)는 완전히 격리시켜 설치한 상황이었다. 고객이 폴락에게 요청했다.

"그냥 우연히 나는 소리가 아니에요. 와서 해결해 주세요."

폴락은 마침내 백기를 들 수밖에 없다고 생각하고 어깨를 축 늘어뜨린 채 롱아일랜드로 향했다. 집에 도착해서 여러 방을 통과해 침묵의 성소에 들어가 문을 닫았다. 웅웅 소리가 들렸다. 컴퓨터는 사용하고 있지 않았고, 중앙처리장치는 보이지 않았다. 집주인은 중앙처리장치가 "완전히 격리돼 있다."고 힘주어 말했다. 하지만 웅웅 소리는 팬이 돌아가는 소리처럼 들렸다. 폴락은 중앙처리장치가 들어 있는 거대하고 고풍스러운 책상에 다가가 윗부분을 들어 올렸다.

"이거였군요."

중앙처리장치가 거대한 가구 안에 완전히 밀폐되어 있었기 때문에 숨을 쉴 수가 없어 팬이 쉬지 않고 작동했던 것이다. 집주인은 일상적인 배경 소음에 기계의 자체 통풍 소리가 묻히는 환경에서 일하는 데 익숙해 있었다. 자신이 늘 사용하는 기계가 돌아가는 소리를 난생 처음 들었던 것이다.

불쌍하고 작은 컴퓨터 하드 드라이브는 집주인의 두툼한 책상에 갇혀 숨을 헐떡였다. 이는 완전 방음을 달성하려 할 때 우리가 맞이하게 될 사태를 상징한다. 결국 질식하는 사람이 생겨날 것이다. 소음을 완전히 통제할 수 있다는 환상을 버리지 않으면 공기를 갈구하며 헐떡이는 소리는 더욱 커질 것이다. 인간은 자그마한 폐가 아우성칠 만큼 큰 소리를 지르며 세상에 태어났지만 커다란 소리에 겁을 먹고, 잠들려면 침묵을 필요로 한다. 우리는 인간인 동시에 소음을 감지하기 위해 파충류 두뇌(reptilian brain, 아침에 일어나고 밤에 자고 심장을 뛰게 하는 등 인간의 가장 기본적인 뇌 기능을 수행하는 부분-옮긴이)의 가장 깊은 층에 연결되어 있지만, 소음을 감지하지 못하고 놓치면서도 자신이 듣는 소리를 무엇이든 소음이라 부른다.

실제로 인간의 귀는 달리 들을 소리가 없으면 일정 시점에 이르러 스스로 소리를 만들어 내기 시작할 것이다. 소리를 듣는 과정에서 귀에 내장된 증폭기가 어떤 역할을 하는지에 대해 대화를 나누다가, 짐 허즈페스는 정상 귀의 85퍼센트는 조용한 환경에서 한 가지 이상의 음을 지속적으로 낼 수 있다고 언급했다.

"우리 귀가 소음을 만든단 말입니까?"

내가 믿을 수 없다는 표정을 지으며 물었다.

"그래요."

허즈페스는 특유의 침착한 어조로 말했다.

"그런 소리는 일반적으로 몇 달이나 몇 년씩 계속되죠. 중단되지 않을 뿐 아니라 그 신호 또한 시간이 흘러도 변하지 않아요."

이러한 소위 "자연발생적 자동 음향 방출"은 귀의 소리 증폭 방법을 알 수 있는 단서이기 때문에 현재 허즈페스를 비롯한 연구자들이 중점적으로 연구하고 있다. 조용한 장소에서 귀가 불안정해지면서 음을 내기 시작하는 척추동물이 많다. 허즈페스의 설명에 따르면, 그러한 음은 자체로는 유용하지 않고 강당의 확성장치에서 나는 소리와 비슷하다. 일반적으로 확성장치는 목소리를 증폭시켜 들려주지만 그 자체가 진동할 정도로 소리를 높이지는 않는다. 귀의 증폭기는 또한 계속해서 주변의 소리에 적응하도록 자체적으로 조절 작용을 일으켜서 조용한 환경에서는 저절로 켜진다. 허즈페스는 이렇게 설명했다.

"정말 조용한 환경에서 증폭기는 부족한 입력 소리에 대한 반응으로 민감한 상태를 유지하다가 결국 불안정해지면서 진동하는 동시에 소리를 내기 시작해요."

우리가 살아가면서 정말 완전하게 소리를 차단할 수 있으려면, 우리 귀의 증폭기가 규칙적으로 내는 소음을 처리할 수 있어야 한다.

한 가지 인정할 사실은, 현재의 청각적 여건으로 볼 때 다량의 자연 발생적 자동 음향 방출 가능성에 대해서는 크게 염려할 필요가 없다는 것이다. 허즈페스의 설명에 따르면 대부분의 사람들에게 일어날 가능성이 훨씬 큰 사태는 "시끄러운 환경에 의한 지나친 자극으로 유모세포가 손상되어 더 이상 효과적으로 기능할 수 없게 되는 것"이다. 쉽게 말해서 우리는 자신의 증폭기를 들들 괴롭히고 있는 것이다.

맞춤 침묵

많은 방음 전문가들과 대화를 나누고 수십여 개의 제품을 탐색하고 내린 결론은 시간과 돈이 있다면, 물론 대부분은 돈이 필요하지만, 방음 처리할 수 있는 방법은 있다는 것이다. 하지만 침묵을 소비 상품으로 보는 개념에는 마음이 편하지 않다. 소음통제재단 위원으로 활동했던 음향 컨설턴트 제프 스지맨스키는 식기세척기를 사러 갔다가 서로 다른 기계에서 발생하는 소음을 구별하게 된 경위를 설명해 주었다. 그는 조용한 제품을 사면서 이렇게 결론지었다.

"가장 조용한 제품이 가장 비싸기도 했어요. 그러니 조용한 제품일수록 고급스러워 보이고, 재력만 있다면 고급 제품을 구입해 소음을 제어할 수 있는 거죠."

이 말을 들으면서 침묵이 부자의 전유물일까 하는 생각에 마음이 무거웠다.

언젠가 최첨단 방음 기술을 서브우퍼처럼 값싸게 사용할 수 있게 된다 하더라도 여전히 문제는 남는다. 모두들 살아가면서 더욱 많은 방음 장치를 사용할 것이 분명하기 때문이다. 하지만 책의 서두에서 말했듯이 나는 되도록 소리를 적게 듣고 싶은 생각이 없다. 오히려 그 반대로, 가능하다면 많은 소리를 듣고 싶다. 그렇다면 어떤 종류의 방음 장치가 유익할까?

다시 한 번 강조하지만, 오늘날 새로운 소음이 문제가 되는 이유는 침묵을 파괴할 뿐 아니라 스쳐 지나는 소리들마저도 빼앗아가기 때문이다. 침묵을 깊이 연구하고 찾을수록 내가 새 소리뿐 아니라 사람들이 생활하며 내는 소음을 즐길 때가 정말 많다는 생각이 저절로 들었다. 유리잔과 식탁용 도구가 쨍그랑 부딪치는 소리가 듣기 좋고, 식구들이 얘기 나누는 소리, 문 여닫히는 소리, 커튼 걷는 소리가 듣기 즐겁다. 연습 중인 악기 연주 소리가 꼭 멋지지 않아도 좋다. 생각에 깊이 잠겨 있을 때 들려오는 장난꾸러기 아이들의 야단법석 떠드는 소리조차도 좋다. 지나치게 요란하지 않고 가끔은 침묵에 방해가 되지 않는다면 이렇듯 가공되지 않고 불현듯 발생하는 소리는 내가 계속 도시에서 사는 이유이기도 하다.

오늘날 많은 소음이 자유재량에 따라 발생한다면 모두에게 자동 침묵 장치를 나눠 줘서 침묵을 재량껏 만들어 내도록 할 방법은 없을까? 모두가 소음 중화 장치로 무장하면 가는 곳마다 불쾌한 주변 소음을 몽땅 제거할 수 있고, 이쪽저쪽으로 "개인 소리 그늘"을 만들어, 환경이 소음을 많이 만들어 낸다고 더 이상 염려할 필요가 없을 것이다. 자신이 듣는 소음의 양을 조절할 수 있을 테니까!

맞는 말이기는 하지만 나는 모두가 소음 중화 장치를 소유하고 개인 침묵 원뿔에 틀어박혀 지내느니 차라리 음량을 높여 아이팟을 들으며 돌아다니는 편이 낫다고 생각한다. 어떤 지점에 이르면 방음은 자신을 차단하는 방법에 지나지 않기 때문에 나는 세상으로부터 차단당하는 느낌을 받고 싶지 않다. 아니 차단당하기를 원하는 것처럼 스스로 느끼기 싫다. 더 나아가 다른 사람들도 차단당하기를 스스로 원하지 않았으면 좋겠다. 결국 우리는 함께 살아가는 존재이니 말이다.

방탄조끼가 그렇듯 방음도 멋지다. 하지만 총에 맞을까 봐 늘 전전긍긍해야 하는 상황이 아니라면 더 좋지 않을까?

커다란 연회장에 전시되어 있는 기술이 침묵 추구의 특효약이 아니라면, 대체 해답은 무엇일까?

디어본을 떠나기 전 나는 우연한 기회에 한 시간 동안 거의 완전한 침묵을 경험해 보았다. 소음 회의 참석자들은 포드 공장과 응용연구센터의 특별 견학 특전을 누릴 수 있었다. 최신 모델의 포드 S-150 트럭에서 소음, 진동, 거친 소리를 줄여 예전보다 매끄럽고 조용하게 달릴 수 있도록 제작한 방식을 살펴볼 예정이었다.

2008년 여름은 미국 자동차 산업에 위기의 바람이 불어닥친 시기였다. 공장에 도착한 소음 회의 참석자들은 포드가 최소한 90일 동안 2009년 식 트럭의 생산을 전면 중지했다는 소식을 들었다. 방대한 공장이 죽어 있었던 것이다. 높다란 전망대에서 내려다본 공장 바닥은 마치 하얀 금속 숲에 오렌지색 빗장과 노란색 대들보가 여기저기 엇갈려 놓여 있는 듯 보였다. 천장에는 검은색 호스 수백 개가 꿈쩍도 않은 채 매달려 있었다. 컨베이어 벨트도 작동을 멈춘 상태였다.

"작은 도시여. 그대의 거리는 영원히 더욱 조용하리라."

거대하고 깨끗한 도마뱀처럼 생긴 기계들이 소리도 움직임도 없이 서 있었다. 15분 남짓마다 자그마한 공장 차량이 어디선가 나타나서 무슨 의도에선지 하얀 숲 속을 이리저리 빙빙 돌아다녔다. 나처럼 자동차 산업과 아무 관련 없는 사람이 보더라도 무섭고 섬뜩한 광경이었다. 파산의 위력 앞에서 자동차 산업을 위한 온갖 방음 노력은 아무런 의미도 찾을 수 없었다.

나는 제자리에 오래 서 있었다. 얼마쯤 시간이 흐른 후에 포드 공장의 공식 견학 가이드로 보이는 50대 중반의 여성이 내 옆에 서더니 바닥을 내려다보며 한숨을 쉬었다. 그녀는 발밑에 펼쳐져 있는 거대한 기계를 향해 막연하게 손을 가로젓고는 이렇게 말했다.

"이곳은 차대를 제작하는 구역이라서 온갖 부품이 들어오느라 문이 노상 여닫히고 천공기와 총소리가 수시로 들려요. 아마도 이곳에서는 근로자들이 너 나 할 것 없이 귀마개를 사용했을 거예요."

그렇게 말하더니 처음 나타났을 때처럼 조용히 사라졌다.

나는 한동안 같은 자리에 머물러 있다가 커다란 공간을 서서히 돌았다. 공장 전체를 통틀어 들리는 소리라고는 비디오 화면에서 규칙적으로 나는 소리뿐이었다. 화면에는 사람들의 얼굴이 갑자기 나타나 "핸들 장착 부서에 오신 것을 환영합니다! 제 이름은 돈입니다.", "안녕하세요, 제 이름은 밥입니다. 정면 유리 장착을 담당하고 있습니다. 저희 부서에 오신 것을 환영합니다." 하고 말했다. 유령 같은 노동자들의 활달한 목소리가 인적 없는 공장에서 마치 비눗방울처럼 떠다니다가 진정한 침묵에 묻혀 버렸다.

호텔로 돌아오는 버스 안에서 진하게 코팅되어 있는 창문 너머로 여러 차선이 끝없이 이어진 고속도로를 내다보았다. 미국의 거대한 수평 만리장성이었다. 귀에는 에어컨 가동 소리가 요란하게 들렸다. 해답은 무엇일까? 나는 다시 질문을 던졌다.

해답은 분명하지 않을까? 개인 생활의 방음이 해결의 열쇠가 아니라면 침묵으로 향하는 진정한 길은 공공 정책의 변화여야 한다. 모두가 소음에 대한 인식을 새로이 하고 한 사람의 시민으로서 소음에 맞서는 진보된 법률 개혁을 촉구해야 한다. 개인, 기업, 정치인과 맞붙어서 크고 작은 투쟁을 벌여 나가야 한다. 소음이 모두에게 미치는 피해를 충분히 이해하고, 금연 세상에 살 권리와 마찬가지로 소음 없는 삶을 살 권리를 주장해야 한다. 함께 철야 농성을 하고, 행진하고, 소음을 조장하는 사람들에게서 밤을 되찾아야 한다! 지금 당장 모두 일어나서 소음에 반대하는 소리를 내기 시작해야 한다!

전투 의지에 불타오른 나는 소음 정책 분야에서 대체 어떤 일이 벌어지고 있는지 알아보기로 했다.

제10장

이건 전쟁이야!

This Is War!

정책을 통해 침묵을 추구하려는 움직임이 떠들썩하게 뉴스거리가 될 때가 많다. 내가 침묵 찾기라는 주제에 빠져들었을 때, '소음에 대항하는 함성이 전 세계에서 일어나다.'라는 제목의 〈뉴욕타임스〉 1면 기사[162]를 읽게 되었다. 기사 내용에 따르면, 소음은 모든 형태의 오염 중에서 "가장 보편적이고 가장 불쾌한" 것으로, "많은 전선에서 새롭게 공격받고 있다." 또한 "엄청난 비용 손실을 불러오고 수백만 명에 달하는 사람들의 정신적·신체적 건강을 위협"하고 있다. 기사는 소음 공해에 대항하는 새로운 운동에 대해 기술하면서 여기에는 유엔뿐 아니라 연방정부, 주정부, 지방정부, 과학과 산업계, 법조계, 일반 시민이 참여해야 한다고 주장했다. 기사에서 인용한 한 연구에서는, 하루의 10퍼센트 동안 매일 도시 소음에 노출된 쥐와 토끼가 결함 있는 새끼를 낳을 확률은 조용한 환경에서 생활한 쥐와 토끼보다 25배 높았다고 전했다. 또한 런던 히드로 공항 근처 지역에는 정신 질환 발병 사례가 많다고 보고했다. 세계보건기구에 따르면 미국에서만도 소음으로 인한 정신적 충격에 따른 비용이 "보상 지불, 사고, 비능률, 잦은 결근"의 형태로 연간 40억 달러 이상에 달한다. 유엔환경회의는 소음을 "국제적인 연구와 통제"가 필요한 중요 영역으로 규정했다. 미국 의회는 새로운 연방 소음 통제 기준을 소개하고 있다. 세계적으로 유명한 음향학 전문가이자 캘리포니아대학 명예교수인 베른 크누드손은 소음이 계속 커지면 인류는 공룡이 밟은 길을 가야 하리라고 주장했다.

유일한 문제는 이 기사가 1972년 9월 3일자라는 사실이다. 정책 수립을 통해 소음을 물리치려는 시도는 한 세기 넘게 수면 위에 떠 있어 왔다. 1935년 10월 1일 라과디아 뉴욕 시장이 소음에 대항해 전쟁을 벌이겠다고 공식적으로 선포하자,[163] 150곳에 이르는 주요 도시 단체가 이 계획을 지지했고, 운동이 시작되고 처음 4일 동안 경찰이 발부한 경고장은 5,317건에 다다랐다.[164] 10월 말에 이르자 이 숫자는 법정 소환장 175건과 더불어 2만 546건으로 불어났다. 운동에 찬사를 보내는 수천 통의 편지가 라과디아 시장 집무실에 쏟아져 들었다. 뉴욕 시 경찰은 바다표범 소리 때문에 밤새 한잠도 자지 못해 미칠 지경이라는 피에르 호텔 투숙객의 별스런 신고를 받고, 센트럴 파크 동물원에서 소음의 원인이었던 동물을 추적해 브루클린으로 옮기도록 조치했다. 소음과의 전쟁은 성공한 듯 보였다. 하지만 몇 년이 지나 여전히 격렬한 전쟁이 계속되고 있을 때, 언론은 이에 대해 "용감하지만 가슴 아프도록 효과가 없는 소음 방지 운동"이라 선언했다.[165]

영국은 1920년대와 1930년대 들어 소음에 대한 전쟁을 거듭 선포했고, 이탈리아에서는 1933년 무솔리니가 소음에 대항하겠다고 발표했다.[166] 보스턴의 신경과 의사이자 심리학자였던 나의 증조할아버지 제임스 잭슨 퍼트넘이 1912년, 문명에 대한 "야만적인" 위협으로서의 "소음을 제거"하는 일을 목표로 선언한 국제회의에 5백여 명의 의사 및 변호사와 함께 발기인으로 참석했다는 뜻밖의 사실 또한 알게 되었다.[167] 독일은 1908년 들어 거리 소음에 대해 전쟁을 선포했다. 뉴욕시에서 행해진 "침묵 운동"은 1906년 전 세계 신문에 주요 뉴스로 떠올랐다.

소음 방지 정책의 역사를 돌아보면, 열광적으로 '바퀴를 재발명'해온 역사를 보는 듯하다. 건강 분야 전문가들은 소음이 인간의 청력, 심장 혈관, 정신 건강에 끼치는 손상에 대한 연구를 거듭해서 새로운 결과를 계속 내놓고 있다. 이렇듯 소음 문제에 대한 연구 결과가 새로이 발표될 때마다 법원은 소음 방지 법안을 통과시키라는 압력을 받는다. 또한 경찰은 새로이 제정된 놀랍도록 엄격한 법을 집행하기 위해 거리로 나선다. 침묵은 마침내 권리를 찾기 시작한다. 따라서 어느 날 사람들은 잠에서 깨어나 만물이 예전보다 시끄럽다는 사실을 깨닫는다.

마치 소음이 마음을 흐트러뜨려서, 우리가 소음에 대항해서 어떤 진보를 이룩했는지 기억하지 못하게 만드는 상황과도 같다.

이 같은 현상이 워낙 만연해서 때로 침묵 추구의 원인을 제공하기까지 한다. 1972년 닉슨 대통령에 의해 통과된, 미국 역사상 가장 중요한 소음 방지 규정은 이러한 현상이 연출한 코미디였다.

1973년부터 미국 환경보호국 소속 공무원으로 소음 공해 분야를 담당하고 있는 켄 페이스의 설명에 따르면, 1960년대 후반 주정부와 지방정부는 철도와 트럭 운송에서 발생하는 소음을 통제하기 위해 집중적으로 노력하기 시작했다. 그러자 로비스트들이 의회에 몰려가 소음 통제안이 상업의 자유로운 흐름을 방해한다고 주장하면서 상업 보호를 요구했다. 의회는 환경보호국에 지시해서 소음이 대중 건강과 복지에 미치는 영향을 조사하게 했고, 그 결과 탄생한 것이 바로 소음규제법이었다. 1972년 닉슨 정부 밑에서 환경품질위원회 의장을 지냈던 러셀 트레인의 개인적 의견에 따르면, 닉슨 대통령이 광범위한 환경 기준을 법제화하려 했던 주요 동기는 민주당 맞적수의 환경 정책안으로부터 대중의 관심을 돌리기 위해서였고, 법제화 노력에 소음 문제가 들어가게 된 이유는 닉슨 자신이 법안의 자세한 내용에 주의를 기울이지 않았기 때문이다.

소음규제법은 여전히 유효하고 이를 시행할 법적 책임은 환경보호국에 있다.(소음규제법은 무엇보다도 운송 차량 및 장비, 기계, 설비, 기타 상업 제품에 엄격한 소음 방출 기준을 적용하면서 "상업 규제의 차원에서 주요 소음 출처에 대처하라고" 연방정부에 요구한다.) 하지만 그러한 법이 존재한다는 사실을 기억하는 사람은 없어 보인다. 레이건 정부 시절에 소음감소통제청의 예산이 사라진 후로 이 진보적인 법률은 답보 상태에 머물러 있다.

흡연 같은 다른 오염원에 대한 투쟁의 역사를 살펴보면 그 과정 및 결과가 대개 향상되어 온 추세를 보인다. 1차 세계대전 직전 광산 및 공장 노동의 장기 영향에 대한 연구 결과가 발표되면서 최초로 대기오염 법규가 제정되었고, 건강에 미치는 악영향을 깨달은 과학자가 늘어나면서 오염 물질 방출에 대한 규제가 잇따랐다. 하지만 소음에 대해 벌여 온 투쟁은 아주 강력한 소음 범죄에 대한 것이 아닌 이상 현대의 진보적인 경향과는 다르고, 오히려 급격하게 주가가 오르내리는 주식시장과 비슷한 양상을 보인다.

가장 쉽게 생각하면 대중 건강의 측면에서 흡연보다 소음의 위험성이 적기 때문일 것이다. 물론 지구 온난화 문제와 비교해도 그렇다. 하지만 2008년 세계보건기구는 도로 소음이 건강에 미치는 전반적인 위험성이 대기 오염보다 40퍼센트 높다고 보고했다. 세계보건기구의 소음 관련 대책위원회 의장 김록호 박사에 따르면, 연소 기관에서 발생되는 입자상 물질에 의한 심혈관계 질환으로 사망하는 경우가 증가하고 있다는 점에는 정치적 의견이 강력하게 일치하지만 입자가 실제로 체내에 들어가 심장을 위태롭게 하는 경로를 밝혀내기는 여전히 어렵다고 한다. 그는 "생물학적 관점에서 볼 때 심장 질환의 유발 원인은 대기오염보다 소음일 가능성이 더 높다고 생각한다."고 전했다.

정신 건강을 해치는 요인으로는 소음 공해가 단연 두드러진다. 소음 공해는 사람의 신경을 곤두서게 할 뿐 아니라 실제로 살인을 하도록 자극하기도 한다. 예를 들어 2008년 8월 레이먼도 세라토라는 남성이 자동차 스테레오를 지나치게 크게 틀어 놓았다는 이유로 로스앤젤레스 근처 파코이마에서 총에 맞아 사망했다. 이웃은 세라토가 새벽에 자동차 스테레오를 크게 틀고 귀가한 적이 많았다고 증언하면서 "살인자가 소음을 더 이상 참지 못했던 것은 아닐까요?"라고 덧붙였다. 소음을 내는 사람들 또한 타인의 불만에 오랫동안 폭력으로 대응해 왔다. 소음은 총이나 칼부림을 부르지는 않더라도 억누를 수 없는 분노를 일으킬 수 있다. 미국 법률 제도에서는 소음을 싫어하는 사람과 소음을 만들어 내는 사람이 직접 맞붙어 결전을 벌여야 한다.

소음 관련 법안이 통과되어 어렵사리 승리를 거두기는 했지만 전적으로 지역에 국한된 승리고, 반면에 소음에는 경계가 없다. 그리고 지역사회의 소음방지법이 엄격할수록 법령 자체는 더욱 취약해진다. 사라소타 시가 통과시킨, 붐 카에 반대하는 법률이 대표적인 예이다. 2008년 4월 사라소타의 경찰관은 8미터 거리에서 들리도록 자동차 오디오를 틀어 놓은 사람을 체포할 수 있었다. 새 법령이 통과되고 일 년 후에 나는 사라소타 경찰서 스티틀러 서장에게 전화를 걸어 법률 시행이 소음 방지에 효과가 있었는지 물었다. 서장은 지역사회가 법률을 강력하게 지지하고 있으며, 이미 상당한 효과를 거두고 있다고 장황하게 설명했다. 나는 현재 상황이 어떤지 정확하게 짚어 물었다. 서장은 얼마 동안 가만히 있다가 입을 열었다.

"법령이 헌법에 위배된다는 주장이 일어나고 있다는 말을 시 고문 변호사에게 들었고, 지금은 소송이 끝날 때까지 법 집행을 중지한 상태입니다."

그리고 법률이 다시 시행될 수 있을지 확실하지 않다는 말을 덧붙였다. 설령 지역사회가 엄격하고도 항구한 소음방지법을 통과시키더라도 지역 경찰이 법을 꾸준하게 집행할 자원은 턱없이 부족한 실정이다.

소음은 명백히 연방 차원에서 조치를 취해야 방지할 수 있다. 하지만 정부가 소음에 쏟는 관심은 무단횡단에 갖는 관심 정도에 불과하다. 소음 정책과 관련해서 환경보호국이 최근에 취한 가장 중요한 행보는, 좀 더 적절한 안내 표시를 부착한 귀마개 등을 몇 년에 걸쳐 공급한 일과 인터넷으로 소음에 대한 인식을 확산하자는 논의를 한 것이었다.

엄격한 소음 관련 법률이 유지되는 유일한 시기가 전시(戰時)라는 사실이 흥미롭다. 영국에서는 1939년 어느 날 밤부터 왕의 승인을 거친 문서를 근거로 하여 국민 전체가 "대중이 들을 수 있는 범위에서 모든 사이렌, 경적, 휘파람, 경보, 종, 나팔 등의 소리를" 낼 수 없게 되었고, 국가가 허락한 공습경보만이 예외로 규정되었다. 1940년 6월에는 과거 면제 대상이던 교회에까지 법률이 확대 적용되어 역사상 처음으로 교회의 종소리가 멈췄다. 대중들은 전쟁 노동자들이 휴식을 취하려면 정적이 필요하고, 불필요한 소음이 들리면 대중이나 군대의 생존에 절대적으로 필요한 경보를 듣지 못할 가능성이 있다는 사실을 받아들였다.[168]

하지만 현대 들어 전시 상황이 아니어도 소음방지법을 향한 대중들의 지지를 이끌어 낼 수 있는 요소가 확실히 존재한다! 나는 사람들을 고무시킬 수 있는 밝은 이야기가 몹시 듣고 싶었고, 이때 머리에 떠오른 인물이 20세기 초 소음의 정의를 축소함으로써 뉴욕 시에 고요함을 안겨 주었던 줄리아 바넷 라이스였다.

침묵의 여왕

파리의 언론이 "침묵의 여왕"으로 불렀던 줄리아 바넷 라이스는 가장 탁월하게 침묵을 추구했던 사람이다. 1906년 그녀는 세계 최초의 소음 방지 국제단체인 '불필요한 소음 억제 협회(Society for the Suppression of Unnecessary Noise)'를 설립했다.

단체를 시작했을 당시에 대한 묘사에 따르면, 줄리아는 각진 얼굴에 짙은 색 눈동자가 슬퍼 보였고 눈썹 끝이 처져 있고 검은 머리카락은 숱이 많았다. 네덜란드 유태계 가문 출신으로 뉴올리언스 사교계에서 활동했던 줄리아는 음악가이자 고전학자가 되었다. 또한 뉴욕병원 여자 의과대학에서 의학박사 과정을 수료했다.[169] 1906년 마흔여섯 살의 줄리아는 리버사이드 드라이브에 방음실을 갖춘 이탈리아 풍 저택 빌라 줄리아에서 여섯 자녀와 함께 살고 있었다. 남편 이삭이 아내의 이름을 따서 지은 빌라 줄리아는 "맨해튼 섬 허드슨 강 상류에서 전망이 가장 뛰어났다."[170] 이삭은 음악가이자 작곡가였고, 회사법 분야에서 이름을 떨쳤으며, 발명가로 재산을 일구었다. 또한 체스의 대가로서 라이스 갬빗(Rice Gambit)이란 상당히 난해한 개시 전략을 고안해 냈다. 이삭은 빌라 줄리아의 밑에 박힌 단단한 바위를 깊숙이 파서 소음 없는 방을 만들고 특별 엘리베이터로만 접근할 수 있게 했다.[171]

1905년 여름, 가족과 함께 강바람을 즐기려고 빌라 줄리아의 창문을 활짝 열었던 줄리아는 풍경의 음향적 오점에 눈을 떴다. 예인선의 경적 소리가 항상 신경에 거슬렸지만 그날따라 경적이 자주 울려서 밤중에도 잠을 제대로 잘 수 없었다. "특수하지 않고 보통 그렇다는 이유만으로 고통에 굴복하는 것은 최악의 태도이다."라는 격언에 힘을 얻은 줄리아는 콜롬비아 법과대학 학생들을 고용해서 소음의 원인을 추적하기 시작했다.

줄리아가 며칠 밤에 걸쳐 허드슨 강의 여러 지점에 배치한 학생 여섯 명이 밝혀낸 사실은 정말 충격적이었다. 12월 초의 어느 하룻밤에만도 경적 소리가 3천 번이나 울렸던 것이다. 학생들은 어떤 때는 기록을 포기하고 싶을 정도로 경적 소리가 자주 울렸다고 털어놓았다. 줄리아는 학생들을 시켜 경적의 횟수를 계속 기록하게 하는 동시에 "높고 날카롭게 솟구치는 소리, 깊디깊게 웅웅 울리는 소리, 순식간에 빵 터지는 소리, 고막이 찢어질 것 같은 소리" 등 여러 소음을 구체적으로 묘사하게 했다. 줄리아는 이러한 무작위 패턴이 미치는 유해성을 강조하기 위해 심리학자 제임스 설리의 견해를 보고서에 인용했다.

"사건이 완전히 무질서하고 불규칙적으로 계속 발생하면 다음에 일어날 순간을 신경을 곤두세워 기다리게 된다."

줄리아는 서로 다른 기후 조건에서 조사한 내용을 토대로 33쪽짜리 보고서를 완성했다. 보고서의 내용에 따르면, 심지어 시야가 환한 일요일 밤에도 여러 선장들이 앞다퉈 경적을 1,116번이나 울렸다. 줄리아는 다른 집단의 학생들을 고용해, 맨해튼 양쪽 수로를 따라 이동하면서 경찰관, 경비원, 일반 시민들을 대상으로 소음의 영향력에 대한 설문 조사를 하도록 했다. 또한 자신의 주장을 뒷받침하기 위해 몇몇 선장과 솔직한 대화를 나눴는데, 그 결과 사고 예방이라는 원래 목적과 무관하게 경적이 울리는 경우가 많다는 사실을 알게 되었다.

선박들은 친목 도모 차원에서 자기들끼리 경적으로 인사를 주고받았던 것이다. 부둣가 술집에서 맥주에 절어 있는 선원을 깨우거나 리버사이드 드라이브를 따라 줄지어 있는 집의 하녀들에게 신호를 보낼 때도 경적을 울렸다. 사실상 무분별하게 쏟아지는 경적 때문에 안전한 항해가 보장되기는커녕 중요한 경고를 놓칠 수 있었다.

줄리아는 쏟아지는 증거를 보면서 경적이 그냥 불쾌한 정도가 아니라 불필요하다는 결론을 내리고, "잠을 살해하고 따라서 건강을 위태롭게 한다는" 죄목으로 예인선에 전쟁을 선포하고 처음부터 끝까지 탁월하게 운동을 이끌었다.

뉴욕 시 보건부가 허드슨 강을 국가 수로로 선언하면서 책임을 회피하자 줄리아는 운동 방향을 틀어 부두, 항구, 증기선을 담당하는 연방 부서를 상대하기 시작했다. 관료들이 대책을 미루며 꾸물대자 줄리아는 경찰국, 의료 기관, 병원 입원 환자들을 접촉해서 선박의 경적이 건강에 미치는 해로운 영향을 강조하기 시작했다. 그녀는 소음으로 인한 고통을 호소하는 가난한 사람 1만 3천 명의 증언을 단기간에 확보할 수 있었고, 더욱 노력을 기울여 워싱턴까지 운동 지역을 확대했다. 또한 뉴욕 시 소재 병원 전체를 대변해서 미국 상업노동부 청문회에 출석하기도 했다. 국회의원인 윌리엄 베넷이 앞장서서 줄리아를 지지했다.[172] 베넷의 확고부동한 지지를 등에 업고 처음으로 청문회에 출석한 지 열 달이 지나면서 줄리아의 노력은 결실을 맺었다. 뉴욕, 보스턴, 필라델피아의 증기선 감독위원회가 "불필요한 무차별 경적과 기적 소리"를 중지시키겠다고 발표했던 것이다.[173] 새로 시행되는 법률을 어기는 예인선에는 무거운 벌금이 부과되었다. 이따금씩 무지막지한 선장이 줄리아에게 복수하려고 밤늦게 빌라 줄리아 근처에 몰래 다가가 경적을 울리고 줄행랑을 치기도 했다. 그러면 줄리아는 선박을 끝까지 추적해서 선장을 법정에 세우고 말았다.[174]

공무원들과 일반 시민의 열렬한 지지를 등에 업은 줄리아는 조직을 결성해서 소음에 대항하는 전쟁을 확대하기로 결심했다. 첫 승리를 거두고 몇 주가 지나 줄리아와 남편 이삭은 빌라 줄리아의 방음 서재에서 모임을 열고 조직 결성에 찬성하는 도시 고위 인사들의 단결을 이끌어 냈다. 자신만 반대표를 던졌을 뿐 줄리아는 전원 찬성으로 회장에 선출되었다.[175]

줄리아는 소음에 대항해서 싸울 때 효과를 발휘하는 공식을 생각해 냈다. 공식의 핵심은 그녀가 초기에 언론에 했던 말에 잘 요약되어 있다.

"우리 협회는 소음에 반대하는 조직이 아닙니다. 우리 주변에는 피할 수 없는 소음도 당연히 많습니다."

줄리아와 동지들은 손수 설립한 조직 '불필요한 소음 억제 협회'의 이름에 걸맞게 "불필요한 소음"에만 맞서 싸우기로 결정했다.

줄리아의 소음 방지 운동은 에너지 효율의 극대화를 추구하는 세계적인 흐름과 시기적으로 일치했다. 그녀가 조직을 결성한 해에 윌리엄 제임스는 '인간의 에너지'라는 제목으로 글을 발표했다. 여기서 제임스는 현대인이 "완전하지 못한 활력"으로 노동하기 때문에, 제대로 접근하면 자기 노동과 사고 능력을 엄청나게 향상시켰을 에너지 자원을 적절하게 활용하지 못한다고 주장했다. 삐걱거리는 브레이크 소리, 귀에 거슬리는 기어 전환 소리, 불필요한 경적, 이런 저런 마찰

음은 모두 에너지가 낭비되고 있다는 뜻이다.

따라서 줄리아는 소음이 발전에 필요하다는 환상을 품은 산업 및 사업계 리더들이 자신의 친구라는 생각으로 소음 문제에 접근했다. 침묵을 미화하거나 정당화하지 않고, 기름을 잘 칠해서 부드럽게 작동하는 기계로 여겼다. 또한 침묵과 수익성이 같은 곡선을 그린다고 생각했다.

더 나아가, 흡연이 경제적으로 확실히 낭비임을 눈에 보이는 지표로 나타내듯, 소음의 악영향을 청각적으로 자명하게 드러내 보였다. 그녀는 '그래퍼폰(graphophone, 밀랍을 바른 원통형의 레코드로 소리를 녹음, 재생하는 축음기-옮긴이)'을 개발해서 도시의 소음을 매우 충실하게 재생했다.[176] 특정 소음이 불필요한 이유를 장황하게 설명하는 대신에 그저 소음을 틀어 놓음으로써 소음 방지의 필요성을 설득한 것이다.

줄리아가 다음으로 겨냥한 표적은 병원 주변이었다. 의사와 병원 관리자로부터 소음 때문에 치료가 지연되거나 무산된다는 내용의 편지를 받은 줄리아는 오늘날 병원에서 볼 수 있는 정숙 공간을 설치하는 운동을 펼치기 시작했다.[177] 병상의 합이 1만 8천 개에 달하는 59곳의 병원이 그녀가 주도하는 운동에 참여했다. 하지만 소음 감소 정책을 다양하게 실시해도 병원은 여전히 시끄러웠다. 좀 더 깊이 조사해 본 결과, 끔찍하고 상처가 난무하는 앰뷸런스의 모습을 지켜보는 것이 재밌어서 병원 주변을 어슬렁거리는 아이들이 내는 소리가 많았다. 줄리아는 아이들의 이러한 욕구를 "자극을 찾는 비통한 갈망"이라 부르고, 상황을 분 단위로 기록했다.("오후 세 시 오십 분: 남자아이 8~10명이 관리인들의 주의를 끌면서 동쪽 문 주위에 몰려들었다. 상처를 입은 척하면서 사고 현장 쪽으로 걸어가

야구방망이로 울타리를 두드렸다.")[178]

아이들에게 적당한 놀이터가 부족하다는 사실을 안쓰럽게 여긴 줄리아는 아이들을 포박해서 경찰서로 데려가는 대신 탁월한 선전 방법을 생각해 냈다. 1908년 봄 '불필요한 소음 억제 협회' 어린이 병원 지부를 설립하고, 몇 번에 걸쳐서 2만 명이 넘는 아이들에게 소음 때문에 병원 입원 환자들이 겪는 고통에 대해 가르쳤다. 그리고 이러한 고통을 줄이도록 도와 달라고 아이들에게 부탁했다. 병원을 중심으로 한 블록 안쪽과 중환자 병실동 근처에서 놀지 않겠다고 약속하는 아이에게는 새로 설립한 어린이 병원 지부의 공식 회원 자격을 부여했다. 이제 자신이 소음 문제를 해결하는 집단의 일부라는 사실을 아이들에게 상기시키기 위해 협회 배지를 달아 주고 밖에서 놀 때 항상 달고 있으라고 요청했다. 배지에는 인류애라는 단어를 검은색으로 새겼다.

이 운동도 성공을 거두어 줄리아는 도시에 거주하는 엄청나게 많은 아이들로부터 다음과 같은 내용의 서약을 받아 냈다.

"병원 근처에서 놀지 않겠다고 약속합니다. 병원에는 환자들이 많기 때문에 병원을 지날 때는 입을 꼭 다물겠습니다. 절대로 불쾌하게 행동하지 않겠습니다."

불필요한 소음 억제 협회는 지속적으로 눈에 띄는 승리를 거뒀다. 줄리아는 미국뿐 아니라 바다 건너 유럽에서도 소음 방지 운동의 상징적 인물이 되었다. 뛰어난 통찰력을 지니고 있었지만 그녀가 만든 조직이 항상 성공적이지는 못했다. 계속 성공을 거두었다면 1920년대 초에 협회가 활동을 접는 상황은 벌어지지 않았을 것이다. 대체 협회에 무슨 일이 일어났을까? 나이를 먹으면서 줄리아의 활동력이 줄어든 것도 분명히 원인의 하나였다. 하지만 소음에 대한 그녀의 논쟁 논리가 옳다면 그녀의 개인적 리더십이 계속해서 절대적으로 필요했을까? 협회가 사라진 이유를 여러 측면에서 검토해 본 결과, 1928년 소음에 대한 전쟁을 재선언한 잡지 〈뉴맥클루어스〉의 기사에서 한 가지 단서를 찾을 수 있었다. 기사를 쓴 이는 조직의 "노력이 자동차의 도입으로 좌절되었다."고 주장했다.[179)]

뉴욕 시에서 개인으로는 최초로 자동차를 소유했다고 알려진 사람은 바로 줄리아 라이스의 남편 이삭이었다. 그는 대도시에 정적을 이루려는 아내의 노력을 대부분 허사로 돌아가게 만들 유행에 앞장섰던 것이다. 실제로 뉴욕 시 공원 담당 국장 조지 클라우슨이 고요하고 넓은 센트럴 파크에서 자동차를 운행할 수 있도록 한 허가를 취소하자 이삭은 "고압적 침해 행위"라고 비판했다.[180)] 이삭은 스스로 교통수단을 선택하는 자유가 기본적인 민주 권리라 생각했다. 아내인 줄리아가 맨해튼 주변의 예인선 선장들을 처벌하는 동안 남편은 맨해튼 도심지의 평화를 산산이 부숴다.

줄리아와 이삭은 예술과 음악을 후원하고 정적을 사랑했지만, 자녀들은 무모해서 앞뒤 재지 않고 도시에 소음을 일으켰다. 딸 도로시는 뉴욕에서 여성으로는 최초로 오토바이를 몰고 도심을 질주했고, 여성 오토바이광을 모아 요란한 소리를 내며 도시 주위를 달리는 열풍의 선두에 섰다.[181)] 또 다른 딸은 최초의 여성 비행사가 되었다. 한

번은 무분별하게 비행기를 조종해서 결국 롱아일랜드의 바빌론 해변에서 조금 떨어진 바다로 추락했다. 비행복 위에 기다란 모피 코트를 걸친 딸은 비행기 잔해에서 가까스로 빠져나온 후에 병원 침상에 누워 자신의 무분별한 행동이 "매우 재밌었다."고 말했다.[182)]

자동차, 오토바이, 비행기 등 라이스 가족이 불붙인 유행은 '필요한 소음'의 원천이었던 것일까? 라이스 가족과 소음의 역사를 조사하면서 나는 "필요를 따지지 마라."는 『리어왕』의 한 구절이 머릿속에 떠올랐다.

하지만 줄리아가 설립한 협회가 이끈 운동은 조직이 존속하는 동안은 상당히 효과적이었다. 그렇다면 처음부터 협회를 지지하는 물결이 일었던 이유는 무엇일까? 면밀한 소음 측정을 토대로 새로운 공격이 이뤄졌기 때문이다.

소리 측정은 소음 방지 운동의 거대한 물결을 뒷받침했다. 1920년대 전 세계 도시가 소음에 대항해서 전쟁을 선포했을 때 이를 부추겼던 요소가 바로 새로운 소음 측정 기술의 개발이었다. 여기에는 벨 연구소가 개발하고 세계에서 가장 과학적으로 정확한 소리 측정 장치라는 찬사를 들었던 청력계가 포함되었다. 한쪽 귀는 환경에 그대로 노출시키고 반대편 귀에는 기계에 연결된 귀마개를 건 후에, 청력계 작동자가 다이얼을 돌려 주변 소음이 들리지 않을 정도로 소리가 강렬해질 때까지 증폭시킨다. 이때 다이얼이 가리키는 숫자가 주어진 지점의 소음 수치가 된다. 이로써 도시에서 가장 시끄러운 장소를 최초로 확실하게 가려낼 수 있게 되었다. 1926년 뉴욕에서는 "소음 강도가 정적 수준보다 55 감각 단위 이상"으로 측정된 6번가와 34번가 교차 지점이 가장 시끄러운 장소로 밝혀졌다. 〈포럼〉지의 재정 지원을 받아 소음에 대해 연구하고 글을 썼던 과학자 프리 박사는 그 정도의 소음 강도에서는 "저쪽 구석에 서 있는 사람에게 말하려면 반 이상 청력을 상실한 사람에게 말하듯이 소리를 질러야 한다."고 설명했다.[183] 이쯤 되면 4년 후에 반 블록 떨어진 곳에서 엠파이어스테이트 빌딩의 공사가 시작되었을 때 청력계의 수치는 어떠했을지가 궁금해진다.

청력계는 가장 객관적인 수치를 가리키지는 않았지만 음량의 정량화 기준을 바꾸기 시작했다. 1929년 보건위원 셜리 윈이 소음감소위원회를 설립했을 당시에 엔지니어들은 윈의 표현대로라면 "최초의 이동식 소음 연구소인 이상한 설비를 갖춘 소음 측정 트럭"을 타고 도시를 돌아다녔다. 트럭은 8백 킬로미터 이상을 순회하면서 도시 전역에 걸쳐 113개 지점에서 7천 번 이상 소음을 측정했고, 데시벨 단위를 사용해서 "인적이 드문 주택가 거리의 정적부터 주요 고속도로의 소음"에 이르기까지 다양한 소리를 기록했다.[184] 요즘 지속적으로 실시하고 있는 소음 측정 방식을 최초로 적용한 사례였다. 오늘날에는 소음 지도(noise map) 작성에 사용되고 있다.

소음 지도는 정책을 통한 침묵 추구의 미래를 보여 준다. 유럽연합과 영국에서는 이미 막대한 자금이 소음 지도 제작에 투입되었다. 하지만 소음 지도가 무엇인지 설명할 수 있는 사람은 없어 보였다. 소음의 근원이나 수준을 보여 주는 실질적인 지도일까? 음향 측정 분야에서 선도적 자리에 있는 덴마크 회사 브뤼엘 앤드 케아(Brüel & Kjær)의 미국 지사 제품 관리자 짐 위어는 소음 지도가 "도시 환경 전체의 소음 감시"와 관계가 있다고 설명했다. 위어에 따르면, 공항에서는 이미 여러 해 전부터 소음 지도를 작성하고 있다. 소음 지도의 작성 목적을 묻는 물음에는 "미국 연방항공청(FAA)이 소음 유발을 이유로 공항에 벌금을 부과하기 때문이죠."라고 대답했다.

"그러면 공항의 소음 공해 문제 해결에 소음 지도가 유용하게 쓰이나요?"

나는 대담하게 이런 질문을 던졌다.

위어는 소음 지도를 사용하면 소리를 줄일 뿐 아니라 무엇보다도 고객의 불평을 줄일 수 있다고 대답하면서 이내 음모를 꾸미듯 목소리를 낮췄다.

"내가 알아낸 사실 하나를 알려 줄게요. 공항 경영진에게는 형형색색으로 소음 정도를 나타낸 멋진 도표가 마이크보다 훨씬 중요하답니다."

대중이 소음 지도를 보고 나서 공항 소음을 더 이상 문제 삼지 않았던 사건도 있었다고 했다. "측정에 따른 지식이 측정 자체보다 중요할 수 있어요."라고 위어가 덧붙였다.

도시의 소음 지도에 대해 조사하기 위해 유럽을 가 봐야겠다는 생각이 들었다.

줄리아가 기록했듯이 "소음 규제는 선박의 기적 소리까지 억제하는 유럽에서 더욱 잘 지켜진다. 미국이 훌륭한 나라이기는 하지만 일상생활의 단순하고 건전한 측면에서는 구세계로부터 배울 점이 많다.

불합리한 소음으로부터 자신을 보호하는 태도 또한 배워야 한다."[185]

실제로 다가올 미래

커다란 갈매기가 머리 위를 빙빙 날아다녔다. 부드러운 잔디에는 자동차 몇 대가 서 있었다. 코펜하겐 외곽에 자리한 브뤼엘 앤드 케아 본사의 낮고 길쭉한 잿빛의 반원형 구조물을 보는 순간 자연주의자들의 편안하고 예스러운 칩거 장소 같다는 생각이 들었다. 하지만 로비는 모든 시설이 강철 재질로 만들어져 번쩍거렸고 사방에서 평면 텔레비전의 화면이 소리 없이 깜빡이고 있었다. 이것이 바로 미래의 모습이었다.

그날 오후 내가 도움을 받기 위해 만날 사람은 더그 만벨이었다. 삼각형 모양의 구레나룻에 응용 전문가, 환경 소음 관리 솔루션 제품 관리자 등 여러 개의 공식 직함을 가진 젊은 스코틀랜드인이었다. 나는 만벨의 동료들과 함께 회사 카페테리아에서 점심 식사를 하면서 소음 지도 작성에 대해 대화를 나눴다.

만벨은 브뤼엘 앤드 케아가 입법과 광고의 두 가지 통로를 통해 수익을 올렸다고 말했다. 유럽연합은 2002년 들어 유럽소음강령(European Noise Directive)을 통과시켰다. 보통 END로 불리는 강령은 소음을 유럽연합 의제에 포함시켰고, 유럽 전역에 앞으로 여러 해에 걸쳐 정책 지침이 될 소음 감소 체계를 형성했다. 강령의 중심 요건은 회원국 전체가 소음 지도를 제작해야 한다는 것이었다.[186]

나는 소음 지도란 대체 무엇인지 물었다.

점심 식사 자리에 합석했던 누군가가 소음 지도는 "음향 세계를 예측하는 모형 작성"과 관계가 있다고 대답했다. 내가 그 말의 뜻을 묻기도 전에 대화는 음향 세계의 원칙이 자사의 상업 노선을 어떻게 결정했는지를 둘러싼 주제로 흘러갔다.

만벨은 회사들이 제품 소리를 조절해서 상업적 이익을 얻을 의도로 브뤼엘 앤드 케아에 관심을 쏟기 시작했다고 설명했다.

"이는 일반적으로 제조업체가 차량이나 기타 제품 범위 안에서 음향 세계를 설계한다는 뜻입니다."

나는 자동차의 음향 세계 형성 개념에 대해 어느 정도 지식을 갖고 있었다. 몇 년 전 할리 데이비슨은 귀청이 찢어질 것 같은 오토바이의 굉음을 금지하는 소음 규제에 따라야 했다. 하지만 당시 할리 데이비슨의 소음 및 진동 설비 분야를 이끌었던 알렉스 보즈모스키는 "노련한 할리 공동체는 독특하고 분명한 소리를 요구한다."고 언급했다. 따라서 기업의 목표는 여전히 할리 같은 소리가 나면서도 좀 더 조용한 오토바이를 제조하는 것이었다. 바람직하지 못한 기계 소음을 없애는 동시에 배기 장치와 엔진에서 나오는 소리의 균형을 유지하는 방향으로 설계를 조정했다. 동시에 "핸들, 좌석, 발판 등 오토바이 타는 사람과 기계가 맞닿는 부분마다 자극의 빈도와 범위를 최대화했다." 기본적으로 할리를 거대 진동기로 만들었던 것이다. 그리고 소리로 특허권까지 획득했다.[187] 여기에 해당하는 또 다른 예로 재규어를 들 수 있다. 몇 해 전 고객들이 재규어 엔진의 소음에 불만을 품고 있다는 조사 결과가 발표되었다. 레이랜드 모터스는 이 문제를 해결하기 위해 포커스 그룹(focus group, 시장 조사나 여론 조사를 위해 각 계층을 대표하도록 뽑은 소수의 사람들로 이뤄진 그룹-옮긴이)을 만들었다. 고급 경쟁 자동차의 세련되고 조용한 엔진 소리를 기준으로 정했지만, 실제로 재규어 운전자들은 음향적으로 세련미와 힘을 동시에 경험하고 싶어 한다는 사실을 파악했다. 따라서 재규어는 두 가지 요소를 제대로 조화시켜 엔진의 소리를 형성해야 했다.[188]

만벨은 상업적 음향 세계 형성 개념이 자동차에서 건물 실내까지 확산되고 있다고 설명했다. 간단하게는 노출하고 싶지 않은 대화를 가리기 위해 회사 대기실에 소형 실내 폭포를 설치하는 일 등이 여기에 속할 수 있다. 또한 환자의 치료 과정을 보조하기 위해 병원 실내의 소리를 계획할 수 있다.

만벨의 동료인 케빈 버나드 진은 브뤼엘 앤드 케아가 개발한 소형 음량 검사기를 들고 병원을 돌아다니면서 소음의 정도와 유형을 기록하다 보면 자신이 좋아하는 소음과 소리 유형 및 정도를 파악할 수 있다고 설명했다. 진은 "모든 제품이 더욱 조화를 이루는 방향으로 개발되고 있어요."라고 덧붙였다.

만벨은 같은 원칙을 도시 광장에도 적용할 수 있다고 말하면서, 한쪽에는 자동차들이 오가고, 맞은편에는 시민들이 휴식을 취할 수 있는 공원이 들어서고, 또 다른 쪽에는 사람들이 "대도시 생활의 전율"을 맛볼 수 있는 음식점과 술집이 늘어선 장면을 상상해 보라고 말했다. 새 측정 기술로 무장하면 광장 주변을 돌아다니면서 각 지역에서 발생하는 소리를 측정할 수 있다. 엔지니어는 자료를 수집한 후에 해당 장소의 실질적인 소리와 이상적인 소리 사이에 어떤 불일치가 있는지 조사한다. 공원의 소리는 사람의 마음을 편안하게 해 주는가? 술집에서 나는 소리는 사람을 흥분시키는가? 이러한 분석이 끝나면 각각의 소리를 조정하여 조화를 이루도록 할 수 있다.

나는 만벨과 진이 하는 말의 뜻을 이해하기 시작했다. 만벨이 묘사한 "자연스러운" 상태의 광장에서는 식당과 술집에서 흘러나오는 엄청나게 요란한 음악 소리만이 들리거나 그 소리가 그리 크지 않을 경우에는 자동차 오가는 소리만 들릴 것이다. 하지만 이들 소리도 모두 조종할 수 있다. 만벨은 자신과 같은 분야에서 활동하는 사람들은 거대한 소리 혼합 기계를 사용하여 소리의 특징과 이를 통해 얻는 이익을 끊임없이 조절해 조화롭게 소리 세계를 통제할 수 있다고 말했다.

5년 전만 해도 사람들은 물리적인 소음 수준을 조정하려는 모든 대안들이 소음 제어 윤리에 어긋난다고 주장했지만, 지금은 입장이 상당히 누그러졌다. 전문가들이 절대적으로 안전하다고 인정하는 수준까지 소음을 낮추려면 막대한 비용이 든다는 사실을 깨달으면서, 최소한 환경을 음향상 매력적인 곳으로라도 만들려는 움직임이 일고 있다.

"나는 지난 십 년 동안 도시를 차량에 비교하는 일을 해 왔어요."

만벨이 말을 이었다.

"자동차 소유자라면 누구나 공기 역학을 추구하고, 연료 소비를 생각하고, 색깔을 쫓아다니죠. 이제 우리는 자신을 포지셔닝하기 위한 새로운 방법으로 음향 세계를 형성하려는 겁니다. 이러한 의미에서 도시는 제품과 같습니다. 도시도 여럿 있으므로 자연스럽게 마케팅과 관련된 질문이 부각되죠. 다른 회사 자동차가 아닌 포드 자동차만을 열성적으로 구매하는 사람이 있듯이 다른 도시가 아닌 베를린에만 거주하는 사람도 있거든요. 하지만 대다수 사람들은 아직 정착하지 못하고 있어요. 그래서 도시들은 시민을 보호하는 동시에 방문객의 관심을 끌기 위해 음향 세계와 소음 문제를 들여다보게 된 거죠."

실제로 여러 사람과 대화를 나눌 때마다 '음향 세계 형성'이라는 단어를 수없이 들을 수 있었다. 음향 전문가들은 소리의 개선에 대해 말하면서 음향 세계 형성이란 단어를 각자가 원하는 내용에 맞춰 쓰곤 했다. 상업적으로 음향 세계 형성을 둘러싼 관심이 증가하면서 그에 대한 이상적인 계획들 또한 세워지고 있다. 이 가운데 최고의 계획은, 역사적 음향 세계 형성 즉 오랜 시간에 걸쳐 환경을 특징지어 온 소리 유형의 연구에 관심을 쏟는 도시 계획 전문가와 예술가의 공동작업 결과를 활용하는 것이다. 이를 통해 오래된 교회의 종소리, 도시 광장의 시계 소리, 물 흐르는 소리, 심지어 발자국 소리 등 주변을 "상징하는 소리"의 가청도를 향상시킬 수 있다. 생물 다양성을 고려해서 식물과 새 소리 사이사이에 바람 소리를 들을 기회를 확대할 수 있다. 하지만 이러한 계획은 기술의 사용을 상당 부분 억제하고, 새로운 소리를 추가하기보다는 최근에 덧씌워진 소음 층을 벗겨 내는 일에 더욱 관심을 기울인다.

음향 세계 형성이 전문인 도시 계획 전문가로 런던 광역시와 협력해서 일하는 맥스 딕슨의 작품이 좋은 예이다. 딕슨이 이끄는 팀은 트라팔가 광장에 있는 분수의 소리가 자동차 소음에 파묻히는 현실을 바꾸고 싶었다. 내셔널갤러리에 가까운 분수의 한쪽 면에만 자동차

통행을 금지시켰을 뿐인데도 차량 소음이 전반적으로 감소했고, 분수에서 나오는 음파가 내셔널갤러리의 포르티코(대형 건물 입구에 기둥을 받쳐 만든 현관 지붕-옮긴이)로 자유롭게 흘러들어 가 박물관 입구까지 소리가 반사되고 증폭되어 광장에서 벌어지는 물의 콘서트를 가장 잘 즐길 수 있는 장소가 탄생하였다.[189)]

때때로 시각 등 다른 감각기관과 음향심리학을 활용해 침묵에 대한 감각을 높일 수 있다. 예를 들어 방음벽이 있는 지역에서 불쾌한 소음의 정도는 방음벽의 시각적 매력에 따라 10데시벨까지 차이가 난다는 연구 결과가 있다.[190)] 모습이 흉한 방음벽이 소음을 덜 차단한다고 느끼는 것이다. 또 다른 연구에 따르면, 떨어지는 물은 때때로 교통 소음을 가리는 최고의 방법이 되지만 금속 창살에 떨어지는 물은 침묵을 북돋우지 않고 배수 시설을 떠올리게 만든다. 여러 실험에 따르면 정적을 전달하기 위해서는 고주파 물소리가 좋다. 그중에서도 사람의 마음을 가장 편안하게 진정시키는 소리는 작고 울퉁불퉁한 돌 위로 떨어지는 물소리다.[191)]

이상의 원칙을 활용한 계획은 간단하면서도 설득력이 있다. 하지만 계획 추진자들의 매우 섬세한 의도는 내가 브뤼엘 앤드 케아에서 들었던 주요 대도시의 자기선전과는 맞지 않는다. 기업이 실질적인 이익에 더욱 관심을 기울이기 때문에 음향 세계 형성에는 어려움이 따르기 마련이다. 딕슨은 이렇게 말했다.

"문제의 뿌리를 파헤치지 않고 값싼 '응급조치'를 찾는 사람들이 전기음향학을 활용한다면 그 자체로 악몽이 될 수밖에 없어요."

악몽은 전기음향학에서만 비롯되지 않는다. 최근에 흔다는 캘리포니아 주 랭커스터에 있는 혼잡한 거리의 음향 세계를 만들기 위해 거액의 돈을 투자했다. 아시아의 몇몇 도시에서 이미 추진된 적이 있는 계획에 따라, 수천 개의 작은 홈을 아스팔트 위에 내 자동차가 지나갈 때 도로 표면에서 '윌리엄 텔' 서곡이 연주되게 했다. 특히 혼다 시빅이 시속 55마일로 주행할 때 소리는 가장 멋지게 들렸다.[192] 하지만 인근 주민들은 끊임없이 반복되는 로시니의 음악에 단단히 화가 났고, 오가는 차량으로 도로 표면이 닳으면서 음악의 질도 계속 떨어졌다.

실제로 오늘날에는 전 세계적으로 자동차 소음이 여러 소음을 덮는다. 세계 주요 도시에 정적을 만들어 내려면 막대한 비용이 들기 때문에 자동차를 가속할 때 나는 변덕스러운 소음은 사업가들에게 구미 당기는 마케팅 기회를 제공한다.

브뤼엘 앤드 케아에서 점심 식사를 마치고 회사 안을 견학했다. 여러 크기의 마이크, 핀 떨어지는 소리도 듣게 해 주는 검은 타원형 발포체, 동물원 동물의 체온을 측정하는 커다란 디지털 온도계처럼 생긴 음량 측정 장치, 서로 다른 재료로 안감을 대고 안에는 물건을 넣고 흔드는 실험에 쓰이는 상자, 전화 전송 주파수 시험에 사용하는 나사와 꺾쇠 등이 달린 인체의 머리 모형 등을 둘러보았다. 많은 수의 노트북에서는 실내 음향학과 환경 소음 관리 분야의 모형 제작 소프트웨어를 선보이고 있었다. 특히 이러한 소프트웨어는 브뤼엘 앤드 케아가 소음 지도 작성에 기여한 핵심적인 부분이다.

복잡한 공항 축적 모형에는 전선 위로 급상승하는 자그마한 비행기와 헬리콥터가 보였고 비행기 소음과 항공 교통 밀집 상태를 추적하는 작은 마이크가 설치되어 있었다. 무엇보다도 극적인 모습은 작고 검은 마이크 수십 개로 장식된, 거대한 거미줄처럼 보이는 금속 격자판으로 둘러싸인 실물 크기의 자동차였다. 이를 통해 엔지니어는 엔진과 차대의 모든 진동을 듣고 예측할 수 있고 이상적인 음향적 평형을 이루기 위해 소리를 미세하게 조절할 수 있다.

견학을 하는 도중에 브뤼엘 앤드 케아의 번쩍거리는 안내 책자를 건네받았다. 겉표지를 넘기자 도시의 네온사인을 배경으로 가죽 재킷을 입고 서 있는 건장한 남자의 커다란 사진이 나타났다. 온라인 강의를 중심으로 운영하는 브뤼엘 앤드 케아 대학교 소속 스벤트 게이드였다. 사진 속 그의 머리 위에는 다음과 같은 구절이 적혀 있었다.

“주위에 소리와 진동이 존재해서, 우리가 생활하는 일상 세계의 모든 측면을 관통한다. 우리에게 주어진 목표는 소리와 진동이 내 삶의 질에 영향을 미치지 못하게 하는 것이다.”

책자 내용에 따르면 이제 사람들은 소리와 진동이 자신의 건강과 행복에 무수한 영향을 미치고 있음을 알아 가고 있으며, 어떤 대상, 어떤 환경이라도 브뤼엘 앤드 케아의 첨단 소음 장치가 주는 혜택을 고르게 입을 수 있다.

도시 전체의 음향 세계를 만들려면 아직 갈 길이 멀지만, 브뤼엘 앤드 케아는 과거 침묵이 자리했던 공간을 메울 수 있는 새롭고 잘 조화된 소음이라는 무기를 통해 미래 소음 전쟁이 어떻게 전개되어 갈지 비전을 제시한다.

소음 지도

호르헤 루이스 보르헤스는 다음과 같은 유명한 우화를 남겼다.

"그 제국의 지도 제작술은 완벽의 경지에 이르렀기에 한 지방의 지도는 한 도시만큼 컸고, 제국의 지도는 한 지방만큼 컸다."[193]

결국 지도 제작자들은 이러한 지도에도 만족하지 않고 모든 지점이 제국 자체와 그대로 일치하는 크기의 지도를 만들었다.

소음 지도 작성을 주제로 한 더그 만벨의 특강을 듣다가 보르헤스의 말이 생각났다. 만벨에 따르면, 1980년대 후반부터 유럽연합의 지시에 따라 청력 보호가 필요한 구역을 식별하기 위해 거대 고용주들이 공장의 소음 지도를 그리기 시작했다. 1990년대 중반에는 독일과 네덜란드의 몇몇 도시들이 좀 더 광범위한 소음 지도 작성 계획을 수립했다. 1990년대 말에는 버밍엄 시의회의 존 힌턴이 "지도 자체뿐 아니라 전체 과정에서 볼 때도 탁월한" 소음 지도를 만들었다고 만벨은 설명했다. 이는 유럽소음강령에 따른 소음 지도의 선례가 되었다.

나는 대체 소음 지도가 무엇인지 물었다.

만벨은 소음 지도를 작성하려면 "건물 높이, 차량 속도, 도로 표면의 특징을 비롯해 도로에 관한 모든 사항이 필요해요."라고 대답했다. 정보는 실질적인 지도의 형태로 제시되지만, 진정한 전략적 기록은 통계 자료이다. 여기에 필요한 계산은 너무나 방대해서 초기 컴퓨터 세대에서는 불가능했다. 만벨은 독일의 튀링겐을 대상으로 소음 지도를 작성했던 브뤼엘 앤드 케아의 작업을 설명했다.

"튀링겐은 언덕이 비교적 많고, 도로 소음이 미치는 영역은 20만 평방킬로미터예요. 우리는 500만 개 이상의 지형 데이터 요소가 변화하는 도로 60만 곳을 50미터 기준선망에서 작업했어요. 시장에 출시된 가장 빠른 소프트웨어를 사용해서 컴퓨터 네 대로 계산하는 데 열 시간이 걸렸죠. 건물은 고려하지 않았어요. 건물을 포함하면 워낙 수도 많고 계산이 복잡해져서 시간이 너무 많이 걸리기 때문이죠. 그러면 시작하는 순간부터 비용 발생 위험이 따릅니다. 전략적 소음 지도는 음향의 문제가 아니라 자료 처리의 문제예요. 우리가 만드는 전략적 소음 지도는 지도 및 소음과는 전혀 관계가 없어요."

자칫 만벨의 말이 선문답처럼 들릴 수 있다. 하지만 회원국에 소음지도를 작성하도록 하고 빡빡한 최종 기한을 제시하면서 지키지 않으면 막대한 벌금을 부과하겠다고 엄포를 놓는 유럽소음강령 때문에 회원국들은 금전적으로 현실성 있는 방법을 찾아 나서게 된다.

나는 두 시간 더 교육을 받고 나서 소음 지도가 기본적으로 모든 인간의 움직임, 교통 기반 시설, 주요 제조업, 건물 유형, 주어진 지형에서의 땅의 윤곽 등을 지도에 나타낸 것이라고 파악했다. 최소한 그렇게 이해했다. 그러고 나서 코펜하겐 본부에 근무하는 유럽연합 소음 프로젝트 관리자 콜린 누젠트와 대화를 나누면서 좀 더 많은 이야기를 들을 수 있었다.

콜린 누젠트는 벨파스트 출신의 젊고 외모가 준수한 인물로 점잖은 아일랜드 사투리를 구사했다. 정책을 통한 유럽식 침묵 찾기를 설명하는 과정에서 기구, 위원회, 운영위원회, 연구, 네트워크, 센터 등을 언급하는 것으로 미루어 해당 분야에 필요한 지식과 기술을 소유한 인물 같았다.

누젠트는 강령의 첫 단계가 2007년 6월 30일까지 모든 회원국이 소음 지도를 완성해야 하는 것이었다고 침착한 목소리로 설명했다. 소음 지도에는 인구가 25만 명 이상인 도시, 연간 교통량이 600만 대 이상인 도로, 기차 운행이 연간 6만 대 이상인 철도 노선, 항공 교통량이 5만 건 이상인 공항의 전년도 소음도를 빠짐없이 기록해야 했다. 2012년에 이르면 회원국은 인구 10만 이상인 도시를 단위로 조사 대상 도시 수를 두 배로 늘려 같은 과정을 수행해야 한다.

실질적인 소음 감소 대책에 대해 묻는 내게 누젠트는 "상세한 계획이 세워져 있어요."라고 대답했다. 유럽소음강령은 회원국들에게 늦어도 2008년 7월 18일까지 최초로 작성한 소음 지도를 바탕으로 "유능한 당국자"들이 참여하여 "필요하다면 소음 감소를 포함해서 담당 영역 안에서 소음 문제와 영향을 관리하는 상세한 계획을 세우라고" 요구했다.

하지만 실제 진척 상황은 원래 의도에 못 미치고 있다. 11개 회원국은 2008년 봄까지도 상세한 계획을 실천하기는커녕 보고조차 하지 않았고, 그 후로도 강령이 설정한 기한을 지키지 않고 있다. 누젠트는 이렇게 덧붙였다.

"게다가 강령에 따르면, 주요 공항에서 비행 1천 회를 추가하기 위해 활주로를 확장하거나 주요 도로를 넓히는 등 수송 체계에 중대한 변화가 발생하면 반드시 소음 지도에 반영해야 합니다."

나는 도로와 활주로는 계속 건설되고 있지 않느냐고 물었다.

누젠트는 내 말에 수긍하면서 "그래서 엄격한 의미에서 우리가 작성하는 소음 지도는 이미 구식이에요. 주요 도로망이 수시로 바뀌기 때문이죠."라고 답했다.

나는 상세한 계획에 따라 어떤 종류의 소음 감소 조치가 취해졌는지 물었다.

"소음 감소는 강요 사항이 아닙니다."

누젠트가 말했다.

"회원국은 소음 지도를 작성하고 소음 감소를 위해 상세한 계획을 수립해야 하지만 강제적으로 실행해야 하는 것은 아니에요."

"소음을 감소하기 위한 강제 규정이 전혀 없단 말인가요?"

누젠트는 침착한 말투로 전혀 없다고 대답했다. 실행 여부는 오직 각 회원국이 결정해야 하는 문제라고 했다. 유럽소음강령이 회원국에 요구하는 사항은, 소음 지도를 작성하고, 지도에 나타난 사항을 토대로 소음 감소 계획을 세우라는 것뿐이었다.

나는 다시 한 번 현기증을 느꼈다.

소음 지도가 보르헤스가 묘사한 화려한 지도가 완성되기도 전에 구식이 되어 버리고 형형색색의 국경을 유지하는 것을 제외하고는 아무런 법적 구속력이 없다면 지도가 그토록 중요하다고 주장하는 이유는 무엇일까?

만벨과 누젠트의 설명에 따르면, 지도는 자체적으로 결함을 지니고 있지만 행동을 취하도록 정치가를 설득할 수 있는 강력한 도구이다. 프레젠테이션이 중요하기 때문이라고 만벨은 말했다.

"사람들은 시각적인 요소를 원하거든요."

정치인은 자기 지역구가 건강을 해치는 음량에 노출되어 있다는 사실을 입증하는 소음 지도로 무장하고, 자국이나 유럽연합 단체에 가서 지역구가 소음 감소를 위한 재정적 지원을 받아야 할 타당한 조건을 갖췄다고 주장한다. 누젠트는 자신이 속한 기관이 세계보건기구와 긴밀하게 협력하는 이유도 그 때문이라고 설명했다. 세계보건기구는 소음이 유발하는 질병의 평가에 대변혁을 일으키고 있다.

2009년 들어 세계보건기구는 소음이 건강에 미치는 악영향을 가장 확실하게 보여 주는 보고서를 연달아 발표해 새롭고 엄격한 소음 지침을 개발하기 위한 토대를 형성했다. 이 보고서들은 교통 소음이 특히 심장 혈관계에 파괴적인 영향을 끼친다는 연구 결과를 제시했다. 이때의 연구는 건강 문제에 영향을 미칠 수 있는 사회경제적 차이를 최초로 고려한 것이었다.(과거 소음 공해의 영향을 측정하려는 노력이 수포로 돌아간 이유는, 주요 도로나 공항 근처에 거주하는 사람들에게서 소음 공해를 제외한 기타 건강상의 위험 요소를 걸러 내기가 어려웠기 때문이다.) 또한 단독주택 내부의 각 구역에 소음이 끼치는 영향에 대해서도 지적하고 있다.

보고서의 이러한 방향은 상당히 장래성이 있어 보인다. 과거에 아무런 결실이 없었기 때문에 이번에도 소음에 대한 의학적 발견이 대중의 반란을 일으키지 않으리라 추측하는 것은 어리석다. 하지만 여전히 갈 길은 멀다. 유럽환경청과 세계보건기구의 소음 관련 대책위원회가 노련하면서도 강한 추진력을 발휘하고 있고 지금까지 유럽과 영국에서 나타난 소음 지도 작성 결과로도 알 수 있듯이 소음 지도는 고소음도 지역을 정확하게 가려내고는 있다. 그러나 원래 소음도가 높은 지역은 라이스가 고용한 대학생들이 교육을 받고 나서 그랬듯이 개인의 귀만으로도 매우 정확하게 구별해 낼 수 있다. 반면 중간 소음은 구별하기가 좀 더 어렵고, 낮은 소음은 거의 구별할 수 없다. 소음 지도에 고소음이나 중간 소음 지역으로 표시되어 있지 않은 곳은 측정을 게을리한 탓에 조용한 지역으로 분류되어 있는데, 이러한 지역도 실제로 방문해 보면 "매우 시끄러운" 곳이 많다고 누젠트는 말했다. 유럽소음강령은 조용한 지역의 개념을 소개하면서 국가가 그런 지역을 "유지해야 한다고" 규정했다. 하지만 결과적으로 조용한 미개발 지역은 인구 밀집 지역이 더욱 시끄러워지는 현상을 막기 위한 소음 투기 장소로 다뤄질 수 있다. 적절한 예를 들어 보면, 최근 영국 당국은 사우샘프턴 시에서 멀어지도록 비행기 노선을 재조정해서, 사람들이 조용하게 여가를 즐기려고 찾는 그림같이 아름다운 뉴포레스트 상공에 비행기가 지나게 만들었다.

세계보건기구의 보고서 덕택에 새로운 소음 연구를 위한 재정적 지원이 뒤따를 것이고, 이미 진행 중인 소음 지도 작성 노력에도 속도가 붙을 것이다. 이는 브뤼엘 앤드 케아 같은 기업, 누젠트가 몸담고 있는 유럽환경청처럼 회원국과 협력해서 유럽소음강령을 준수하도록 권장하는 기관이 소음을 측정하고 소음 감소 모델을 수립할 수 있도록 더욱 많은 재정적 지원이 따르리라는 뜻이다. 소음을 방지하려는 노력에는 비용이 들기 마련이다. 캘리포니아 주 새너제이보다 약간 더 큰 영국 버밍엄의 소음 지도를 작성하는 비용은 16만 5천 달러에 이르리라 추정되고 기관에 따라 이 비용은 쉽게 늘어날 수 있다.

소음 감소 운동의 선구자로 높이 평가받는 헨리 스푸너 교수는 1931년 10월 엔지니어들을 대상으로 당시 소음 감소 운동의 진척 상황에 대해 강연했다. 그는 최근 들어 새로운 소음 측정 도구의 고안에 성공했다는 사실을 강조하고 조심스럽게 이렇게 덧붙였다.

"많은 목적을 달성하려면 소음 측정이 중요하지만 여기에 지나치게 초점을 맞추면 진정한 위험이 따를 수 있고, 불필요하고 파괴적이며 유해한 소음을 억제하는 일이 무시될 수 있다. 하지만 위생 감시원이 악취 풍기는 물질이나 하수구를 바로잡는 조치를 취하고자 할 때 원시적인 측정 도구를 꺼내들지 않아도 되는 것은 다행이다."[194)]

대화가 끝나고 누젠트와 만벨은 바다 근처의 아름다운 광장으로 나를 안내했다. 그곳에서 우리는 최근 들어 소음 공해 분야의 활동이 각광받게 된 이유를 추측해 보았다. 누젠트는 1990년대 중반에 세계보건기구가 일련의 소음 지침을 마련했던 일을 기억해 냈다. 당시 소음에 대한 불만 대상은 운전자였다고 한다.

"운전자는 소음이 문제라는 사실을 일깨워 준 몇 안 되는 대상 중 하나였어요. 하지만 영국에서 발표된 소음 관련 통계를 보면 최대 불만 단일 대상은 개 짖는 소리랍니다."

누젠트는 키득거리며 말을 이었다.

"다른 불평은 저리 가랄 정도예요. 그 뒤를 바싹 따르는 것이 소란스러운 파티고, 나머지는 불평 근처에도 못 갑니다."

"개, 이웃, 도로. 맞아요, 도로 교통은 사실 아무것도 아니죠."

만벨이 비죽거리며 말했다.

우리는 그곳에서 작별 인사를 했다.

그날이 코펜하겐에서 보낸 마지막 날이었다. 복잡한 머릿속을 정리하고 싶었던 나는 호텔에서 일하는 친절한 덴마크인에게 자전거를 빌려 길을 떠났다. 자전거를 타고 지나는 길의 이름 모를 이웃이 요란한지 조용한지는 알 길이 없었다. 그저 속도와 바람을 느낄 뿐이었다. 내 얼굴에는 저절로 미소가 떠오르고 마음은 평온해졌다.

30분 남짓 달려 목적지인 뇌레브로 소재 아시스텐스 공동묘지에 도착했다. 덴마크 철학자 쇠얀 키르케고르가 묻혀 있는 곳이었다. 정문을 들어서서 자전거에서 내려 키 큰 나무가 양쪽으로 늘어선 거리를 천천히 걸었다. 새소리에 귀를 기울이며 키르케고르라는 이름이 새겨진 묘비를 찾았다. 시간이 꽤 걸렸지만 별로 개의치 않았다. 사방이 조용했고 따사로운 햇살이 나뭇잎과 묘비를 아름답게 내리비췄다. 마침내 하얀 십자가가 꽂혀 있고 하얀 석판 세 개에 키르케고르의 이름이 새겨진 묘비를 찾았다. 나는 그가 쓴 수필 〈들판의 백합과 공중의 새〉를 꺼내 읽기 시작했다.

"신이 창조한 하늘 아래 백합이 피어 있고 새들이 날아다니는 광경은 얼마나 장엄한가! 이유를 묻자 시인은 침묵이 있기 때문이라고 대답했다. 시인의 열망은 너무나 많은 말이 떠도는 인간 세상에서 벗어나 장엄한 침묵을 향한다. 시인은 인간과 동물을 구별하는 것은 말이라는 사실을 구슬프게 보여 주는 세속적인 인간 삶에서 떠나기를 바란다. 시인은 이렇게 말한다. '이것이 다른 존재와 구별되는 특징이라면, 나는 침묵을 훨씬 더 좋아한다.'"

제11장

승냥이 덫

The Dragon Trap

복잡한 소음 문제를 자세하게 들여다보면 자신의 비명을 보태고 싶은 충동을 느낄지 모른다. 소리 측정에 대한 스푸너 박사의 조심스러운 태도는 뉴욕 시 소음감소위원회가 작성한 두 번째 보고서에 드러나 있다. 1930년에 발표한 첫 번째 보고서에는 씩씩한 낙관주의가 담겨 있다. 여기서는 뉴욕 시민들이 "불필요한 소음 없이 사는 동시에 필요한 소음을 최소한으로 줄이고" 싶으면 "스스로 약간의 불편을 기꺼이 감수"할 수 있다고 결론지었다.[195] 하지만 위원회가 권고 사항을 실천하려 애쓴 지 겨우 일 년 만에 분위기는 어두워졌다. 1931년 보고서는 경구로 〈예레미야서〉의 말을 인용했다.

"들을지어다. 크게 떠드는 소리가 들리니 … 유다 도시를 황폐하게 하여 승냥이의 거처가 되게 하리로다."

오래 전에 보고서 내용은 "괴물 프랑켄슈타인" 같은 요란한 기계가

"대중이 고마워하며 선출한 대통령"이라는 극단적인 시각을 보이기 시작했다. "정적의 자리에 열광이 들어찼다. 생각하고 느끼는 정적은 사라졌다." 소음 자체가 "작은 신이 되었다."[196)]

침묵을 찾고 있던 나는 위원회의 절망감을 이해할 수 있었지만 나 자신이 같은 감정을 지닌다는 생각은 들지 않았다. 그리고 오랫동안 그 확실한 이유를 알지 못했다. 어쨌거나 오늘날 우리가 속한 음향 세계의 현실은 위원회가 상상했던 상황보다 어떤 면에서 더 극단적이다.

덴마크에서 돌아온 지 며칠 지나지 않은 어느 날 오후, 뇌 유연성 연구 분야의 선구자인 마이클 메르체니히와 대화를 나눴다. 메르체니히는 많은 아동의 청각 피질이 소음 지향적으로 재형성되어, 언어와 관련된 인지 기능에 파괴적인 영향을 미칠지 모른다고 주장했다. 그는 유럽에서 연구가 진행되고 있는 기본적인 교통 소음에 대해서는 언급하지 않았다. 다만 신생아 부모들이 사용하는 백색소음 기계에 대해 말했고, 무작위 소음 발생기를 병원과 집에 켜 놓아 신생아를 밤새 소음에 노출시키면 영아 돌연사 증후군의 발생이 감소한다는 보고도 있다고 말했다. 또한 시청하는 사람이 없을 때도 가정에서 텔레비전 소리가 배경으로 항상 윙윙거린다고 말했다.(보고에 따르면 자녀가 어린 미국 가정의 75퍼센트가 여기에 해당한다.[197)]) 그리고 시끄러운 선풍기와 에어컨 소리에 대해서도 말했다. 메르체니히는 지속적인 배경 소음이 아동의 언어 발달에 미치는 영향을, 구개열〔구개(口蓋)나 입술의 중간 부위가 붙지 않고 벌어진 상태-옮긴이〕을 가진 한쪽 부모가 자녀를 양육하는 경우에 비유했다. 이런 경우에 아이의 모국어 경험은 제한된다. "이때 아이들이 배우는 말은 사람들이 보통 사용하는 언어가 아니라 시끄러운 언어입니다."라고 메르체니히는 말했다. 다시 말해 아이는 신호와 소음이 끊임없이 섞이는 언어를 배우게 된다.

메르체니히의 얘기는 가장 기본적인 의미로 볼 때, 시끄러운 환경에서 성장한 아이들의 언어 처리 능력이 현저하게 저하된다는 뜻이다. 메르체니히는 정상적인 대화에서 주의력 부족으로 말뜻을 파악하지 못하는 아동의 수를 늘리는 이런 상황이 자폐증 발생을 증가시키는 주요 원인이라는 좀 더 무서운 예측을 내놓았다. 메르체니히와 대화를 나누고 얼마 지나지 않아 〈뉴사이언티스트〉가 필라델피아 소재 아동 병원에서 일정 범위의 소리와 음절에 대해 자폐 아동이 보이는 반응 시간을 측정한 결과를 보도했다. 연구 결과에 따르면, 자폐 아동의 소리 처리 시간은 20~50퍼센트까지 늦어졌다. 다음절 단어에서 단음절을 발음하는 데 걸리는 시간이 0.25초 미만이므로, 소리 처리 시간의 지체는 대화 이해도를 상당히 떨어뜨릴 수 있다.[198] 이러한 연구 결과와 메르체니히의 예측을 통해 볼 때, 자폐증 발생 증가는 현대의 과도한 음향적 자극의 확산과 직접적으로 관계가 있을 수 있다.

내가 끝까지 희망의 끈을 놓지 않으려 애쓰는 이유가 무엇이든, 위기가 다가왔다는 사실을 부정하기는 불가능해 보였다. 하지만 문제가 소음에만 있지 않고 우리가 문제를 떠올리는 방식과 관련이 있다는 느낌을 떨쳐 버릴 수 없었다. 백색소음 장비나 아이팟의 전원을 끄는 것은 수송 체계를 끄는 것과는 다르다. 원하기만 한다면 버튼 한 번 누르는 동작으로 이 새로운 소음 악몽을 순식간에 끝낼 수 있는 것이다.

하지만 내 생각이 옳고 우리가 어쨌거나 잘못된 방식으로 노력을 기울이고 있다면, 소음 및 소음 방지의 함정에서 벗어나기 위해 어떻게 해야 할까? 나는 드디어 승냥이가 나타났다고 생각했다. 이제 덫으로 승냥이를 잡으려면 어떻게 해야 할까?

여기, 승냥이에 관한 재미있는 사실이 있다. 성서를 잠시 한쪽으로 밀어 놓으면, 승냥이는 매우 다른 모습을 띤다. 불교에서 승냥이는 깨달음을 얻은 스승과 불법(佛法)의 수호신인 용이다. 용의 존재는 조용한 깨달음의 추구와 관계가 있다. 또한 인간의 형태를 취하고 심지어 인간과 짝을 지을 수도 있는 형태 전환자이다. 거의 모든 일본 사찰과 불교 수도원의 천장에는 건물을 보호하는 용이 그려져 있다.[199]

소음과 마찬가지로 승냥이 또한 관점의 문제일 뿐이다. 덫으로 승냥이를 잡는 또 다른 방법은 그 괴물성에 쏟던 관심을 거두고 잘 달래 자기편으로 만드는 것이다. 그렇다면 요란한 야수의 존재를 어떻게 잘 다룰 수 있을까?

방음 및 테크노크라시(technocracy, 과학 기술 분야 전문가들이 주도적으로 권력을 행사하는 정치·사회 체제–옮긴이) 정책이라는 공식 통로를 통해 침묵 추구를 살펴보다가 소음의 새로운 면을 밝혀냈으므로, 용에 대한 영감을 얻으려면 그 존재를 직접 보러 가야겠다는 생각이 들었다. 아니면 소용돌이치며 등장하는 비늘 달린 야수를 관찰할 수 있는 정원이라도 찾아가 봐야겠다고 생각했다.

침묵의 정원

선선한 봄날 아침 오리건 주에 있는 화려한 포틀랜드 재패니즈 가든의 입구에 서서 정원 관리 이사인 버지니아 하몬이 도착하기를 기다렸다. 자동차가 나타나리라 짐작하고 도로를 내려다보고 있었는데 하몬은 정원의 아래쪽 가파른 언덕 너머로부터 걸어서 모습을 드러냈다. 하몬과 동행했던 체구 작은 아시아계 여성은 나에게 미소를 지어 보이고 사라졌다가 하몬과 내가 거닐며 대화를 나누는 동안 이따금씩 나무 사이로 나타났다. 아주 인기 많은 요리사라고 하몬이 다소 퉁명스러운 말투로 전해 주었다.

하몬은 고불거리는 금발 머리에 키가 크고 우아한 여성이었다. 걸음걸이가 힘차고, 다소 딱딱하고 명확한 말투는 상당히 진지하게 들렸지만 언뜻 스치며 상대방의 마음을 누그러뜨리는 미소가 단연 돋보였다. 정원 사이로 나 있는 길을 걷는 동안 나는 하몬의 빠른 걸음걸이를 쫓아가느라 바빴다. 그러는 중에 다도(茶道)에서의 침묵의 중요성과 일본식 정원에 대해 들은 이야기가 내 마음을 사로잡았다.

하몬은 일본식 정원에서 물은 정화하는 역할을 맡는다고 했다. 씻김 의식에 사용될 뿐 아니라 물의 기분 좋은 소리가 침묵을 강조하기 때문이다. 하몬은 단독 구조물이 구심점으로 작용하는 서구식 조경 설계와는 달리 일본식 정원에는 징검다리, 소나무, 초롱 등 눈길을 끄는 구심점이 많다고 했다.

"일본식 정원에는 나뭇가지의 움직임, 나뭇가지를 흔드는 바람의 소리, 사람 자신의 움직임을 포함해서 모든 요소가 표현됩니다."

마침내 모래와 돌의 정원에 도착했다. 선종 사찰의 승려들이 개발한 "건조한 풍경"이었다.

"과거 봉건시대에는 승려들이 성을 차지했고, 명상 과정으로 자갈밭을 일구어 식물을 재배했어요."

정원의 조경 형식은 먹을 갈아서 붓으로 절벽과 폭포를 두루마리에 표현했던 중국인들의 그림에서 발전했는데, 이 그림에서 절벽과 폭포 사이에 있는 방대한 빈 공간은 대부분 안개에 덮여 있어 너머에 존재하는 미지의 세계를 나타낸다. 정원에 깔린 하얀 자갈은 그 같은 빈 공간, 침묵이기도 한 비어 있음을 그대로 드러낸다. 자갈밭을 가는 행동은 깨달음을 향한 인간의 갈망으로 볼 수 있다. 하몬은 말을 이었다.

"우리의 시각적 초점은 멀리 보이는 돌다리에 있어요. 그곳은 인간에서 영혼으로 실질적 변화가 일어나는 장소예요. 갈퀴로 자갈밭을 갈면 비어 있음에 초점을 맞추는 것이 그다지 힘겹게 느껴지지 않아요. 결국 우리는 중단과 비어 있음을 이용해 사람을 환영하는 분위기가 감도는 트인 공간을 만드는 거죠."

가장 초기 형태의 정원으로 14세기 교토 외곽에 조성된 모스 사원의 정원이 있다. 선승 무소 소세키가 고대 고분에서 커다란 돌 50개를 가져다가 삼 단짜리 마른 폭포를 만들었다.[200] 이 정원에서 움직이는 것은 시시각각 각도를 달리하며 나무 사이로 내리쬐는 햇볕뿐이지만, 돌이 무너져 내리지 않을까 생각에 잠겼던 방문객들은 이따금씩 폭포에서 물이 천둥처럼 쏟아져 내리는 상상을 하면서 철저한 침묵이 간간이 끊겼다고 말했다. 이처럼 식물이 거의 없고 갈퀴로 긁어 소용돌이로 만든 자갈과 불규칙하게 박혀 있는 돌이 보이는 정원은 거의 전적으로 보는 사람의 마음이 만들어 내는 작품이다. 철학자 엘리엇 도이치는 교토에 있는 또 다른 정원을 언급하면서, 그 정원이 어떻게 "잠재성에 대해 다양한 관점"을 만들어 내는지 묘사했다.[201] 정원은 명상을 자극하지만, 그 명상은 정원이 아닌 깊은 정적에 대한 명상이다. 명상은 유현(幽玄)의 발현이다. 유현은 침묵과 비슷한 개념으로 14세기 일본 노〔能(능)〕 극의 대가인 제아미는 이를 인간이 쏟는 모든 노력의 절정으로 생각했다. 유현의 침묵은 순수한 존재감을 향한 갈망과 연결된다.

우리는 젠 정원에서 나와 찻집까지 구불구불 이어진 길 아래쪽의 지붕과 기둥으로 된 대기 공간까지 걸었다. 하몬이 "여기는 다도 장소가 시작되는 첫 지점이에요. 다도는 여덟 시간 동안 계속되기도 해요." 라고 설명했다. 하몬은 찻집이 자리한 언덕을 올려다볼 수 있는 벤치로 나를 안내했다. 16세기 일본의 다도 대가인 센 리큐는 선종에서 끌어온 개념과 다도를 결합하는 데 앞장섰다. 하몬은 소박한 단순성, 절제, 침묵을 바탕으로 하는 이상적인 찻집 건축에 대해 간략하게 설명했다.

"리큐가 활동했던 시대에 쇼군은 결국 통제권을 잃고, 민간인이 더욱 많은 권리를 갖게 되었죠. 리큐는 찻잔에서 평화를 찾을 수 있다는 점을 보여 주려 했어요. 무사들이 리큐의 말에 귀를 기울이면서 칼을 치우고 국화와 펜을 집어 들게 되었답니다."

개인적으로 마음에 드는 변화이기는 하지만 무사들이 리큐의 말에 귀를 기울인 이유는 무엇이었을까?

하몬이 말을 이었다.

"당신이 지금 앉아 있는 자리는 찻집으로 가기 위해 곧 일어설 손님을 위한 거예요. 여기서 좌석은 지위의 높낮이와 상관없이 도착한 순서대로 정해집니다. 이 벤치에 앉아 기다리는 손님은 다른 사람보다 먼저 일어나면서 실례한다고 말할 때를 제외하고는 침묵을 지키죠."

우리는 찻집을 나와 깨진 돌에 이슬이 맺혀 있는 길을 따라 걸었다. 하몬은 찻집의 한쪽에 서 있는 낮은 건물을 가리켰다.

"저곳은 탈의용 정자예요. 무사들은 찻집 입구가 자신의 키보다 낮고 좁아서 차고 있던 긴 칼을 정자에 벗어 놓고 들어갔어요. 바로 리큐가 의도했던 점이었죠. 칼뿐 아니라 칼 모양의 풀이나 붓꽃 잎사귀 하나도 찻집에 가져갈 수 없었어요. 찻집 안에서는 손님 사이에 성이나 신분, 빈부의 구별이 없었죠. 다도에 가져갈 수 있는 유일한 물건은 평화를 상징하는 부채였고, 거기에는 '나는 전쟁과 모든 걱정거리를 찻집 바깥에 기꺼이 놔두겠습니다.'라는 뜻이 담겨 있었어요."

우리는 언덕을 계속 올라갔다. 하몬은 손님들이 울퉁불퉁한 돌길을 걸으면서 복잡한 외부 세계에서 벗어나 목가적이고 한가로운 상태로 들어가는 경로를 생각하게 된다고 했다. 두 번째 손님은 탈의 정자에서 찻집까지 움직이는 첫 번째 손님의 모습이 사라질 때까지 대기 공간에서 기다려야 한다. 돌길 위에서 발자국을 뗄 때마다 바깥 세계의 껍질이 하나 둘 벗겨지고 비움과 정화가 이루어진다. 하몬은 이렇게 말했다.

"나는 일본에서 6년 동안 공부했어요. 디딤돌을 밟으면서 찻집까지 걸음을 옮길 때마다 스승은 계속 '너의 걸음걸이는 뭔가가 잘못되었다.'고 지적했어요. 결국 스승에게 불려나온 스승의 아내가 거의 움직이지 못할 정도로 몸에 꽉 끼는 기모노를 내게 입혔죠. 그때서야 정원에 디딤돌을 놓은 이유를 알게 됐답니다."

나는 하몬에게 일본식 정원과 어떻게 인연을 맺게 되었는지 물었다.

일본 농부의 가정과 이웃했던 할머니의 텍사스 농장에서 어린 시절을 보낸 이야기로 시작해서 일본식 정원에 얽힌 하몬의 이야기는 길고도 많았다. 하몬은 열일곱 살에 뉴욕 시로 이사 오고 나서 친하게 지낸 일본 여성에게서 일본의 언어와 사고에 대해 배웠다. 그러면서 의과대학 과정을 마치고 휴스턴 소재 성요셉병원의 위내시경 부서를 책임지게 되었다.

"그러다가 어느 날 문득 '이제 위내시경 검사는 그만할 거야. 뭔가 새로운 일을 시작해야 해.'라고 생각했죠."

찻집에 들어갔을 때 하몬은 경험의 모든 측면이 조화를 이루도록 찻집이 설계되었다고 설명했다.

"조화, 존중, 순수를 이루면 반드시 정적이 따라온다는 것이 리큐의 생각이었어요."

하몬은 기모노 소매를 모방한 기다란 문, 정원을 향해 있고 다도가 이루어지는 다다미방을 포함해서 집의 구조를 이루는 여러 요소를 지적했다.

"다도가 행해지는 동안에는 대화를 하지 않아요. 실례한다고 말하는 경우는 있을지 모르지만 노련한 손님은 주인이 아무 말 하지 않아도 언제 어떻게 행동해야 할지 알거든요. 모두들 바닥에 앉고 호흡도

일치시키기 때문에 숨소리조차도 들리지 않죠. 찻잔을 들고 앞뒤로 움직일 때 실크 기모노가 바닥에 스치는 소리가 들려요. 다른 소리도 자그마하게 들리기는 해요. 우선 숯 위에 올려놓은 찻주전자에서 물 끓는 소리가 납니다. 찻주전자가 식으면 소리가 멈추고 손님은 대나무 국자를 들어 일부러 달각달각 소리를 냄으로써 침묵을 강조하고 깊은 고독을 표현하죠. 그리고 물 따르는 소리, 잔에 입술을 대고 차를 마시는 소리가 나요."

역사가 유리코 사이토는 리큐 시대를 '불완전함의 미학의 개화기'라고 일컬었다. 닳은 디딤돌에서부터 불규칙한 모양의 작은 연못, 낡은 다도 도구(리큐는 주인이 심하게 금이 간 찻잔을 다루는 방법에 대해서도 자세하게 기록했다.)에 이르는 모든 것이 전통과 우연성을 강조한다. 이러한 사물이 말없이 이야기를 전달한다. 사람들은 다도를 통해 무상함을 마음에 새긴다. 14세기 불교 승려로 리큐 다도의 미학에 많은 영감을 주었던 요시다 켄코는 이렇게 썼다.

"인간이 아다시노의 이슬(일본 아다시노 넨부츠지는 예로부터 묘지로 알려져 있기 때문에 '아다시노의 이슬'은 인생무상의 상징으로서 시조 등에 자주 등장한다.-옮긴이)처럼 결코 사라지지 않고 토리베야마를 덮은 연기(일본 헤이안 시대에 귀족들을 태워 장사지내던 산으로, '토리베야마의 연기' 또한 인생무상을 상징한다.-옮긴이)처럼 스러지지 않고 세상을 영원히 떠돈다면 사물이 인간을 움직일 힘을 잃지 않겠는가! 삶에서 가장 소중한 것은 바로 삶의 불확실성이다."

사이토의 말을 빌리자면, 리큐 다도에서 사용하는 금 가고 닳은 도구는 변화와 죽음의 자연스러운 과정에 순종하는 인간 자아를 가리킨다. 이와 비슷하게 다도에서의 의도적 침묵은 침묵 가운데 솟아나

는 개인의 소리를 강조하고 그 소리를 다시 침묵으로 녹인다고 말할 수 있다.[202]

다도가 끝나면 손님들은 그날의 다도를 위해 아름다움을 희생한 한 송이 국화꽃에게 마지막 목례를 한다고 하몬은 말했다.

"손님들은 하나둘 다도 장소를 뜨고 다도에서 겪은 개인적인 경험을 서로이든 누구에게든 절대 말하지 않아요. 찻집에 다시 초청받더라도 같은 집단과 초청받는 일은 없답니다. 다도가 진행되는 내내 손님들은 햇빛과 그늘의 움직임을 커튼을 통해 바라봐요. 그러다가 찻집을 나서면 햇빛의 조화로 인한 정원의 또 다른 모습을 보게 됩니다."

리큐는 칼을 버리고 침묵을 경험하도록 무사들을 이끌었다. 무사들은 침묵하면 가능한 한 많은 감각을 경험할 수 있다는 사실을 깨달았다. 도이치가 썼듯이 처음에는, 특히 젠 정원에서의 경험이 "자신의 평범한 존재감과 일상의 단조로운 혼돈에서 벗어나는" 정도일 때는 정원의 아름다운 광경에 압도될지 모르지만, 사람들은 "존재의 진리 가운데 스스로 예술 작품이 되는 방법을 배워야 한다." 17세기 시인 바쇼는 세계에 귀를 기울이는 행동이 세계와 하나 되는 방식이라고 주장했다. 그는 "인간이 고요히 바라볼 때 만물의 참모습을 깨닫는다."고 썼다. 그리하여 인간은 "소나무로 만든 물건에서 소나무를 배우고 대나무로 만든 물건에서 대나무를 배우게" 된다. 이와 같은 방식으로 인간은 다도 의식에 참가한 손님들 사이에 일어나는 것과 같은 자발적이고 자연스러운 조화를 이룬다.

동양을 연구했던 서구 학자 A. L. 새들러는 1929년 다도에 대해 이렇게 썼다.

"모든 계급의 사람들이 다가갈 수 있는 동시에 단순성과 신중함의 유행을 만들어 내는 제도이다. 모하메드의 사원과 크리켓 경기장의 장점을 결합해서 모두가 평등하게 만날 수 있는 장을 제공한다. 여기에 프리메이슨의 집회소와 퀘이커 교도의 예배당이 지닌 장점을 덧붙이고 싶어 하는 사람도 있다."[203]

찻집을 나선 후 정원 뒤편의 작은 건물에서 커다란 그릇에 담긴 트레일 믹스(trail mix, 견과류, 말린 과일 등을 섞은 것으로 캠핑 여행 등을 할 때 체력 보강을 위해 먹는다.-옮긴이)를 말없이 먹고 있는 하몬의 친구와 마주쳤다. 하몬이 나를 향해 미소를 지었다. 이제 정원을 떠날 시간이 된 것이다.

침묵의 세계

나는 유쾌한 기분으로 뉴욕에 돌아왔다. 모든 방문객 특히나 무사까지도 침묵하게 만든 리큐의 방식에 저절로 감탄이 우러났다. 그러나 정원에서 내가 한 경험은 지난 시대의 역사를 연구한 일에 다름 아니라는 생각이 들었다. 그것이 의미 없는 일은 아니다. 우리는 더 많은 젠 정원을 지어야 한다. 하지만 이렇듯 매력적인 오아시스는 4백여 년 전 일본인의 마음을 빼앗은 만큼 위력을 발휘하지는 못할 것이다. 하몬은 내게 다음과 같은 자신의 생각을 들려주었다. 일본식 정원의 진가를 알아보려면 고독함 속에 있어야 한다. 하지만 포틀랜드 재패니즈 가든은 일본식 정원이기 이전에 공공 정원이 되어야 한다. 하몬은 일본에서조차도 입장 시간과 입장객 수를 제한하는 정원은 거의 남아 있지 않다고 덧붙였다.

지금 우리가 할 수 있는 일은 무엇일까? 내가 젠 정원에서 배운 점은 이렇다. 개인적으로나 대중적으로 좀 더 많은 침묵을 누리고 싶다면 다른 분야를 추구하기 위해 구조물을 짓듯 침묵을 품을 수 있는 공간을 지어야 한다. 바로 현재 장소와 시점에서 침묵을 포용하는 장소가 필요하다. 오늘날 우리에게 침묵이 부족한 이유는 건축에서의 실패 때문이라고 말하는 사람도 있다. 위대한 미국 건축가 루이스 칸(Louis Kahn, 20세기 최고 건축가의 하나로 절제된 형태 속에 영감과 사색의 공간을 창출했다.–옮긴이)은 공감을 북돋우고 침묵을 품는 공간의 창조를 사고의 중심에 놓았다. 나는 오늘날 이와 같은 공간을 어떻게 만들 수 있을지 궁리했다. 그러던 와중에 운 좋게도 한젤 바우만을 만났다.

청각장애 공간

"지금 이 일이 모험이 될 것이고 앞으로 무슨 일이 일어날지 아무도 모른다고 생각해요."

한젤 바우만이 휴대전화 폴더를 열어 시간을 확인하며 말했다.

"늦어지네요."

그는 고딕 복고풍의 채플 홀을 흘끗 올려다보았다.

"이 건물을 지은 빅토리아 시대 사람들이 뭘 알긴 알았네요. 햇빛이

저 기다란 창문을 뚫고 건물의 한 면에서 다른 면으로 옮겨 가는 것을 보세요. 캠퍼스 전체를 아우르는 투과성, 북쪽 창유리 크기의 절반인 남쪽 창유리, 구조물과 태양의 미묘한 관련성… 이 모두가 실제로 침묵에 귀를 기울이고 있어요."

그는 휴대전화 폴더를 다시 열었다.

"사람들이 호의적이었으면 좋겠어요."

바우만과 나는 세계 유일의 청각장애인 대학교인 갤로뎃대학의 주차장에서 학생들이 도착하기를 기다리고 있었다. 워싱턴디시의 여러 그룹과 협력해 하루 동안 프로젝트를 진행하기 위해서였다. 이는 갤로뎃대학 학생들과 인근 지역 거주민이 처음으로 한자리에 모이는 행사였다. 바우만이 선두에서 지휘하고 있는 캠퍼스 개조 공사에 포함될, 두 사회를 연결하는 보행자 통로를 내는 일을 위해 마련한 자리였다. 앞으로 만들어질 통로의 명칭은 '6번가 회랑'이었다. 이는 막연하게 지역 사회와 손잡으려는 전형적인 캠퍼스 개조 공사와는 달랐다. 청각장애인의 지각(知覺) 경험을 설계와 결합하는 '청각장애 건축(Deaf Architecture)'의 도약대가 될 공사였다. '6번가 회랑' 계획의 목적은, 물리적 공간을 이해하는 청각장애인이 좀 더 넓은 세계에 기여할 수 있는 중요한 자질을 갖고 있다는 점을 입증하는 것이다. 청각 정보를 거의 받지 못하거나 전혀 받지 못하는 상태에서 공간을 보면, 시각적 공간 이해에 어떤 현상이 일어날까? 침묵의 의사소통을 북돋기 위해 설계된 건축은 우리가 들을 수 있든 없든 세상과의 관계를 어떻게 확장할까? 동적이고 사교적인 침묵을 위해 지어진 건물은 어떤 모습일까?

바우만은 눈매가 시원하고 짧게 깎은 흰 머리에 체격이 아담했다. 복고풍 검은색 안경을 눌러쓸 때면 노르딕 스키 강사처럼 보였다. 학생들이 바우만에게 붙여 준 수화 별명은, 엄지와 집게손가락을 모아서 가슴 왼쪽까지 끌어내리는 동작으로 '너무 귀여워서 주머니 속에 넣고 싶다.'는 뜻이다.

갤로뎃대학의 청각장애 교수진과 학생들이 함께 참여한 워크숍에서 처음 거론된 '청각장애 건축'은 아직 초기 단계를 벗어나지 못했다. 청각장애인이 아닌 바우만은 캘리포니아 인 특유의 점잖은 억양으로 "건축은 내가 여태껏 배워 온 전부이고, 그중 큰 부분은 미지의 세계입니다."라고 힘주어 말했다. 나는 그가 갤로뎃 청각장애 공간 계획이 궁극적으로 성공하리라는 희망을 품고 모험을 하고 있다고 느꼈다. 바우만이 어렸을 때 어머니는 어린 아들에게 집 뒤뜰을 양도했다. 어린 바우만은 일요일마다 공사장에 가서 쓰다 남은 나무를 가져다가 집을 만들고, 신화에 나올 법한 야수의 이름을 붙여 어머니의 친구들에게 팔았다. 갤로뎃대학에 오기 전 마지막 작업으로 바우만은 양성자 가속기가 들어갈 건물을 오크리지에 지었다. 그는 과학자들이 "분명히 그들만의 언어를 가지고" 있고, "그들이 속한 문화에 맞춰 일할 수 있도록" 자신을 도와주었다고 말했다. 바우만은 지금 자신이 하는 일에 대해, 한 번도 외부의 소리를 들어본 적이 없는 사람들을 위한 환경을 조성하고 여기에 인간성을 부여하는 일이라고 말했다. 그는 "갤로뎃대학의 많은 건물은 청각장애인에게 귀 기울일 수 없는 사람들의 손으로 세워졌어요."라고 덧붙였다.

몇 달에 걸쳐 침묵에 대해 생각하는 동안, 청각장애인과 더욱 많은 시간을 보낼 수 있었다.(내가 여기서 사용하는 청각장애인이란 용어는 자신만의 언어와 전통, 가치를 지닌 독특한 문화 집단을 가리킨다.) 나는 청각장애인의 경험이 내가 연구하는 주제의 반대 영역에 걸쳐 있다고 느꼈다. 청각장애는 극도의 소음 노출에 따른 가장 두드러지면서 비극적인 결과이지만, 다른 한편으로 청각장애인은 침묵을 특별하게 이해하는 능력을 지닐 때가 많다.

수세기 동안 청각장애인들은 자신들의 침묵 경험에 대한 경멸적인 표현을 들어야 했다. 청각장애인은 "침묵 속에 갇혀 있다."는 주장처럼 말이다. 또한 많은 수의 청각장애인들이 미칠 것처럼 커다랗게 들리는 이명으로 고통을 겪고, 뇌 안에서 발생하는 다른 소리로 괴로워한다. 작가 마이클 코로스트는 인터뷰 자리에서 "두뇌는 더 이상 감각이 입력되지 않으면 환각을 느낀다."고 말했다. 코로스트는 평생 청력이 손상된 상태로 살다가 2001년 여름 완전히 청력을 잃었다. 그는 하루 종일 환청에 시달렸던 당시를 이렇게 설명했다.

"아침에는 커다란 비행기 엔진 소리, 쇠사슬 자르는 톱 소리를 포함해서 정체불명의 굉음이 났어요. 저녁이 되면 음악 소리가 났고요. 여러 가락이 뒤범벅돼 들리자 내 두뇌는 저장되어 있는 청각적 기억을 구석구석 뒤졌죠. 완전히 청력을 잃고 인공 달팽이관을 이식받기까지 석 달 동안은 내 삶에서 가장 요란하고 시끄러운 때였어요."

갤로뎃대학의 많은 사람들이 내게 말해 주었듯 시각적 소음도 있다. 갤로뎃의 카페테리아에 가면 수많은 손이 빙빙 돌고 이리저리 바쁘게 움직인다. 한 청각장애인 학생의 설명에 따르면, 이러한 시각적 자극에 지칠 대로 지쳐서 카페테리아를 벗어나 잔디가 펼쳐진 캠퍼스로 나오면 마치 록 콘서트에서 빠져나온 것 같은 안도감을 느낀다고 했다.

하지만 이러한 모든 요소 속에서도 청각장애인들과 대화를 나누면 나눌수록 침묵의 의미에 대해 그들에게 배울 점이 많았다. 청각장애인에게는 외부 세계에서 받아들여 씨름해야 하는 청각적 과부하가 훨씬 적으면서, 대부분의 사람들이 고요함으로 생각하는 요소가 훨씬 많다. 오늘날 갤로뎃에서는 많은 학생이 인공 달팽이관을 이식받고 있지만 대부분 전원을 꺼 놓는다고 한다. 하루에 소리를 즐기거나 듣고 싶은 시간은 매우 적다고 말하는 학생도 있었다. 왜 그럴까? 침묵을 더욱 많이 누리는 것이 목표인 사람이 많기에, 침묵 찾기에 대해 청각장애인의 이야기를 듣는 것은 무척 바람직한 일이다.

내 경우에는 청각장애인들과 대화를 나눌 때 가장 심도 있는 경청을 하게 된다는 느낌이 들었다. 18세기 후반에 청각장애인으로 살았고 대중을 상대로 수화를 옹호하는 글을 최초로 썼던 피에르 데스로제의 말이 마음에 와 닿았다.

"일반적으로 청력을 상실하면 주의력이 더욱 발달한다. 생각에 집중할 수 있어서 사색과 명상 상태에 다가설 수 있다."[204]

나폴레옹 시대에 가장 중요한 청각장애인 교육기관이었던 앵스티튀시옹 나시오날에서 수석 교사 자리까지 오른 청각장애인 교육가 루이 프랑수아 조제프 알로이는 청력이 정상인 사람들은 "부자로 태어난 아이들"과 같아서 자신에게 쏟아지는 풍성한 감각적 인상에 무디다고 주장했다.[205] 앵스티튀시옹 나시오날이 19세기 프랑스에서 재능 있는 화가와 조각가를 많이 배출한 일은 결코 우연이 아니다. 청각장애인의 시각적 능력은 세속적으로 많이 활용되고 있다. 1920년대 남아프리카공화국 케이프 주의 한 청각장애인 학교는 분실 물건을 찾는 능력을 갖춘 사람이 많은 곳으로 이름을 날렸다.[206)]

청력을 잃으면

청력을 완전히 잃으면 어떤 사태가 벌어질까? 갑자기 청력을 잃은 사람들은 어째서 아무 소리도 들을 수 없는지 묻기보다는 자신이 어디에 있는지 묻는다는 놀라운 사실을 앞에서 언급했다. 나는 감각 차단 탱크(sensory deprivation tank) 안에 떠 있을 때 완전한 청력 상실을 경험한 바 있다. 탱크는 작은 방음실에 놓여 있었다.

처음에 밀려왔던 폐소공포증을 극복하자, 나의 움직임에 따라 출렁이고 잔잔해지는 소금물에 대한 촉각이 더욱 미세해지고 있다는 사실을 깨달았다. 40분가량 떠 있다 보니 배관에서 귀에 거슬리는 야릇한 물소리가 들렸다. 틀림없이 누군가가 탱크의 여과 장치를 켰다고 생각해서 화가 났다. 소음은 사라졌다가 다시 들렸다. 이내 그 소음이 침 넘기는 소리라는 것을 깨달았다. 귀로 듣지는 않았지만 침이 목구멍을 타고 내려가 뼈와 연조직으로 이루어진 경로를 따라 울려 퍼질 때의 진동으로 들었던 것이다. 사람들은 청각장애인이 진동을 느낀다는 사실을 잊고 있지만 청각장애인은 정상인보다 훨씬 강렬하게 진동을 느낀다. 피부에 닿는 음파의 느낌이 청각 처리 과정이 없다 해서 차단되는 것은 아니기 때문이다. 탱크에 떠 있는 동안 나는 몸 전체로 세상의 소리를 듣는 것이 무엇인지 이해하기 시작했다. 이는 포유류의 조상은 말할 것도 없고 귀가 없는 온갖 동물이 처한 상태이기도 하다. 피부를 통해 소리를 감지하는 것은 자신의 신체 형태라는 건축물로 돌아가는 방법의 하나이다.

10년 전 토니 라콜루치는 센트럴 파크 저수지를 돌면서 하프 마라톤 훈련을 하고 있었다. 스스로 운동신경이 있다고는 생각지 않았지만 매일 규칙적으로 달리자 예전과는 달리 힘이 새롭게 솟구치는 것 같았다. 워크맨은 훈련에 중요한 역할을 했다. 마라톤에 적합하도록 몸을 적응시키려면 장거리를 일정 속도로 달리는 훈련을 해야 하는데 자칫 지루해지기 쉬웠기 때문이다. 8월의 어느 날 그녀는 기운을 북돋워 주는 경쾌한 음악을 크게 틀어 놓고서 훈련을 시작했다. 그런데 이내 헤드셋의 오른쪽이 문제를 일으키더니 소리가 점점 작아지면서 희미한 정전기만 간헐적으로 생길 뿐 거의 먹통이 되었다. 이틀 연속 헤드셋이 말썽이었다. 더위 속을 뛰던 그녀는 갑자기 등골이 오싹해졌다. 헤드셋을 돌려서 제대로 작동하고 있는 왼쪽을 오른쪽 귀에 대면 어떻게 될까? 그렇게 생각하고 용기를 내서 실제로 행동으로 옮기기까지 몇 분이 걸렸다. 그녀는 마침내 헤드셋을 돌려 썼다. 쥐 죽은 듯 잠잠했다. 헤드셋을 다시 돌려 쓴 라코루치는 그 자리에 우뚝 서고 말았다. 그녀는 집에 돌아오는 길에 의사에게 전화를 걸어 다음 날 약속을 잡았다.

의사는 라콜루치의 오른쪽 청력이 완전히 사라졌다고 말하면서, 청력 상실이 노화로 인한 보통의 경우보다 더 빨리 진행되었고 내이가 손상되었거나 내이에서 두뇌에 이르는 신경 통로가 손상되었기 때문이라고 설명했다. 시티 촬영으로도 문제점을 찾지 못했다. 게다가 몇 년 후에는 음악 공연에 가서 요란한 음악을 듣고 나서 왼쪽 귀의 청력까지 갑자기 퇴화되고 말았다. 인공 달팽이관을 이식하기 위해 검사를 받다가 청신경에 종양이 있는 청신경종이 발견되었다. 증거는 아직 불충분하지만 여러 연구 결과에 따르면, 청신경종과 장기간에 걸친 소음에의 노출은 관계가 있다.(청신경종은 장기간에 걸친 휴대전화 사용과도 관계가 있다.) 라콜루치는 여러 해 동안 음악을 크게 들었던 자신의 습관 때문에 종양이 악화되었으리라 확신하고 있다. 또한 소음의 영향에 대해 좀 더 잘 알았더라면 청력의 일부라도 구할 수 있었고, 종양의 악화를 부추겼던 음향적 자극이 없었다면 처음부터 종양이 생기지 않았을지 모른다고 생각하고 있다.

나는 롱아일랜드 소재 헬렌 켈러 시각 및 청각장애 국립센터의 소개로 라콜루치를 만날 수 있었다. 현대미술관의 크고 활기 넘치는 식당에서 라콜루치는 자신이 청력을 잃게 된 이야기를 해 주었다.(인터뷰는 내가 종이에 적은 질문에 그녀가 큰 소리로 대답하는 형식을 취했다.) 우리의 대화로 빚어지는 소음이 로비에 흐르는 음악, 뒤편 바에서 나는 덜커덕 소리, 접시와 유리잔이 부딪치는 소리와 앞서거니 뒤서거니 하며 들렸다. 라콜루치는 “지금 내게 이곳은 절대 정적이 흘러요.”라고 말했다.

라콜루치는 청력을 완전히 잃은 지 2년이 지났지만 “소리의 95~97퍼센트에 대해서는 미련이 없어요. 여기 앉아 있으면서 접시 부딪치는 소리를 듣지 못한다고 해서 조금도 슬프지 않아요. 사방이 조용하기 때문에 시각적인 것에 더욱 집중할 수 있어요. 원하기만 하면 말을 읽을 수 있고 눈치껏 들을 수도 있어요. 보청기를 사용하면 사람들의 말을 들으려고 신경을 곤두세우겠죠. 하지만 지금은 개나리가 활짝 핀 아름다운 광경을 맘껏 즐길 수 있답니다."라고 했다. 그녀의 시선을 따라가자 그때까지 있는지조차 몰랐던 노란 꽃이 초승달 모양으로 스프레이를 뿌려 놓은 듯 화사한 자태를 자랑하고 있었다. 라콜루치가 말을 이었다.

"내 말이 이상하게 들릴 수 있다는 걸 알아요. 하지만 매일같이 던져지는 온갖 허섭스레기 같은 소리를 많은 시간을 낭비해 가며 전부 들을 필요가 없어서 좋아요. 해방감을 느껴요."

네 살 때 청각장애인이 되었고 지금은 인공 달팽이관을 달고 있는 작가 조시 스윌러는 5년 동안 불교 승려로 살았다. 그는 불교의 명상을 "침묵 연구"로 보았고, 자신이 경험한 불교와 청각장애에서 공통점을 발견했다. 불교에서는 실제로 사람이 세상 만물과 뒤엉켜 있기 때문에 개인으로서의 정체성에 초점을 맞추는 것은 잘못이라고 가르친다. 이와 마찬가지로 스윌러는 청각장애를 통해 "만물은 같은 방식으로 같은 양만큼 사람에게 작용한다."는 사실을 깨달았다.[207] 청각이 정상인 사람은 소리의 강도를 바탕으로 여러 사건의 중요성을 판단할지 모르나, 청각장애인은 속담에 나오는 '삐걱거리는 바퀴(목소리가 큰 사람의 비유–옮긴이)'에는 관심을 쏟지 않는다. 따라서 청각장애인은 세세한 사건에 적당히 초연하고 큰 사건에 적당히 신경을 쓰는 등 조화를 찾을 가능성이 청각 정상인에 비해 높다.

존재의 짜임

칼리지 홀에서 나오는 학생들을 기다리는 동안 한젤 바우만은 캠퍼스의 역사에 대해 들려줬다. 청각장애 공간의 핵심은 새로운 개념을 전달하는 동시에 1970년 추진했던 개선 작업에서 안타깝게도 엉망이 되었던 캠퍼스 계획의 과거 요소들을 복원하는 것이다.

19세기 중반 갤로뎃에 최초로 세워진 채플 홀 같은 건물들은, 그때까지 보호 시설을 본떠 지은 곳에서 교육받았던 학생들에게 건축을 통해 고결함을 전달하려는 목적으로 건설되었다.(그러기 위해 그야말로 비정상적으로 높은 주추 위에 세운 건물도 있다.) 1866년, 처음으로 캠퍼스 종합 설계 계획을 세운 사람은 19세기 조경 설계의 천재 프레더릭 로 옴스테드였다. 옴스테드는 갤로뎃에서 "장식용 구역"이나 정원 등의 "자유롭게 활용할 수 있는 공간"을 확보하는 데 많은 노력을 기울였다. 그는 넓은 초록 공간이 "조화로운 전체를 구성하는 요소"를 이끌어 내는 데 유익하다고 주장했다.

하지만 옴스테드가 초록 공간을 확대하려 한 데에는 그 이상의 이유가 있었다. 그는 건축이 인간의 감각 자체를 민감하게 만들고 인간을 교육하는 도구가 된다고 생각했다. 갤로뎃의 이사들을 대상으로 옴스테드는 "여러분이 몸담고 있는 기관에 속한 사람들은 듣거나 말할 수 없기 때문에, 다른 기능을 발달시켜 기분 좋고 섬세한 감각을 느끼게 해야 합니다. 잘 다듬어진 정원에서 시각과 후각은 매우 온전하고 순수하게 충족되는 경험을 합니다. 시작 단계에서 적절한 환경만 주어진다면 학생들은 원예학과 식물학, 관상용 정원 관리, 전원풍 건축을 추구할 수 있게 되고 이는 대단한 이점이 될 수 있습니다. 좋은 예를 매일 습관적으로 관상하고 명상하는 영향력 있는 자연발생적 교육이 중요합니다."라는 글을 썼다.[208]

그 후 1940년대 캠퍼스 개발 붐 속에서 세워진 건물은 19세기의 것보다 훨씬 수수했지만 바우만은 이러한 건물들도 성공을 거두었다고 믿는다. 캠퍼스 몰, 새 예배당, 도서관, 새 주택, 학생회관이 기존에 있던 체육관 근처에 들어선 것도 이 시기였다. 서로 다른 유형의 공간들이 천문학상 배열 방식에 따라 지어졌다.

"모든 건물에는 멋지고 커다란 창이 나 있어서 실내에서 일어나는 삶의 모습을 사방에서 볼 수 있었어요. 예배당이 중심이었고요. 자신의 마음과 몸, 영혼이 함께 엮여 있다고 생각해 보세요. 보도는 지그재그로 캠퍼스를 가로질러 건물들을 연결했죠. 캠퍼스 전체가 토마스 제퍼슨이 생각했던 이상적인 교육 도시(Academic Village)였어요. 인간의 공동생활을 구성하는 다양한 활동이 이뤄졌기 때문에 캠퍼스는 자연스럽게 집단 공간이 되었어요."

바우만의 눈길이 위쪽을 향했다.

"현재 건축계에도 집단 공간을 만들려는 움직임이 있지만 대부분 실패하고 있어요. 그러한 특성을 자신이 부여할 수 있다고 건축가가 생각하기 때문이죠. 하지만 그렇지 않아요. 우리는 사람들을 같은 공간에 모이고 싶게 만드는 요소가 무엇일지에 대해 다시 생각하고 있어요. 요란한 음악 말고 무엇이 사람들을 한데 모을 수 있을까요?"

갤로뎃에 형성된 세계는 외곽순환도로로 둘러싸여 있다. 1970년대 말 캠퍼스 종합 계획이 새롭게 모습을 드러냈다. 계획 설계자들은 기숙사를 외곽순환도로에서 먼 쪽에 지어야 한다고 주장했다. 바우만은 그것이 실패의 출발점이었다고 말했다.

"그들은 기능성을 분리하면 공간을 좀 더 효율적으로 사용할 수 있으리라 생각했어요. 학생들이 학습 공간에서 멀리 떨어진 지역에서 생활하도록 하고, 먹고 운동하는 공간에서 멀리 떨어진 지역에서 기도하고 공부하도록 한 거죠. 이 같은 일이 공간은 물론이고 관리 면에서도 진행됐어요. 하지만 이는 청각장애인의 캠퍼스 생활을 심각하게 오해한 데서 나온 거예요. 오히려 학생들에게는 서로 다른 요소들이 모두 자유롭게 순환하는 방식이 필요했는데 말이에요. 대학 당국자들은 이러한 필요에 전혀 귀 기울이지 않았고 결국 캠퍼스 생활을 망치는 섬들을 만들어 버렸어요."

바우만의 말을 들으면서 대학 캠퍼스가 인간의 두뇌 같다는 생각이 들었다. 대뇌피질의 각 부분은 하나 이상의 영역에서 정보를 흡수한다. 시각적 자극에 매우 민감한 청각 피질은 더욱 그렇다. 한 감각에서 나온 정보가 다른 감각에서 나온 정보와 서로 연결되면서 전체적인 지각이 향상된다. 이러한 '감각 통합'이 현재 인간의 감각 모델 개념이다.

1970년대 갤로뎃 캠퍼스의 '두뇌'는 각기 다른 부분이 개별적인 임무를 수행한다는 과거 모델로 되돌아갔던 것이다. 내 경험상 이러한 일에는 무익하고 시끄러운 불협화음이 뒤따른다.

'청각장애 공간' 계획에 착수했을 때 이러한 문제를 어떻게 극복했는지 바우만에게 물었다.

바우만은 주로 경청이 중요했다고 대답했다. 청각장애 교수진과 학생들이 여러 차례 워크숍을 거치면서 최초의 '청각장애 공간' 개념을 형성했다.

"오늘날 보면 누구를 중심으로 계획이 진행될지를 놓고 입에 발린 말이 많지만, 사실상 청각장애 경험을 가장 잘 이해하는 사람들에게 결정권이 돌아가야 합니다. 그래야 집단 공간을 만드는 데 유익하거든요."

바우만은 어깨를 으쓱하며 말을 이었다.

"그래야 '청각장애 건축'이 중요한 영향력을 발휘할 수 있고요. 오늘날 전 세계적으로 직면해 있는 많은 난제에는 포괄적으로 해결해야 할 공간 문제가 포함돼 있답니다. '청각장애 공간'의 '6번가 회랑' 계획에는, 초기에 교수진과 학생들이 그랬듯이 이웃인 5구역 주민들이 참여할 겁니다."

나는 바우만과 대화를 마치고 캠퍼스를 걸으면서 소렌슨 언어 및 의사소통센터를 바라보았다. 갤로뎃대학 캠퍼스에 '청각장애 공간' 원칙에 따라 완성된 건물이었다.

건물 외관을 장악하고 있는 커다란 유리 격자문을 통해 실내로 들어서자 눈부신 햇빛이 각기 다른 재질의 나무와 금속 표면을 비추면서 탁 트인 공간으로 구석구석 스며들었다. 건물을 역사적 맥락에서 이해하면 초기 모더니즘의 흔적이 보였다. 유리를 광범위하게 사용해서 반복과 균형, 시선을 극대화했고, 르 코르뷔지에(Le Corbusier, 프랑스가 낳은 세계적인 건축가로, '주택에는 주인의 정신이 깃들어 있어야 한다.'는 주택정신론을 주장했다.-옮긴이)가 강조했던 "위대한 기본 (기하학적) 형태"[209]에 초점을 맞추었다. 또한 전통적인 지중해식 안뜰을 앉혀서 가능한 한 자주 그리고 폭넓게 자연광에 접근할 수 있게 했고(광선의 각도에 따라 수화를 통한 의사소통에 유리할 수도 방해가 될 수도 있기 때문에 청각장애인들은 햇빛의 통로에 상당히 예민하다.) 돌기둥과 현관이 공간의 내부와 외부에 투과성을 만들어 냈다. 외부 벽과 내부 복도에는 방해받지 않고 순환하며 자유롭게 흐르는 곡선의 움직임을 구현했다. 투명성과 개방성을 강조함으로써 사람들이 대부분 소리에 의존하는 곳에서 시각적 단서에도 의존할 수 있게 만들었다. 여기서는 다양한 관점과 시선에서 존재감을 동시에 느낄 수 있었다.

바우만은 청각장애 공간이 지향하는 전체적인 분위기를 "입체주의"로 묘사했다. 완성된 건물과 앞으로 완성할 건물의 스케치를 보면서 루이스 칸이 생각났다. 자연광을 정열적으로 추구했던 칸은, 인공광은 빛의 정지된 한 순간만을 전달하지만 자연광은 "끊임없이 변화하는 성질"을 지녀서 각 공간을 "매 순간마다 다른 장소"로 만든다고 주장했다. 칸은 또한 빛과 침묵의 원칙이 신비롭게 연결된다고 하면서 침묵은 표현하려는 열망을 나타내고 빛은 존재감을 부여하려는 열망을 나타낸다고 했다. 그는 건설 당시의 잔인한 환경이 사라진 지금의 피라미드에 대해 "먼지가 가라앉았을 때 우리는 진정으로 다시 한 번 침묵을 본다."고 썼다.[210] 건축이 빛으로 형상화한 모습 속 이 같은 침묵은 "우주를 충만하게 감싸는 영혼의 확장"과 이어진다.[211]

내가 다시 돌아와 바우만을 찾고 있을 때 나머지 학생들이 도착해 그들과 함께 밴을 타고 1.6킬로미터 거리의 트리니다드 레크리에이션 센터로 향했다. 다른 학생 집단은 다른 장소에서 지역사회 구성원들과 만나고 있었다. 우리는 센터에서 빌헬미나 로슨을 만났다. 밝은 빨간색 모자와 커다란 검은색 선글라스를 쓴 로슨은 당당하면서도 말투가 부드러운 여성으로 5구역의 이웃활동위원회를 이끌고 있었다. 애석하게도 지역사회 구성원으로는 유일하게 그녀만이 참석했다. "열심히 전단지를 돌렸어요."라고 로슨이 말했다. 갤로뎃대학 학생들과 잠깐 동안 얘기를 나눈 로슨은 지역사회가 직면한 문제에 대한 바우만의 견해에 지지를 표현하면서, 두 집단 모두에 이익이 되는 방향으로 갤로뎃대학과 협력을 강화하고 싶다는 뜻을 전달했다. 로슨은 가족과 친구들이 반대했지만 뉴저지의 "콘크리트 정글"에서 벗어나 현재의 거주지로 이사했다. 지금은 주변의 나무와 꽃에 매료되었고 "무엇보다 아이들"과 생활하는 재미에 푹 빠져 있다. 그녀는 "5구역을 마약에 찌든 사회에서 정원이 많은 사회로 바꾸려고" 노력했다고 말했다.

참석자가 적었지만 유쾌한 표정을 잃지 않은 바우만은 두 지역사회를 적극적으로 연결할 보행자 통로인 '6번가 회랑'의 건설에 대해 열정을 담아 설명했다. 회랑에 늘어설 건물에 대한 안은 아직 논의 단계에 있지만 갤로뎃이 그 계획을 통해 고취시키고자 하는 점은 바로 침묵 자체에 대한 대화이다. 대학은 아동발달센터와 지역 극장 같은 시설 외에도, 청각장애가 있든 없든 말을 금하는 침묵 음주 시설 등 좀 더 선동적인 장소를 건설하려 한다.

이 같은 계획이 비현실적으로 들릴지도 모르지만, 내 경험 하나를 예로 들자면 나는 침묵을 찾기 위한 좀 더 유쾌한 시도의 하나로, 소호에 있는 술집인 마담 엑스에서 벌어진 '침묵 파티'에 가 본 적이 있다. '침묵 파티'는 친구 사이인 폴 렙한과 토니 노 두 사람의 독창적인 생각이 맺은 결실이었다. 두 사람은 2002년 어느 날 밤 한잔하려고 만났다. 하지만 귀청이 찢어질 듯 요란하지 않은 술집을 단 한 군데도 찾을 수가 없었다. 오늘날 '침묵 파티'는 전 세계적으로 꽤나 정기적으로 열린다. 술집에 온 손님들은 바에서 분리된 공간에서 만난다. 그들에게는 연필과 메모장이 주어진다. 파티하는 동안 말은 완전히 금지되고 공간에는 정적이 흐른다.[212)]

내가 마담 엑스에 갔던 날 밤, 붉은색 조명이 켜 있는 방에는 꽤 많은 사람들이 모여 있었다. 가장 요란한 소리는 손님들이 메모에 적힌 재밌는 이야기를 읽을 때 흘러나오는 잔잔한 웃음소리였다. 대부분 독신이 참석한 파티의 분위기는 낯설면서도 부드럽고 상쾌했다. 다른 나라에서 온 젊은 남녀들이 서로를 반가워했고, 이들 중에는 화학자, 회계사, 학생, 교사도 있었다. 나는 그날 밤 썼던 메모장을 지금도 간직하고 있다. 몇몇 참석자들은 '침묵 파티' 같은 피난처를 더욱 많이 만들어야 한다는 내용의 글을 남겼다. "취했나 봐요. 글씨가 막 흔들려 보여요."와 같은 재미난 메모도 있다.

'6번가 회랑'에는 청각장애를 경험해 볼 수 있는 공간 또한 들어설 계획이다. 설계자들은 사람들이 즐거움을 누리고 정보를 얻기 위해 귀를 기울이는 소음 제조 장비들을, 소리를 없앤 상태로 선보일 예정이다.

"무엇을 경험했는지, 완전히 침묵이 흐르는 장소에 어떻게 새롭게 적응했는지에 대해 사람들이 이야기하도록 만들고 싶어요."

갤로뎃 계획 총괄자의 특별 비서 프레드 바이너가 말했다.

바우만은 갤로뎃대학 학생 및 5구역 지역사회와 협력해서, 각 집단이 어떻게 다른 방식으로 세상을 바라보는지 알아보기 위한 사진 촬영 프로젝트를 추진하고 있었다. 청각장애 학생들과 5구역 거주민이 각각 한 명씩 짝을 지어 캐피털 시티 마켓까지 걷는다. 카메라를 쥐고 있는 사람은 눈길을 주고받으며 상대방의 지시에 따라 두 사람이 원하는 사진을 찍는다. 나의 짝인 에린은 갤로뎃대학 경영학과 학생으로 금발에 눈이 움푹 들어간 온화한 성품의 젊은 여성이었다. 나는 내심 약간 실망했다. 특별한 시각적 인식으로 세상을 보는 것이 어떤 경험인지 알고 싶어서, 건축 계획에 좀 더 직접적으로 참여해서 활동하는 사람과 짝이 되기를 바랐었기 때문이다.

하지만 에린과 짝을 이루면서 모르던 사실에 눈을 뜰 수 있었다. 나는 스스로 상당히 시각적으로 예민하다고 생각했지만 에린 덕택에 믿을 수 없을 만큼 정확하고 색다른 관점에서 사물을 바라볼 수 있었다. 사이렌이 울리고 바람이 거세게 부는 와중에 에린은 네오 튜더(neo-Tudor) 양식의 건물로 나를 데려갔다. 다이아몬드 무늬가 새겨진 벽돌 정면과 창문이 모두 판자로 막혀 있는 벽돌 벽의 모습을 에린이 선택한 각도에서 바라보니 고전적이었다. 그녀는 계속 내 손을 움직이면서 각도를 바꾸고 망원렌즈로 거리를 조절하면서, 나더러 무릎을 꿇고 가까이 다가가 찍거나 뒤로 기대 하늘을 렌즈에 담아 달라고 했다. 우리는 탁아소의 붉은색 문을 여러 번 찍었다. 어느 순간 나는 시간 가는 줄 모르고 이 일에 빠져들었다. 침묵 속으로 미끄러져 들어가 돌과 잔디, 피부, 페인트, 그리고 구름의 표면에 닿는 햇빛의 움직임을 인식했다. 신비로운 경험이었다. 이후 바우만과 마주쳤을 때, 나는 입체주의와 '청각장애 공간'에 대해 그가 들려준 이야기의 뜻을 이제 깨달았다고 말했다. 바우만은 "이제 이해했군요! 그것이 바로 에린이 사물을 받아들이는 방식이에요."라고 응답했다.

사진 촬영 실험을 마치고 나서, 갤로뎃대학 경영학과 학생인 마이클과 대화를 나눴다. 살짝 기른 턱수염과 진한 문신이 눈에 띄었다. 그는 지역사회 구성원 몇 명과 짝을 이루어 교회에서 사진을 찍었다고 했다.

"그들은 자신이 속한 지역사회의 유명 피사체를 찍고 싶어 했을 뿐 피사체 자체에는 전혀 관심이 없었어요. '우리 지역에서는 꽃이 유명해요.'라고 말하면서 꽃이 있는 곳 어디로나 나를 안내하더군요. 나는 위나 아래, 전후나 좌우 등 다른 각도에서 사진을 찍어 보자고 제안했어요. 그래야 피사체 자체를 볼 수 있는 동시에 그것이 교회의 다른 요소와 어떻게 조화를 이루는지도 알 수 있거든요."

이는 지역사회 구성원들이 말과 개념 탓에 자신이 속한 현실 세계를 제대로 깨닫지 못한다는 점을 보여 주는 좋은 예였다. '꽃'의 개념에 가려 그것의 피고 지는 모습을 간과하는 것과 같았다. 하지만 겸손한 젊은이는 침묵에 대한 지식을 갖추었던 덕택에 청각 정상인에게 세상을 보는 방법을 보여 줄 수 있었던 것이다.

하지만 이렇듯 확대된 관점을 건축에 어떻게 적용할 수 있을까? 침묵과 공간에 대한 청각장애인의 지식에서 청각 정상인이 얻어 낼 좀 더 분명한 이점이 있을까?

공동체적 시각

건축학과 대학원에 다니고 있는 로버트 서베이지는 바우만을 도와 '청각장애 공간'의 핵심 개념을 형성하는 데 기여했다. 서베이지는 공간에서 사람들이 움직이는 방식을 연구하는 인간 공간학에 대한 논문을 쓰는 중이었다. 청각장애인 두 명이 수화를 주고받으며 함께 걸을 때 수화를 하고 있지 않는 쪽은 자신들이 넘어지거나 무언가에 부딪치지 않도록 하기 위해 상대의 발걸음 또한 주시한다. 이는 두 사람이 얼마나 가깝게 다가서서 걸을 것인지에 영향을 미친다. 서베이지는 청각장애인이 함께 걷는 과정을 "포괄적 동의"라고 불렀다. 바우만의 형제로 갤로뎃에서 청각장애 연구에 대해 가르치는 디륵센은 청각장애인 문화에서는 타인과의 관계가 중요하다고 말했다. 청력 중에서도 자기 말소리를 듣는 능력이 세상에서 자기 존재감을 유지하는 데 중요하지만, 이러한 종류의 "자동 자극"이 청각장애인에게는 주어지지 않는다. 대신 청각장애인은 "수화 할 때 상대방의 얼굴"을 볼 수 있다. 타인의 시각적 포용으로 의사소통이 이루어진다는 사실이 공동체 문화를 이루는 바탕이 된다.

서베이지는 같은 공간에서 이루어지는 청각장애인과 정상인의 움직임을 오랫동안 비디오에 담아 왔다. 그가 찍어 놓은 비디오의 일부 장면을 보면서 그의 말뜻을 이해할 수 있었다. 마치 눈에 보이지 않는 줄이 있어서, 대화하고 있는 청각장애인의 걸음을 붙잡아 주는 듯했다. 바우만은 건축을 통해 사람들이 서로를 시각적으로 포용하는 공간을 형성할 수 있으리라 믿는다.

서베이지가 캠퍼스를 안내해 주었을 때 나는 시각적 포용의 의미를 이해했다. 서베이지는 두 곳을 내게 보여 주고 싶다고 했다. 한 곳은 만남의 장소로 지어졌지만 학생들이 꺼리는 곳이고, 나머지 한 곳은 학생들 스스로 만남의 장소로 선택한 곳이었다.

첫 번째 장소는 캠퍼스의 중심 건물 앞이었다. 마주보는 두 벤치 가운데 하나에 앉으라고 서베이지가 권했다. 내 뒤쪽으로는 높이 쌓은 벽돌 벽들이 각도를 달리하며 나란히 세워져 있고, 자그마한 나무들이 벤치 주위에 늘어서 있었다. 나를 주의 깊게 바라보던 서베이지는 몇 분 동안 여러 번 마치 무엇에 이끌리듯 등을 돌리는 내 모습에 웃음을 터뜨렸다. 벽과 나무가 나란히 배열되어 있기 때문에 벤치에 앉은 사람은 다가오는 사람의 모습을 전혀 볼 수 없다고 했다. 다른 사람이 오는지 예측할 수 없고 특히나 청각적 신호를 감지할 수 없는 경우에는 더욱 그렇기 때문에 자연스럽게 자신의 취약성을 인식하고 마음이 불편해지기 마련이다. 청각이 정상인 나조차도 더 커다란 세계와 시각적으로 연결되어 있지 않은 공간에 혼자 남겨지자 초조함을 느꼈던 것이다.

내 느낌을 말하자 서베이지는 자신의 고향인 캐나다 오타와에 직선과 각진 구석이 전혀 없는 박물관이 있다고 말했다. 구석에는 악마가 산다고 미국 원주민들이 믿었기 때문에 박물관을 모두 곡선으로 만들었다고 했다.(젠 정원에도 악마는 직선으로만 다닐 수 있다는 개념을 구현시켰다.) 청각장애 건축의 또 다른 시금석은 심리학자 볼프강 쾰러가 발달시킨 개념이다. 쾰러는 사람들이 특정 소리에 부과하는 공간 이미지를 나타내기 위해 "말루마(maluma)"와 "타케테(takete)"라는 무의미한 단어를 만들어 냈다. 말루마는 부드러운 곡선과 모성 이미지의 공간을 떠올리게 하는 반면 타케테는 날카롭고 각진 형태의 공간을 환기시킨다. 조사에 따르면 청각장애인은 말루마 유형의 패턴을 반영하는 디자인 요소를 선택하는 경향이 강하다.[213] 서베이지는 사각 형태를 뜻하는 수화는 없다고 말했다.

서베이지가 데려간 두 번째 장소는 기숙사 입구에 시멘트가 깔린 넓은 공간이었다. 건물 자체는 평범하고 우중충한 색의 현대식 공간이었다. 나는 서베이지에게 궁금하다는 표정으로 이곳이 그토록 인기 있는 장소가 맞는지 물었다. 서베이지는 짓궂은 미소를 지어 보였다. 나는 등을 돌려 앞에 펼쳐진 광경을 바라보았다. 얼마동안 그 장소에 몰입하자 뭔가 차분해지는 기분이 들었다. 앞서 찾았던 장소와는 정반대로 매우 개방적인 곳이었다. 서베이지는 더 나아가 내가 인식하지 못한 다른 건축적 요소를 보여 주었다. 건물과 풍경, 도로가 우연성 속에 가지런히 펼쳐짐으로써 내가 서 있는 곳의 주변시야가 마치 중심시야처럼 널찍하고 개방적이 된 것이었다. 서베이지가 말했다.

"내가 느끼기에 이곳은 우리가 생각하는 침묵의 개념과 이를 통해 연상되는 평화를 상징합니다."

실제로 연구 결과를 보면 청각장애인은 정상인보다 주변시야가 넓다. 청각장애인의 더욱 넓은 공간 인식을 구현한 건축은, 침묵을 열망하는 인간의 정신 상태를 이해하는 데 유익할 수 있다.

또한 형이상학적 시선과 관계가 있을 가능성도 있다. 서베이지는 건물 쓰임새의 역사를 보여 준다는 개념이 '청각장애 공간'에 매우 중요하다고 말했다.

"흠집 난 바닥은 사람들과 의사소통을 해요. 사람들이 공간과 어떻게 상호작용 하는지를 바닥은 들려주죠."

청각장애인이 특정 공간을 찾는 것은 그 공간이 발산하는 소리 때문이 아니라 그곳의 어떤 매력에 이끌리기 때문이다.

"뉴에이지를 추구하는 사람의 말처럼 들릴 수 있겠죠. 하지만 장소에는 실제로 에너지가 흘러서, 중요한 무언가가 이곳에서 일어나고 있다는 사실을 알 수 있어요."

이는 증거가 빈약한 주장이고 서베이지도 더 이상 강조하지는 않았지만 나는 그의 생각이 옳을지 모르고, 적어도 청각장애인에게는 사람들이 특정 건축 공간과 어떻게 소통해 왔는지에 초점을 맞출 수 있는 뛰어난 능력이 있다는 생각을 했다. 이로써 청각장애인들이 관심을 갖는 공간의 매력은 한층 늘어난다. 물리적 공간에 침묵의 의미가 더해지면 청각 정상인의 경험도 향상시킬 수 있다. 이를 신비스러운 어떤 것으로 여길 필요는 없다. 다도에서 센 리큐가 무척 중시했던, 금이 간 찻잔 같은 세월의 흔적 또한 이와 같은 기능—이야기를 제공하는—을 수행한다.

침묵 깨기

나는 바우만에게 청각장애인과 지내면서 무엇을 배웠는지 물었다. 그는 검은 테 안경을 밀어 올리면서 말했다.

"결코 잊을 수 없는 순간이 있었죠. '청각장애 공간' 계획을 추진한

지 1년 반 정도 지났을 때였어요. 그때는 샌프란시스코의 작은 아파트에 살았기 때문에 워싱턴디시로 출퇴근을 하면서 계획의 기본 개념을 구체화하려고 애쓰고 있었어요."

그날 바우만은 아파트 창문 앞에 앉아 바깥 광경을 바라보고 있었다. 깊은 침묵이 방 안에 가득 찼다. 그의 눈에 가장 가깝게는 앞 건물의 옥상이 내려다보였고, 그 너머로는 샌프란시스코 도심지가, 더 멀리로는 언덕이 보였다. 바우만은 안경 너머로 바깥 광경을 바라보다가 갑자기 "오싹한 한기"를 느꼈다.

"광경 전체가 완전히 달라졌어요. 나는 창문을 내다보고 있는 것이 아니었죠. 바깥 광경은 더 이상 벽에 걸린 그림이 아니었고, 내가 바로 그 그림 속에 존재했어요."

바우만은 손을 내저으며 말을 이었다.

"내가 사는 건물 밑에 있는 땅이 내 앞에 있는 건물 밑에도, 그 너머에 있는 도시 밑에도 있고, 급기야 그 땅이 부풀어 올라 언덕을 만들기도 하죠. 나 자신이 세상에 속한다는 사실을 본능적으로 깨달은 겁니다."

깨달음의 순간을 맞았던 바우만의 이야기를 들으면서 달라이 라마의 인터뷰 내용이 떠올랐다. 달라이 라마는 명상에 집중하기 위해 우주 그림인 만다라를 명상하는 과정을 인터뷰에서 자세하게 설명했다.

"핵심은 시각화입니다. 시각화의 단서는 만다라에 있어요. 우선 공(空)에 대해 명상하면, 외부적 본질에 완전히 흡수된 정신이 물질세계로 바뀌죠."[214)]

바우만은 요소 통합의 개념을 캠퍼스 설계에 적용하는 일을 시작하면서 무언가 빠져 있다는 사실을 발견했다. 그는 캠퍼스 내 이동의 흐름을 원활하게 하기 위한 해법을 고안해서, 통로에 각진 옆길을 없애고 투명성을 증가시키는 전략을 사용했다. 그러나 그와 동료가 이런 원칙을 개발할수록, 휴식과 "사생활, 울타리 친 아늑한 공간, 정적인 대화 기회"를 사람들에게 제공하기 위해 흐름을 깰 필요가 있다는 사실을 깨달았다. 한 가지 예로 바우만은 "뒤로 몸을 기댈 수 있는 공간이 있고 안전하다는 느낌을 줄 뿐 아니라 온기가 느껴지는 정원 벽"을 상상해 보라고 하면서 "그곳에는 아마도 나무가 있어서 그림자를 드리우고 그 사이사이로 햇빛이 아롱거릴" 거라고 말했다. 그는 캠퍼스 설계가 제대로 이루어지려면 "구조에 구멍"을 만들 수 있어야 한다고 생각했고, 실제로 구멍은 "구조를 서로 연결하는 중심 요소"로서, 침묵이 바로 그 역할을 한다고 결론지었다.

바우만은 일반적인 경제 침체의 분위기에서 '청각장애 공간' 계획이 갖는 취약성을 인식하고 있다. 인공 달팽이관 이식과 성능 좋은 보청기가 보편화되고 청각장애 아동에게 말을 가르치는 기술과 인터넷을 이용한 청각장애인들의 의사소통 능력이 발달하는 사회 분위기에서, 청각장애인들이 꼭 수화가 주요 의사소통 수단인 환경에서 교육받아야 하는지에 대한 의문이 제기되고 있다.

하지만 '청각장애 공간'은 보기 드문 실험의 장으로서 우리에게 교훈을 준다. 소리와 관련한 그간의 모든 경험을 통해 내가 가장 뚜렷이 인식한 바는 자극이 넘쳐나고 있다는 것, 그리고 순간순간 맞닥뜨리는 침묵의 시간에 우리가 공통적으로 두려움을 느낀다는 것이었다. 물론 청각장애인의 유별난 시각을 우리가 그대로 따라 배울 수는 없지만 이는 아무리 침묵한다고 해도 시각이 향상되지 않는다는 뜻은 아니다. 한 가지 감각에 가해지는 자극이 약간만 줄어도 다른 감각이 더욱 발달할 수 있다. 한번은 즉흥적인 집단 명상을 권장하는 PDM이란 특이한 집단과 함께 맨해튼의 콜럼버스 서클 주위를 걸었다. 우리는 미리 정한 신호에 따라 거리 구석에 자리 잡고 앉아 눈을 감았다. 세 번째로 명상을 시도했을 때 서클을 둘러싼 소리가 견디기 힘들 정도로 요란하게 들리기 시작했다. 다음번에 동작을 멈추고 눈을 감자, 끔찍한 공포 영화의 사운드트랙을 듣는 것 같은 느낌이 들었다. 이렇게 자신이 거주하는 지역의 구석을 찾아가 잠시 눈을 감아 보라. 이내 듣게 될 소리에 깜짝 놀랄 것이다.

비행기를 타기 위해 갤로뎃을 떠나다가 캠퍼스에 펼쳐지는 햇빛의 향연에 발걸음을 멈췄다. 캠퍼스 몰에는 나 혼자뿐이었다. 서서히 움직이는 구름이 뭉쳤다 풀어지며 모양을 만들고 잎사귀와 돌벽과 탁 트인 공간에 빛과 그늘을 드리웠다. 침묵을 추구하기로 처음 마음먹었을 때 들렀던 퀘이커교 예배당이 불현듯 생각났다.

루이스 칸은 침묵과 빛이 "잔잔한 영혼"을 함께 구성하는 요소이기 때문에, 침묵과 빛의 분리라는 개념이 인위적일 수 있다고 말했다.[215] 신비주의자들이 빛으로 강화되고 침묵에 의해 촉진된 초월적 경험에 대해 말하는 것은 흔한 일이다. 하지만 그 연결이 정신적인 측면에만 제한된 것은 아닐지 모른다. 아마도 우리는 침묵할 때 더욱 밝은 빛을 볼 것이다.

'자연'이라는 제목의 수필에서 랄프 왈도 에머슨은 태양이 "어른의 눈은 그저 비추지만 아이들의 눈과 가슴에서는 빛을 낸다."고 썼다. 하지만 자연계의 조용한 풍경 속에서 "유아기의 정신"이 회복될 수 있다. 에머슨은 조용하게 명상하는 동안 "비열한 이기주의가 사라지며" "나는 투명한 눈동자가 된다. 나는 아무것도 아니다. 내게는 전부 보인다."고 썼다.

침묵의 건축을 통해 우리는 공간에 대해 주인의식을 느끼기보다는, 나 자신이 내가 응시하고 있는 것의 일부라는 사실을 명확히 깨닫게 될지도 모른다.

제12장

조용한 결론

Silent Finale

갤로뎃 캠퍼스에서 햇빛의 향연에 취해 걸음을 멈추었을 때, 내가 소음에 대항해 싸우느라 끊임없이 좌절하면서도 의기소침해지지 않았던 이유를 비로소 깨달았다. 나는 그동안 소음을 멎도록 하는 우리의 능력이 심리적·사회적으로 어떤 한계에 부딪치고 있는지를 조사하면서 다양한 침묵 경험을 할 기회를 동시에 가질 수 있었다. 그중에는 멋진 경험이 많았고 숭고하기까지 한 경험도 있었다. 모든 악조건 속에서도 침묵은 우리의 가슴을 여전히 뛰게 하면서 우리가 관심을 기울여 주기를 기다리고 있다.

여기에 덧붙여, 일부 고약한 예외가 있기는 하지만 소음을 옹호하는 편에 선 사람들이 내가 예상했던 것보다 더 복잡하고 호감이 가는 인물들이라는 사실을 깨달았다. 쇼핑몰을 찾은 지 아홉 달이 지난 어느 날 리앤 플래스크로부터 이메일을 받아, 깜짝 놀라기도 하고 기쁘

기도 했다. DMX를 그만두고 음악 설계 사업을 시작했다는 내용이었다. 음악을 풍부하게 이해할 수 있도록 아동들을 교육시켜서, 학교가 계속 음악 수업을 개설하도록 지지하게 만들겠다는 박애주의 취지에서 사업을 시작했다고 썼다.

내가 만난 사람 중에 소음을 사랑한다고 너무나 태연하게 말했던 사람들은 대체로 지금 우리가 살고 있는 이 거대 사회만큼이나 원시적인 듯 보였다. 소음에 대한 친밀도를 기준으로 개인의 문명화 정도를 판단한다면, 과거에 요란스럽게 베드포드 스타이브샌트의 거리를 누볐던 불량배나 두뇌 세포를 자극하기 위해 개인 음향 기기를 가지고 체육관을 드나드는 멋쟁이 젊은 전문가나 큰 차이가 없다. 사실 우리편과 반대편을 나누는 일은 별 의미가 없다. 우리는 오늘날의 소음이 너무 지나쳐서 그에 대항하는 전면전을 선포할 수도 있고 아니면 개인적으로 수도원 행을 택할 수도 있다. 아니면 이러지도 저러지도 못하는 상황에서 우연히 문제를 해결할 기회를 잡을 수도 있을 것이다.

나는 소음과 침묵 사이에 일어나는 예측 불가능한 상호작용을 선충류를 관찰하는 과정에서 마지막으로 배우게 되었다. 어느 신경생물학 연구실에서, 세상이 조용해질 때만 들을 수 있는 소리에 귀를 기울이는 일이 얼마나 쉽게 우리에게 경이로움을 불러일으키는지를 나는 분명히 보았다.

다윈은 『종의 기원』에 유명한 글을 남겼다.

"은유적으로 이렇게 말할 수 있을 것이다. 자연선택은 매일 매시간

전 세계적으로 가장 사소한 변화를 속속들이 조사하고, 나쁜 변화를 거부하고, 좋은 변화를 보존하고 덧붙인다. 기회가 닿을 때마다, 기회가 닿는 곳마다 삶의 유기적·무기적 조건의 측면에서 각 유기적 존재를 조용히 조금씩 향상시킨다."[216]

다윈은 조용한 진화 과정 자체를 분화와 세계 개선의 탁월한 요인으로 보았다.[217]

다윈은 또한 소음과 침묵이 동시에 존재하는 모순에 예리하게 귀를 기울였다. 브라질 해안을 탐사하면서 그는 어떻게 "소리와 침묵의 매우 역설적인 조합이 숲의 그늘진 지역에 충만한지" 썼다.

"곤충이 내는 소음은 너무나 요란해서 수백 미터 떨어진 곳에 정박해 있는 선박에서도 들을 수 있다. 하지만 숲속 깊은 곳에는 보편적으로 침묵이 널리 퍼져 있다."[218]

이러한 역설이 인간 본질에 더욱 분명하게 드러난다고 깨달은 다윈은 자서전에 토마스 칼라일과 저녁 식사를 같이 하면서 겪었던 놀라운 경험을 기록했다.

"칼라일은 저녁 식사를 하는 내내 침묵의 장점에 대해 열변을 토해서 모든 사람을 침묵하게 만들었다."[219]

자연선택의 서사시에서 다윈의 위대한 영웅의 하나는 지렁이였다. 침묵 속에 땅을 일구는 지극히 평범한 지렁이가 지구 성분을 자기 소화 과정의 부산물로 재구성하는 모습에서 다윈은 모든 활동의 실행 방식을 대표하는 상징을 발견했다. 지렁이는 자신의 성취에 대해 소음을 만들어 낼 능력도 필요도 없다. 크기는 작을 대로 작지만 성취만큼은 매우 노련한 농부를 능가한다. 다윈은 이렇게 썼다.

"땅을 일구는 농부는 엄격하게 자연적인 방법을 따른다. 농부는 자연이 지렁이를 매개로 하여 매일 수행하는 작업을 미개한 방식으로 모방할 뿐이다."[220]

내가 관찰하기로 한 대상은 라틴어로 '고대의 우아한 막대'라는 뜻을 지닌 선충류였다. 길이가 1밀리미터인 예쁜꼬마선충(Caenorhabditis elegans)은 지렁이보다 훨씬 작고 미개하다. 하지만 1960년대 말 예쁜꼬마선충이 유전 연구의 주제로 선택되었을 때 과학자들은 이 작은 생물 덕택에 신경계 전체를 이해할 수 있으리란 희망을 품었다. 예쁜꼬마선충의 모든 신경단위의 특징을 밝혀내고 그 위치와 신경전달물질을 발견할 수 있다면 인간 두뇌의 모든 비밀이 밝혀지리라 믿었던 것이다. 결국 상황이 그렇게 풀리지는 않았지만, 선충 연구를 통해 밝혀진 사실은 여전히 많다. 다세포 생물에서 최초로 밝혀진 완벽한 게놈은 예쁜꼬마선충의 것으로, 오늘날 알엔에이(RNA)에 대한 가장 중요한 연구는 꼬마선충의 단순한 몸을 통해 진행되고 있다. 나는 침묵 연구 초기에 지구 바깥 우주의 소음 없는 심연에 대한 영감을 구하기 위해 우주비행사 수니 윌리엄스의 도움을 받았듯이 선충류 또한 침묵하며 관찰할 만한 가치가 있다는 생각이 들었다.

이 밖에도 연구소를 방문할 동기는 또 있었다. 과학자 친구가 자기 연구실에서 오랜 시간에 걸쳐 실행한 금욕적인 관찰에 대해 몇 마디 했던 것이다. 나는 친구의 말을 근거로 연구실을 수도원의 현대적 모습으로 보면 어떨까 하는 생각을 했다. 조용한 시토 수도회 수사들이 성서에 몸을 구부리고 극도로 정신을 집중하듯, 줄줄이 몸을 굽혀 현미경을 들여다보면서 생명의 유전 암호를 상세하게 조사하는 과학자들의 모습을 머릿속에 그렸다.

어느 여름날 오후 나는 신경생물학 연구실에서 근무하는 친구를 만나기 위해, 서쪽 168번가에 자리한 갈색 석조 건물인 해머 빌딩을 찾아갔다.

우리가 들어간 곳은 형광등이 켜져 있는 커다란 연구실이었다. 방에는 검은색 카운터가 늘어서 있고 높다란 흰색 선반에는 오렌지색 뚜껑이 달린 병, 현미경, 세균 배양 접시, 매끈한 도구, 두툼한 짙은 색 파일이 들어차 있었고, 많은 연구원들이 열심히 일하고 있었다.

하지만 연구원들은 말없이 현미경을 들여다보고만 있지 않았다. 대부분은 둘이나 셋씩 짝을 지어 열심히 대화를 나눴다. 혈기왕성한 연구실 수석 조수인 클레어 버나드는 연구실 소음 때문에 주의가 흐트러지지만 않았다면, 동료, 원심분리기, 냉동장치, 선풍기 때문에 끊임없이 방해를 받지 않고 혼자 일할 수 있었다면, 연구가 지금보다 몇 년은 앞설 수 있었으리라고 말했다. 그래서 그는 집중해야 할 때 최첨단 소음 제거 헤드폰을 쓴다고 했다.

사실 내가 느끼기에 연구실은 상당히 조용했다. 대화를 나누는 사람들은 낮은 목소리로 말했다. 켜 놓은 음악도 없었고, 커다란 기계가 작동하지도 않았다. 하지만 연구실을 수도원에 견줄 일은 아니었다. 나는 침묵 추구의 세계에 다시 발을 들여놓았다가 또 다른 소음의 압박을 찾게 되었을 뿐이라고 생각하며, 어두운 방의 구석에 가서 신경단위에 발광성 해파리 유전자가 이식되어 빛을 발한다는 선충을 고배율 현미경으로 관찰해 보고 싶다고 요청했다.

나는 커다란 차이스(Zeiss, 독일의 광학 정밀 기계 제조 회사나 그 회사의 렌즈 - 옮긴이) 앞에 자리를 잡았다. 친구는 렌즈의 초점을 맞춰 주고 버나드 쪽으로 몸을 돌려 복도에서 하던 대화를 계속했다. 사물을 입체적으로 보여 주는 뷰파인더에 눈을 대니 갑자기 기쁨이 솟아났다. 부드러운 녹색 광채를 뿜는 선충이 현미경으로만 볼 수 있는 우주를 빙빙 도는 장면에 숨이 가빠왔다. 선충의 몸에서 옅은 녹색 성운(신경단위), 작고 단단하게 반짝이는 물질(내장), 선충의 생존에 절대적으로 필요한 작은 지방 덩어리가 둥둥 떠다녔다. 나는 두 마리의 선충이 매듭짓는 모습을 관찰했다. 뷰파인더 안에 있는 원형은 뒤죽박죽의 천체 투영관이 되어 은하계의 탄생과 파괴를 포함해 별자리의 움직임을 나타내는 것 같았다.

선충의 조용한 노동에 대해 생각하느라 머리 위에서 돌아가는 환기 장치 소리와 사람들의 목소리까지도 전혀 인식하지 못했다는 사실을 한참 후에야 깨달았다. 그동안 소리는 그저 강렬한 시각 속으로 빨려들어 갔던 것이다. 작곡가 존 케이지는 이렇게 썼다.

"빈 공간이란 없다. 빈 시간도 마찬가지다. … 침묵을 만들어 내려 애를 써도 그렇게 할 수 없다."[221]

하지만 반대의 경우도 진실이다. 때로는 소음을 내려 애쓰더라도 그럴 수 없다. 지상 통제 팀과 연락이 두절되었던 덕택에 우주 비행사 윌리엄스가 공간의 심연을 경험했던 침묵의 순간과 마찬가지로, 이렇듯 희미한 녹색 별들과 우아한 빛이 일궈 내는 깊디깊은 광경이 사방에 침묵을 만들어 냈던 것이다.

나는 겨우 현미경에서 눈을 뗐지만 여전히 말은 나오지 않았다.

버나드가 미소를 지었다.

"아름답지. 내가 이 일을 계속하는 이유도 그 때문이야."

우리는 이리저리 돌아다니다가 연구실의 중심 방까지 걸어갔고, 그곳에서 나는 또 한 번 특별한 경험을 했다.

우리가 막 방에 들어섰을 때 한 연구원이 세균 배양 접시를 들어 올려 뚜껑을 열고는 세차게 딸칵하며 카운터 위에 내려놓았다가 현미경 밑으로 밀어 넣었다.

"저 소리!"

버나드는 찰칵 소리를 들으니 연구실에서 보냈던 세월이 고스란히 기억난다고 말하면서 웃었다. 그녀는 커다랗고 둥근 안경 렌즈처럼 생긴 세균 배양 접시를 하나 집어 앞서 동료가 했던 동작을 따라했다. 뚜껑을 돌려 열고 딸칵 소리를 내며 내려놓고는 밀어 넣었다.

한 연구원은 두꺼운 펜처럼 생긴 장비를 사용해서 자그마한 플라스틱 병을 들어 올려 슬라이드 위에 액체 몇 방울을 떨어뜨리고 빈 병을 쓰레기통 속에 던져 넣었다.

"소리 들었어?"

버나드가 미소를 지으며 말했다.

"병이 떨어지는 소리는 꼭 카메라 셔터 누르는 소리 같아."

버나드는 자신이 연구실에서 가장 좋아하는 소리는, 인정하기 끔찍하지만 선충을 태울 때 나는 소리라고 덧붙였다.

"과학자들은 그런 일도 해야 해. 암수한몸을 얻어 내려고 할 때라든가…."

그리고 분젠버너(Bunsen burner, 가스를 연소시켜서 높은 온도를 얻는 간단한 가열 장치-옮긴이)에 불을 붙이면서 "나는 버너가 타는 소리도 좋아해."라고 말했다. 그녀는 불길을 크게 올라오도록 했다. 버너가 마치 축소형 벽난로처럼 탁탁 소리를 냈다. 버나드는 길고 가느다란 바늘을 집어 빨갛게 달아오를 때까지 불꽃 속에서 이리저리 움직였다. 그러고는 세균 배양 접시에 있는 젤 속에 바늘을 묻어 선충을 끼운 후 다시 불꽃 속에 넣었다. 순식간에 치직하는 소리가 불꽃이 내는 소음 사이에서 희미하게 들렸다.

"이유는 모르지만 나는 이 소리가 좋아."

버나드가 웃었다.

뒤쪽 카운터에 앉아 있던 루이자 코첼라는 "자르는 소리"가 좋다고 말했다. 먹이를 보충하기 위해 세균 배양 접시 위에서 작은 젤 덩어리를 자를 때 나는 소리라고 했다. 코첼라는 작고 얇은 약수저를 불에 덥힌 후에 얇고 납작한 부분을 젤 속에 넣었다. 뜨거운 약수저가 젤에 닿는 순간 두 개의 물질에서 쥐어짜는 것 같은 소리가 가냘프게 들렸다. 코첼라는 순간 눈동자를 반짝이며 웃었다.

"이런 소리도 있어."

버나드가 유리 슬라이드를 붉은 통에 던져 넣으며 말했다. 슬라이드는 먼저 버려진 다른 슬라이드 위에 쨍 하는 날카로운 소리를 내며 떨어졌다. 그녀는 슬라이드를 하나 더 던졌다. 이번에는 쨍 소리에 우드득 하는 소리까지 섞여 들렸다.

연구실 여기저기서 실험을 하던 사람들이 하나둘 몰려들어 다양한 소리를 내는 놀이판이 벌어졌다. 이처럼 신기하고 재미있는 놀이를 하게 되리라고는 생각하지 못했고, 그럴 계획도 없었지만 어쨌거나 사람들은 자신이 좋아하는 소리를 반복해 내면서 "들었어요? 들었죠?"라며 즐거워했다.

연구실은 수도원의 방식대로 조용하지는 않았지만, 사람들의 청력을 측정할 수 있을 만큼 조용했다. 쉽게 놓칠지도 모르는 많은 소리를 듣고 즐길 수 있을 만큼 조용했다. 연구원들은 장시간 동안 미묘한 소리에 귀를 기울였다. 선충의 몸을 통해 빛을 발하는 신경단위의 성운처럼 방대한 관계망을 여는 자그마한 소리를 들었다. 이러한 소리에 귀를 기울이면 기분을 전환하는 동시에 자신이 보내 온 날들의 모습을 확인할 수 있었다.

문득 나는 욕조에 몸을 둥둥 띄운 아이 옆에서 함께 침묵하며 주위를 에워싼 소리의 세계에 귀를 기울이던 순간이 떠올랐다. 당신은 얼마나 많은 소리를 들을 수 있는가? 그것은 어떤 소리인가? 과학자들은 자신들의 관조적 작업에서 얻은 음향적 열매를 하나씩 펼쳐 보였다. 그들 뒤에 있는 창문에서 빛이 났다. 장엄하면서도 평범한 침묵 속에서 태양이 하늘로부터 미끄러져 나왔다.

침묵할 권리

내가 마주했던 어떤 침묵에서도 명확한 해답을 얻을 수 없었다. 하지만 거기에는 우리가 받아들일 만한 요소가 풍부했다. 소리의 이산화탄소로 가득 찬 대기 속에서 숨 막히고 싶지는 않기에, 북돋울 필요가 있는 다양한 침묵의 미기후(微氣候) 개념에 대해 고마움을 알게 되었다.

침묵을 추구하는 내내 내 머릿속을 떠나지 않았던 말은 "초점을 제대로 맞추지 못하고 있다."는 것이었다. 나는 다시 한 번, 줄리아 바넷 라이스와 마찬가지로 위대한 소음 방지 행동가였던 테오도르 레싱의 글로 돌아갔다.

경제적·사회적 힘이 부족한 사람들은 종종 소음을 만들어서 세상에 대한 물리적 영향력을 확대하려 애쓴다는 레싱의 견해는 오랜 철학적 전통에 따른 것으로 니체까지 기원을 거슬러 올라갈 수 있다. 니체는 행동 공간을 인정받지 못한 사람들이 복수를 상상함으로써 결핍을 보상하려 한다고 주장했다. 이 같은 전통은 모든 위대한 정신의 소유자들이 의존하는 집중력을 가장 눈에 띄게 손상시키는 요소가 소음이라고 지적했던 쇼펜하우어에까지 이른다.[222] 레싱은 선조 철학자들과는 달리 직접 사회 운동을 조직해서 이러한 개념을 행동으로 옮기려 했다.

레싱은 다재다능한 인물이었다. 평생 철학과 언론, 교육학 연구에 열정을 쏟았고 여러 진보적 운동에 헌신했다. 그는 "자기혐오적인 유태인" 개념을 분석한 최초의 저자이기도 했다. "자기혐오적인 유태인"은 반유태주의자들이 가하는 유태인에 대한 모욕을 내재화한 사람으로, 레싱은 이들이 유태인의 미래에 중대한 위협이 되리라 예측했다. 고정관념을 내재화한다는 개념을 생각하면 소음 문제에 대한 레싱의 견해를 알 수 있다. 레싱은 유태인의 자기 증오에 대해 책에 이렇게 썼다.

"인간을 개로 만들려면 인간을 향해 '이 개자식아!'라고 오랫동안 소리 지르기만 하면 된다."

레싱은 이와 비슷한 맥락으로 볼 때 노동자 계급이 보이는 요란하고 난폭한 행동은 본능적 욕구를 발산할 건전한 통로의 부족에서 오는 것일 뿐만 아니라 노동자 자신에게서 힘과 긍정적인 사회 가치를 빼앗아 간 이들에게 저항하는 복수의 발현이라고 주장했다.[223]

레싱은 라이스를 우상으로 삼았고, 소음에 관련된 책을 쓸 때는 라이스가 조직한 협회의 활동 내용을 상세하게 기술하는 데 많은 지면을 할애했다. 또한 라이스가 벌였던 활동의 결과를 연구하기 위해 1908년 뉴욕을 방문하고 나서 자신이 주관해 소음 방지 협회를 설립했다. 그리고 라이스에게 조직을 이끌어 달라고 부탁했지만 라이스는 제안을 거절했다.[224]

라이스가 세운 전략의 일부를 채택하기는 했지만 레싱이 조직한 협회의 주요 표어는 '침묵은 고귀하다.'였다. 레싱은 침묵과 심오함(플루타르크는 "우리는 신에게서 침묵을, 인간에게서 말을 배운다."고 주장했다.), 동양의 이상인 명상적 삶 사이에 존재하는 고전적인 연관성을 지지했다. 레싱의 주장에 따르면, 침묵은 서양의 이기적인 가치 체계를 거스르는 지혜의 상징이다. 그는 저서 『소음』에서 "문화는 침묵을 향한 진화이다."라고 말했고, 이러한 진화를 촉진하기 위해 다양하고 기발한 계획을 개발했다. 예를 들어 사람들이 조용한 곳이라고 기대할 만한 호텔, 아파트, 주택의 이름을 수록하여 "청색 명단(blue list)"을 작성하기도 했고, "침묵의 집"을 지정하여 그곳에서는 핀이 떨어지는 소리도 들을 수 있고 피아노나 앵무새는 접근조차 할 수 없다고 선전하기도 했다. 또한 이상주의자 교수였던 그는 자연의 침묵이 학습을 촉진시킨다는 이유로 정원과 숲속에 학교를 짓자고 투쟁하기도 했다.(그는 독일 민족주의에 복종하기를 거부해 몸담고 있던 대학에서 결국 쫓겨났다.) 레싱이 설립한 협회가 내세운 또 다른 표어는 "소음을 사랑하지 말자."였다.

레싱의 좀 더 의욕적이고 철학적인 운동과는 달리, 라이스의 '불필요한 소음 방지 운동'이 대중적으로 큰 반향을 불러일으켰던 이유는 간단하다. 겉으로는 라이스가 구사한 전략이 매우 복잡한 문제에 대한 직접적이고 실용적인 해결책으로 보였기 때문이다. 그러나 앞에서 살펴봤듯이 라이스가 했던 주장의 핵심에는 커다란 소리에 대한 법적·정치적 투쟁을 벌이기에 불리한 결점이 있었다. 다시 말해서 필요한 소음과 불필요한 소음을 어떻게 구별할 수 있을까?

엘리트주의자이고 현대성에 적대적 태도를 지닌 인물이라며 언론의 손가락질을 받았던 레싱이 일으킨 운동은 추진력을 잃었다. 하지만 사람들은 소음을 줄이는 데보다 침묵을 늘리는 데 에너지를 써야 한다는 레싱의 주장을 지나치게 빨리 물리쳐 버렸는지도 모른다. 레싱이 시대에 불만을 품었던 내용은 기술 자체에 대해서가 아니라, 사회가 근본적인 생리적·심리적 필요에 역행하여 기계를 중심으로 조직되는 방식에 대해서였다. 게다가 레싱에게는 자기주장을 실현할 수 있는 기회가 별반 주어지지 않았다. 히틀러의 목소리를 전 세계에 퍼뜨릴 소란스러운 혼란이 이미 확산되고 있었다.(1933년 레싱은 외국 땅에서 나치 요원에게 암살당한 최초의 인물이 되었다.[225]) 궁극적으로 침묵이 고귀하다는 레싱의 주장은, 이미 침묵을 누리고 있는 엘리트 계급보다는 특별한 기회를 거의 누리지 못하는 계급을 위한 표어였다. 개라는 소리를 계속 들으면 언젠가 큰 소리로 으르렁거리며 대들지 모른다. 이와 마찬가지로 상대방을 비범한 사람으로, 더 고귀하고 풍부한 본성을 지닌 사람으로 대우하면 자발적으로 침묵을 지킬 사람이 많아질 것이다. 레싱의 주장은, 현대 문화에서 침묵이 부족한 이유가 교육의 붕괴 때문이라는 사실을 암시한다.

아마도 우리는 소중한 자원을 잘못 사용하고 있는지도 모른다. 이미 요란하다 생각하는 소음을 측정하고 결코 완벽하게 성공하지 못할 정책을 둘러싸고 싸움을 벌이느라 그토록 많은 돈과 에너지, 시간을 쏟는 대신 침묵을 촉진하는 활동과 공간에 투자하지 않는 이유는 무엇일까?

조용한 공간을 보호하기 위해 영국 환경농식품부와 손잡고 고문으로 일하는 콜린 그림우드는 2009년 봄 나눈 대화에서 현재 모델의 문제점을 이렇게 지적했다.

"우리는 시끄러운 장소를 약간 덜 시끄럽게 만들기 위해 이 돈을 쓰고 있다. 하루가 지나면 몇 데시벨 정도 떨어뜨릴 뿐 여전히 시끄럽다. 이것이 침묵을 우선순위에 두어야 하는 이유이다."

그림우드를 비롯한 사람들은 도시의 조용한 공간들이 소규모인 경향이 있기 때문에, 번잡한 인근의 전반적인 소음 수준을 조금이나마 낮추기 위해 도로, 철도, 건물 냉난방 및 환기 시스템 등의 기반 시설을 재구축하는 것보다는 조용한 공간을 만드는 편이 비용 면에서 더 효율적일 수 있다고 주장한다.

침묵 공간의 설계자들은 소음 문제의 뿌리 깊은 원인인 과밀까지도 소음 문제 해결에 기여할 수 있다는 사실을 발견했다. 꽉 들어찬 건물 정면이 전통적인 거리 블록의 벽을 형성하는 고밀도식 개발은 건물 뒤편에 전달되는 소리를 차단하는 데 매우 효과적일 수 있다. 주거지나 사무실 건물이 이어져 있기 때문에 각 구조물에는 "조용한 면"이 생기고, 뒤쪽에 자리한 공동 지역이나 뜰은 외부와 차단된 조용한 공간이 된다.[226] 도시 계획자 맥스 딕슨은 주변이 건물로 둘러싸인 장소에 단 5퍼센트의 빈틈만 있더라도 소음의 80퍼센트가 통과된다고 말해 주었다. 딕슨은 이러한 원칙이 적용된 예로, 런던 주변의 조지 왕조풍 주택 뒤에 조성되어 있는 공동 정원, 인류 최초의 몇몇 도시에 들어선 건물의 안마당과 회랑을 들 수 있다고 말했다. 최근 스웨덴에서 이루어진 연구 결과에 따르면, 시끄러운 지역에 살더라도 거주 건물에 조용한 면이 있으면 소음 곤혹도는 50퍼센트 감소한다. 이곳에 식물을 심거나 작은 분수를 설치하여 음향을 흡수하고, 에어컨처럼 소리가 부정적으로 인식되는 기계의 사용을 피하면 시끄러운 세상을 등진 안식처를 만들 수 있다.[227] 하지만 이처럼 소박하면서도 효과적인 조용한 공간을 만들려면 교육을 통해 사람들이 소리에 대해 새롭게 인식할 수 있도록 하는 신선한 접근 방법을 채택해야 한다.

과거의 침묵을 낭만적으로 묘사하는 경향이 있기는 하지만 역사를 통틀어 많은 도시가 믿기지 않을 정도로 시끄러웠다. 돌로 포장된 울퉁불퉁한 거리를 달리는 마차 소리뿐 아니라 온갖 동물 소리, 상점 주인이나 행상인의 외치는 소리, 개인 주택가 틈에 끼여 있는 공장에서 나는 소리 등이 늘 곳곳에 가득했다. 예를 들어 폼페이에는 파우누스 저택 정문 근처에 시끄러운 대장간이 두 군데 있었다.[228] 고대 그리스의 시바리스가 당시 다른 도시보다 세련되고 부유해질 수 있었던 이유는 정부가 산업 시설을 거주 지역에서 분리시키기 시작하면서 세련된 감각의 공간이 생겨났기 때문이라는 설이 있다.[229] 그렇긴 하지만 어쨌거나 과거의 도시들은 현대 도시들보다 음향적 대조가 더 크게 나타났다. 매우 혼잡한 대도시를 제외한 도시 지역에는 개발 안 된 땅, 탁 트인 강둑, 공원, 사원 뜰, 공동묘지 등이 곳곳에 흩어져 있었다. 건강하고 약간의 자유를 누릴 수 있는 행운을 지닌 거주민이라면, 현대인처럼 불협화음을 피하기 위해 장거리 여행을 떠나야 할 필요가 없었다.

그렇게 생각하지 않는 사람도 있겠지만, 우리가 사는 세상이 구석구석 모두 조용할 필요는 없다. 지금 우리에게 필요한 것은 일반적인 소음 체험을 차단할 수 있도록 좀 더 많은 공간을 확보하는 일이다. 우리는 매일의 생활 속에서 침묵의 비율이 더욱 높아질 수 있도록 갈구해야 한다.

소리 다이어트

나와 대화를 나눴던 소음 방지 활동가들의 일관된 주장은 "모든 형태의 소음 공해와 싸워야 한다."였다. 그렇다면 소음 공해에는 얼마나 많은 형태가 있을까? 초음속 제트기는 소음 공해를 일으킨다. 특정 제조업 공정 및 수많은 동력 발전기도 그렇다. 오늘날 가장 끔찍한 소음 공해의 주범은 선박의 수중음파탐지기일 수 있다. 고래들이 수중음파탐지기에서 나오는 새 소음 파장을 피하기 위해 지나치게 깊이 잠수하다가 죽어가기 때문이다. 하지만 오늘날 우리 삶 속 소음의 대부분은 이처럼 두드러지게 시끄럽다는 정의에는 미치지 않는다.

주변 소음을 공해 문제로 생각하기보다 다이어트의 문제로 생각할 수 있다. 우리의 청각 식습관은 끔찍하다. 지나치게 기름지면서 영양가는 전혀 없는 소리를 늘상 지나치게 섭취한다. 그리고 충분한 침묵을 섭취하지 못하고 있다. 잘못된 다이어트는 생명을 위협하기 마련이고, 무조건 굶거나 유행하는 식이요법을 그대로 따르는 식의 피상적인 행동은 안 하느니만 못한 결과를 가져오기도 한다. 따라서 공장의 굴뚝을 틀어막는 것과는 다른 방식으로 불건전한 식습관을 고쳐야 한다. 아이들에게 다이어트에 대해 가르칠 때 교사는 패스트푸드 섭취에 따른 위험뿐 아니라 건강에 좋은 영양식의 이점에 대해서도 말한다. 침묵에 대해 가르칠 때도 그래야 하지 않을까?

오늘날 사람들은 요란한 소음이 끼치는 끔찍한 위험에 대해 많이들 얘기한다. 너무 많이 말하는 탓에 젊은이들은 뻔한 얘기라며 무시한다. 하지만 침묵의 유익함에 대해서는 거의 침묵한다. 우리는 과학적이고 인도주의적 관점에서 바라본 침묵의 유익함에 대해서는 이미 많이 알고 있다. 그렇다면 침묵의 바람직한 영향을 알리는 동시에 침묵에 대해 이미 알고 있는 지식을 공공 교육에 소개해야 하지 않을까?

아이오와 주 시골에서 플로리다 주 준 교외 지역, 영국, 뉴욕에 이르기까지 곳곳을 다니며 살펴보았듯 학교에는 사회경제적 배경이 다르고 침묵을 긍정적으로 경험해 보지 못한 세대가 가득하다. 내 친구 리만 케이시는 브루클린 소재 공립 고등학교에서 수학을 가르친다. 거친 도시 지역에서 나름대로 좋은 학교로 평가받는 곳이다. 케이시는 잠시라도 조용히 있도록 학생들을 달래고 훈육하는 일이 너무나 힘들다고 여러 번 말했다. 이는 권위가 있고 없고의 문제가 아니다. 케이시는 키가 196센티미터인 농구 선수이고 타고난 지도자이다. 그는 아이들이 문자 그대로 침묵의 의미를 모르기 때문에 침묵하기가 어려운 것이라고 말했다.

케이시는 자연에서 어린 시절을 보내는 행운을 누렸던 자신과는 달리 학생들은 살아가면서 내적인 힘을 얻을 원천이 드물다는 생각에 고민스러웠다. 나와 몇 차례 대화를 나눈 후 케이시는 수업 시간에 짧게 침묵하는 시간을 갖기 시작했다. 처음에는 실천하기가 힘들었다고 했다. 침묵한 지 20초가량만 되면 조용히 해야 한다는 사실을 잊어버리고 친구에게 말을 걸거나 소리를 내는 아이들이 생겨 학급 전체가 소음 바다로 변하기 일쑤였다. 하지만 학기가 끝날 무렵이 되자 10학년 학생들이 온전히 2분 동안 침묵할 수 있었다. 케이시는 학생들에게 말했다.

"정말 좋지 않니? 잠시라도 침묵을 즐기는 일은 그만큼 긍정적이고 의미 있는 경험이 될 수 있단다."

하지만 학생들은 선생님을 멀뚱히 쳐다볼 뿐이었다.

"왜죠?"

한 학생이 물었다.

"어째서 긍정적이고 의미가 있는 건가요?"

케이시는 내게 "아이들은 내가 무슨 말을 하는지 전혀 몰라. 궁금해하기는 하지만."이라고 말했다.

솔직히 이런 이야기를 믿을 수 없었던 나는 케이시에게 작은 실험 하나를 할 수 있도록 도와 달라고 부탁했다. 우선 학생들에게 여태껏 살아오면서 침묵이 중요했던 순간을 떠올려 보라는 말을 전해 달라고 하고, 학생들의 이야기를 직접 듣기 위해 학교를 찾았다.

학생들과 대화한 지 5분 만에 나는 울적한 감정에 휩싸였다. 내가 예상했던 이유 때문이 아니었다. 자신의 침묵 경험에 대해 이야기한 학생 열 명 중 아홉 명이, 복받치는 고통 때문에 말할 수 없게 되거나 말하고 싶지 않았던 당시의 상황을 그렸던 것이다. 한 학생은 어머니가 돌아가시고 나서 아버지와 살아야 했고 전혀 관심을 받지 못했던 시절에 대해 말했다. 가장 친한 친구를 제외하고는 몇 달 동안 어느 누구에게도 말을 걸지 않았고 학교에서 강제로 부과한 심리 치료를 받아야 했다. 또 다른 학생은 여섯 살 때 계부가 어머니를 구타하는 장면을 목격했고, 그런 경험을 말로 표현하는 방법을 몰라서 그 후 몇 달 동안 누구와도 대화하지 않았다. 어떤 학생은 갱과의 싸움에서 형이 살해되고 아버지가 울면서 집에 돌아온 후로 자신이 한동안 침묵에 빠졌다고 했다. 한 학생은 어머니가 아파서 수술을 받았을 때 세상 누구와도 말하고 싶지 않았다고 했다. 학생 각자에게 침묵은 말을 빼앗아 간 비극적 사건이나 극도로 괴로운 일과 관계가 있었다. 한 여학생의 경우가 유일한 예외였다. 무척 좋아했던 할머니의 장례식을 마치고 나오자 주위가 갑자기 완벽하게 조용해졌다. 주변에 사람들이 있었지만 아무 소리도 들리지 않았다. 학생은 자신에게 뭔가 문제가 생겼다고 생각했다. 그래서 다시 몸을 돌려 교회를 향해 걸었는데 뒤쪽 계단에 서 있는 할머니를 보았다. 할머니는 아무 말 없이 미소를 지었다. 할머니가 사라지고 나자 학생은 다시 소리를 들을 수 있었다.

사회는 어린 학생들에게 고통스러운 기억과 연결된 침묵이 아니라 좀 더 넓은 의미의 침묵을 경험하게 해 주어야 할 빚을 지고 있다.

대화를 얼마간 주고받자 몇몇 학생들은 침묵이 좋을 수 있고, 생각하고 긴장을 풀 기회를 자신에게 줄 수도 있다는 사실을 깨달았다. 하지만 이런 종류의 침묵을 경험해 봤다는 학생은 아무도 없었다. 나는 학생들에게 조용히 있고 싶을 때 갔던 장소를 묘사해 보라고 부탁했다. 몇몇 학생은 자기 방에 들어가 컴퓨터 게임을 하거나 텔레비전을 보았다고 말했다. 학교 환경에 대해서는 입을 모아 "매우 시끄럽다."고 언급했다. 자신은 입을 쉴 때가 없다고 말했던 한 학생은 "나는 시끄러운 곳에서 조용히 있을 수가 없어요. 그래서 내가 속한 환경의 습관에 젖어든 거죠."라고 답했다.

브루클린의 다른 한편에는 사립 퀘이커프렌드스쿨(Quaker Friends School)이 있다. 이곳 학생들은 유치원 때부터 고등학교에 다닐 때까지 학습 경험의 일부로 침묵의 시간을 매일 갖는다. 그들은 학교생활을 시작하면서부터 침묵하는 법과 함께 침묵 경험이 어째서 풍요를 안겨주는지 이해하는 법을 배운다. 그곳에서 7년째 아이들을 가르치고 있는 초등학교 교사 조나단 에드먼즈는 침묵을 가능하게 만드는 요소가 "훈련, 그것도 많은 훈련"이라고 강조했다. 에드먼즈는 자신이 퀘이커 교도는 아니지만 "침묵은 학창시절의 중요한 부분인데 많은 학교에서 이 점을 놓치고 있어요."라고 말했다.

"그저 멈추고 느긋해지는 겁니다. 침묵의 이 같은 단순성을 경험한 학생들은 상황을 올바로 정리할 수 있게 됩니다. 침묵은 우리가 행동하면서 안타깝게도 놓치고 있는 사색적인 요소랍니다."

에드먼즈는 침묵하며 깊이 생각하는 경험을 해 본 학생들은 "더 적은 것이 더 많은 것"이라는 사실을 이해하게 되고 사회적 양심을 기르게 된다고 생각한다. 그는 퀘이커프렌드스쿨이 학생들에게 침묵의 가치를 성공적으로 교육시킬 수 있었던 것은 훈육 자체 덕분이라기보다는 도시 교육부의 감독에서 벗어나 학교 자체적으로 우선순위를 결정했기 때문이라고 설명했다.

"공립학교에서 가르치는 동료들로부터 요즘 공립학교의 정신 나간 시험제도에 대해 자주 들어요. 그런 제도 밑에서는 개인적으로 심오하고 명상적으로 사고할 시간을 가질 수 없죠."

평가에 집착해서 중요한 점을 놓치는 과거의 방식이 또 한 번 문제가 되고 있다.

식습관을 성공적으로 변화시키려면 그에 맞는 교육이 필요할 뿐 아니라 건강에 유익한 음식의 섭취가 제대로 이루어져야 한다. 잘 알고 있듯이 가난한 사람일수록 패스트푸드를 제외하면 선택할 수 있는 음식의 종류가 제한적이다. 음향 영역에서도 상황은 마찬가지다. 더욱 많은 사람들이 침묵의 중요성을 제대로 인식할 수 있으려면 누구나 침묵을 즐길 수 있는 더욱 적합한 환경이 조성되어야 한다.

나는 아시람(ashram, 힌두교도들이 수행하며 거주하는 곳-옮긴이)에서 침묵 피정을 하는 동안, 보금자리에 앉은 새처럼 풀이 무성한 언덕 여기저기에 흩어져 앉아 있는 사람들을 바라보았던 기억을 소중하게 간직하고 있다. 모두가 정신을 집중하고, 미동도 하지 않으면서, 자연계에 귀를 기울이고 있었다. 하지만 아시람을 비롯해 다양한 형태의 명상 센터를 찾는 사람들은 대부분 상당히 부유하다. 그들에게는 돈이나 시간이 있고, 어느 날 아침 잠에서 깨면서 "아무래도 침묵 피정을 좀 다녀와야겠어."라고 생각할 수 있는 사회적 여건이 주어져 있다. 반면 이런 저런 이유로 인해 침묵을 경험할 기회를 가지기 어려운 사람들이 여전히 많다.

무엇보다 침묵에 대한 이해를 북돋워 줄 도시 설계 계획을 추진해야 한다. 도심 속 미니 공원이 더 많이 필요하고, 자금이 마련된다면 더욱 큰 규모의 공원이 필요하다. 하지만 우리가 만들 조용한 공간을 실외로 제한해서는 안 된다. 침묵을 조성하기 위해 축제 분위기의 허세를 약간 부려 본들 어떨까? 마약상, 총기 밀반입자, 금융 사기범에게 압수한 돈의 일부로 패스트푸드 체인점을 사서 조용한 현대식 주택을 지으면 어떨까? 레크리에이션 센터나 컴퓨터실이 아니라 아침 일찍부터 밤늦게까지 개방하고, 빈 종이와 펜, 의자와 테이블, 베개와 식물이 놓여 있고, 개인 음향 장비나 휴대전화는 사용하지 않고 대화도 오가지 않는 장소를 만드는 것이다. 나는 이러한 장소가 도피처가 아닌 성장하는 곳이 되리라 확신한다. 이런 계획을 실천하려면 비용은 얼마나 들까?

침묵을 처음으로 추구해 보려는 사람들에게는 일주일에 하루 저녁 정도 레크리에이션 센터에서 공식적으로 침묵의 시간을 가지도록 하면 어떨까? 또 자선가끼리 힘을 합해 빈 공간을 사들이고 학생들에게 젠 정원을 만들도록 하면 어떨까? 재단을 설립해서, 침묵과 명상을 증진하는 글을 쓰거나 예술 작품을 만드는 젊은이들에게 장학금을 주면 어떨까? 이웃을 대상으로 '침묵 파티'뿐 아니라 조용히 걷는 행사를 열고, 날이 어두워진 후에 침묵 모험, 침묵 예술 페스티벌을 열면 어떨까? 침묵을 기념하는 침묵의 시간을 가져 보자. 침묵이 고귀한 이유를 경험을 통해 배울 수 있는 기회를 좀 더 많은 젊은이들에게 줄 방법을 찾아야 한다.

침묵 추구의 너머에는

나는 수도원을 순례하면서 침묵의 가치에는 미지의 세계를 부활하는 것이 포함된다고 결론 내렸다. 자신이 매우 잘 안다고 느끼는 생활양식에서 방법을 찾는 사람이 많은 시대에, 숙고와 경이에 접근하는 통로로써 침묵의 가치는 무한하다. 하지만 나는 들리는 영역과 여전히 들리지 않는 영역을 구별하려면 세상 속으로 들어가 이미 알려진 현상을 좀 더 잘 인식해야 한다고 느꼈다. 그래서 소리를 인식할 때 귀와 두뇌에 어떤 현상이 일어나는지 연구하는 심리학자, 청각 전문가, 신경과학자, 청력의 진화를 탐구하는 과학자들과 대화를 나눴다. 청력의 섬세한 민감성에 대해 배울수록, 야생에서 살아남으려면 약탈자가 득실거리는 세상에서 침묵을 유지하는 능력이 있어야 한다는 사실을 깨달을수록, 현대인이 그토록 시끄러워지기 시작한 이유를 정말 알 수 없었다. 그리하여 나는 동물이 상대를 유혹하는 소리와 적수를 위협하여 쫓아 버리는 소리를 연구하는 학자들을 만나 보았다. 그 결과 동물이 성교나 전투할 때 내는 소음이 현대의 상업이나 연예·오락 부문에서 발하는 소음으로 자연스럽게 연결된다는 생각을 하게 되었다. 이러한 소음에 나는 무척 흥미를 느꼈다. 과거에 이루어졌던 모든 소음 감소 및 규제 정책과 상관없이 도처에서 줄기차게 커지고 있는 아우성의 양상으로 보였기 때문이다.

현재 세계적으로 최대 소음원은 교통이지만 그리 멀지 않은 미래에 전기 자동차가 양산되면 고속도로의 소음은 상당히 줄어들 것이다. 나는 오늘날 많은 사람들이 과도하게 시끄럽다며 맹렬히 비난하는 상업적 환경 여러 곳을 방문해서, 소유주가 그토록 시끄러운 음량을 내는 동기가 무엇인지 파악하려 했다. 상점과 음식점은 손님의 관심을 끌려고 소음을 내고 손님을 지나치게 자극하면서 자신들의 존재를 과시한다. 개인이 자기 말소리를 듣고 싶어 하고 빈 방에 들어서자마자 텔레비전을 켜는 이유에는, 소멸에 대한 두려움, 침묵의 구석에 도사리고 있는 영원한 정적에 대한 두려움 등이 있다. 깨어 있거나 때로는 잠자는 내내 개인 음향 장비로 사운드트랙을 듣는 사람들은 소리가 클수록 소리의 울림에 몸과 마음이 고동치고 쓸데없이 주의가 흩어지는 일이 줄어든다고 말했다. 내가 소음을 위한 소음으로 생각한 것은 자동차 오디오 경쟁 분야로 여기서 소음을 부추기는 요인은 두 가지였다. 하나는 베이스의 순수한 관능성이었고, 또 하나는 붐 카를 모는 사람들 대부분이 요란한 교통 소리에 평생 파묻혀 산다는 사실이었다. 소음에 묻혀 생활하는 현대인에게서 일종의 음향적 스톡홀름 신드롬(Stockholm syndrome, 인질이 범인에게 정신적으로 동화되어 호감과 지지를 나타내는 심리 현상-옮긴이)을 찾아볼 수 있다는 뜻이다.

나는 소음의 세계에서 한발 물러나, 사람들이 소음과 싸우기 위해 어떤 일을 하는지 지켜보았다. 지금은 과거 어느 때보다 방음이 효과적인 방법이지만 방음 기술이 전반적으로 개선될수록 드는 비용은 커지는 법이다. 방음 기술의 진보가 최고조에 다다른다 해도 사용자가 고립되는 등의 사회 문제가 발생한다. 나는 오늘날 소음 공해에 맞서 싸우는 많은 활동가들의 활동에 감탄하지만 정책의 일선에서는 승자 없는 싸움을 하고 있다고 느꼈기 때문에 그러한 투쟁에서 멀어졌다. 나뭇잎 청소 기계, 소음 감소 장치를 제거한 오토바이, 시끌벅적한 파티 같은 개인적인 소음 요인을 침묵하게 만드는 일에 앞장서 온 열성적인 사람들과도 이야기를 나누어 봤지만 아무도 세계가 전반적으로 조용해져 가고 있다고는 생각하지 않았다. 수십 년 동안 소음을 줄이기 위해 헌신적으로 활동해 온 알라인 브론자프트는 1970년대 들어 선구적인 연구를 수행해서 지하철 소음이 아동의 학습 능력에 해로운 영향을 미친다는 사실을 입증했다. 또한 네 명의 뉴욕 시장에게 소음 정책에 대한 조언을 제공해 왔다. 소음 방지를 위해 애를 써서 좀 더 조용한 세상을 만들 수 있었는지 질문하자, 브론자프트는 "사람들이 좀 더 착해졌나요?"라는 질문으로 돌려 대답했다. 나는 대답을 할 수가 없었다.

"이제 대답을 아시겠죠? 비행기 소음도, 기차 소음도 생각하지 마세요. 음식점에서 휴대전화를 사용하고, 이웃이 집 바닥에 두툼한 카

펫을 깔지 않는 것이 문제예요. 정책이 점차 나아지더라도 소음은 계속 악화된답니다."

나는 이 같은 문제에 눈을 뜨면서, 생각의 초점을 소음에 맞서는 싸움에서 사람들의 침묵 성공담으로 옮기기 시작했다. 그러자 흥분과 희망이 가득 차올랐다. 오늘날 많은 도시계획 전문가, 건축가, 조경 설계가, 음향 전문가들이 첨단 음향 공학 기술과 조용한 공동 공간 설계를 위한 인류의 길고 풍부한 역사를 바탕으로 뛰어난 작업을 수행하고 있다. 그들은 세계에서 가장 커다랗게 불협화음을 빚어내는 일부 대도시의 한복판에 물이 떨어지고 잎이 바스락거리고 새가 노래하는 정적의 오아시스를 만들어서, 현대인에게 상상력과 평화를 안겨주고 공감을 불러일으키고 있다.

영국을 비롯한 몇몇 국가에서는 시민들이 조용한 공간 운동을 펼치고 있다. 새로운 소음 악몽에서 우리를 구원하겠다는 약속보다 위대한 약속은 없다. 브론자프트의 말은 소음이 커질수록 사람들의 착한 본성이 사라진다는 사실을 은연중에 나타낸다. 자존심을 상하게 하고 소송을 걸어 심기를 불편하게 만들어서 사람들을 침묵시키는 것이 소리를 줄이는 유일한 방법이라면, 사람들은 소음 감소 운동에 결코 우호적인 태도를 취하지 않을 것이다. 한 활동가가 내게 말했듯이 소음을 내는 사람을 강제로 침묵하게 만드는 것은 언제나 두더지 잡기 게임과 비슷하다. 소음의 한 가지 근원을 침묵하라고 강요하면, 현대인이 소리를 죽이고 싶어 끊임없이 만들어 내는 새로운 장치만큼이나 끝없이 다양한 새로운 소음이 형태를 바꿔 나타날 것이다.

이러한 곤란한 문제에서 벗어날 수 있는 유일한 길은, 침묵 추구

자체를 귀가 솔깃한 제안으로 만드는 것이다. 침묵에서 점점 제외되고 있는 사람들이 침묵의 영향력을 느낄 기회를 많이 가질수록, 침묵이 사회에 독특한 혜택을 제공할 가능성이 높다. 조용한 시간만 충분히 누릴 수 있더라도 좀 더 좋은 사람이 되고 싶다는 충동을 느낄지도 모를 일이다.

침묵을 추구하는 여행을 끝낼 무렵, 뉴 멜러레이 수도원에 앉아 생각했던 미지의 세계가 창조의 세계를 뜻한다는 사실을 깨달았다. 이전에 나는 포유류의 중이가 턱뼈에서 진화했고 빅뱅의 소리가 군중의 비명과 비슷할지 모른다고는 상상조차 못했다. 다도가 침묵의 무대가 될 수 있고, 침묵에 대한 청각장애인의 시각이 모두에게 좀 더 주의 깊은 감각 인식을 안겨 줄 수 있다고도 상상하지 못했다. 나는 침묵을 추구하면서 전에는 있으리라 꿈도 꾸지 못했던 장소에 가 보고 그런 사람들의 이야기를 듣는 행운을 누렸다.

프랑스 철학자 모리스 메를로 퐁티는 그의 마지막 저서에서 "망각은 미분화(未分化)지만 지각은 분화"라고 썼다.[230] 초기에 나는 머릿속에 들어와 사라지지 않는 소리를 소음으로 정의했다. 유쾌할 수도 그렇지 않을 수도 있지만 소음은 존재의 안팎을 구별하지 못하게 만들고, 더 큰 세계를 망각하게 만들 가능성이 있다.

뒤집어서 침묵을 감히 정의해 보면, 그것은 사람이 지닌 지각의 힘을 촉진시키는, 고요와 소리의 특별한 균형이라 말할 수 있다. 침묵은 분화를 가능하게 해 주기에 소중하다. 사물의 분화를 주시할수록(observe) 우리 안의 고립된 자아가 차지하는 정신적 공간은 줄어든다.

우리 자신이 침묵하는 상황에 대해 말할 때, 마치 조용히 있음으로써 자아 너머를 바라보게 된다는 듯 "침묵을 주시한다.(observing silence)"고 표현하는 것은 우연이 아니다.

미지의 세계는 우리 주변의 세계이다. 다만 우리가 알지 못한다는 사실을 인식하지 못할 뿐이다. 침묵은 주의를 기울이는 것이고, 기대하는 상태를 가리키며, 순수의 정원으로 돌아가는 열쇠이다. 우리는 그 정원에 머물지 않을 수도 있다. 하지만 정원의 문이 열리는 소리에 우리가 귀 기울이고 있다는 사실을 신은 알고 있다.

옮긴이 글

지인이 헬스장에서 운동을 하다가 청력에 손상을 입었다. 러닝머신에 올라가 습관대로 이어폰을 꽂았는데 엄청나게 큰 음악 소리가 들려 소스라치게 놀랐다고 했다. 그 후부터 높은 음을 제외한 소리가 들리지 않아 검사와 치료를 받았으나 결국 청력을 회복하지 못하고 보청기를 껴야 했다.

내가 생각한 침묵이란, 지인이 경험했듯 서슬 퍼런 소음의 폐해에 대항하는 수단 정도였다. 소음의 공해에서 잠시 벗어나 머리를 식힐 수 있는 최소한의 짬이었다. 그러니 이 책을 받아 들었을 때 '침묵'을 주제로 이렇게 두꺼운 책을 쓸 수 있다는 사실 자체부터 신기했다. 과학자처럼 '침묵'과 관련한 여러 현상과 원리를 깊이 있게 탐구하는 태도와 문학가처럼 문장에 화려한 옷을 입히는 능력이 글에 함께 녹아 있다는 사실도 신기했다.

저자는 침묵 추구와 소음 방지에 대해 여러 각도에서 질문을 던지고 성실하게 해결책을 모색했다. 그래서 문제를 펼쳐 놓고 아무런 대안도 제시하지 않는 글을 읽을 때의 답답함이 느껴지지 않았고, 무척이나 해박한 저자의 글에 번역하는 내내 감탄했다. 지식의 바다를 쉼없이 헤엄치는 느낌이 들었다. 저자가 워낙 광범위한 분야를 깊고 분주하게 파고들기에 글의 속도와 깊이를 따라가다 보면 글 자체에 푹 빠져 헤어 나오지 못하기 일쑤였다. 그래서 번역을 마치고 옮긴이의 글을 쓰면서 짧은 지면에 정말 가능하지는 않지만 대략이나마 저자의 목소리를 입혀 책의 내용을 귀띔한다면 앞으로 이 책을 선택할 지혜로운 독자에게 조금이라도 도움이 되지 않을까 싶었다.

저자는 전원을 끈 디브이알에서 조그맣게 들리는 소리에 방의 침묵이 깨져 고통스럽다고 느끼는 자신이 너무 민감한 것은 아닌지, 고요함을 누리고자 하는 자신의 열망이 터무니없는 것은 아닌지에 생각이 미치면서 침묵을 탐구해 보기로 결심했다. 그는 소음이 싫다는 사람은 많은데 왜 세상은 시끄러워지고 있는지, 침묵이 진정한 가치를 지니고 있다면 그것은 무엇인지, 어떻게 그 가치를 높일 수 있는지, 침묵을 추구해야 하는 이유는 무엇인지에 의문을 품고 그 대답을 찾기 위해 다양한 분야의 사람들을 만났다.

퀘이커 교도들은 침묵이 신에 도달하기 위한 경로이자, 신이 지닌 본성의 반영이라 생각했다. 우주 비행사는 우주 유영을 나갔다가 끊임없이 귓전을 울리는 지상 관제탑의 목소리가 사라진 짧은 시간 동안 우주의 침묵을 경험하고 그 심연을 볼 수 있었다. 청각 전문가는 우리가 내는 말소리에 침묵이 배어 있어서 소음이 아닌 의사소통의 신호로 작용하지만 요즘처럼 소음이 주변을 둘러싸기 시작하면 침묵의 공간이 닫힐 수 있다고 말했다. 시민들의 소음 항의를 처리하기 위해 출동한 경찰관은 모든 가정 분쟁의 불씨가 소음이어서 소음만 차단하면 문제를 해결할 수 있다고 강조했다. 트라피스트 수도회 수도승은 암 진단을 받고 충격에 빠져 수도원을 찾았다가 침묵을 경험하고 삶의 방향을 바꾸면서 마음의 평화를 찾았다. 이라크 침공 당시에 보병대를 이끌었던 장교는 오직 살아남기 위해 귀를 곤두세우고 철저하게 침묵을 지켜야 했다고 증언했다.

이렇게 침묵을 쫓던 저자는 침묵을 추구하려면 결국 소음에 대해 알아야 한다고 생각하고 인간이 의도적으로 소음을 만들어 내는 이유를 찾기 시작했다. 연설로 청중을 사로잡아 최면에 가까운 복종 상태로 만들었던 히틀러처럼 인간은 속세의 권력을 얻으려고 소음을 만든다. 또한 가혹한 경쟁 환경을 버텨 내려고 의식적으로 소리를 낸다. 캐주얼 의류 매장은 매상을 올리기 위해 음향 브랜딩을 통해 요란한 음악으로 소비자를 자극한다. 공장은 노동자의 생산성을 높이려고 음악 재생 프로그램을 사용한다. 음식점은 손님들의 알코올 섭취량을 늘리려고 매장에 흐르는 음악 소리의 크기를 조절한다. 미식축구 경기장은 홈팀의 사기를 북돋우고 원정팀을 위협하려고 관중의 소음을 그라운드에 최대한 반영한다.

소음을 향한 저자의 관심은 현재에만 머물지 않고 20세기 초 소음을 찬양했던 미래파, 1980년대 시작된 붐 카의 유행, 구석기 시대의 동굴에서 일어나는 반향과 메아리에까지 확장되고, 포유류의 청각 진화사, 휴대용 음악 장비의 보급과 영향력, 소음을 차단하려는 방음 산업의 발달상, 소음에 맞서 온 투쟁의 역사로까지 이어진다.

소음이 유발하는 피해 또한 연구해서, 헤드셋으로 음악을 크게 들으며 마라톤 연습을 하다가 청력을 상실한 사람을 만나고 청각 및 뇌 전문가와 인터뷰하여 소음의 영향에 대한 견해를 듣는다. 뇌 유연성 연구 분야의 한 전문가는 시끄러운 환경에서 성장한 아이들의 언어처리 능력이 현저하게 뒤떨어진다고 밝히고 이것이 자폐증 발생을 증가시키는 주요 원인이라고 주장했다.

현대인은 과거 어느 때보다 소음에 지속적으로 노출되고 있고 도저히 소음에서 발을 뺄 수 없다. 하지만 이러한 소음은 어쩔 수 없이 겪게 되는 것이기도 하지만 우리 스스로가 적극적으로 만들어 내는 것이기도 하다. 저자는 휴대용 음악 장비로 하루 종일 음악을 듣는 등 현대인이 스스로 선택하여 자신을 에워싸도록 한 소음을 과거에는 없었던 '새로운 소음'이라 말한다. 이러한 새로운 소음이 문제가 되는 것은 침묵을 파괴할 뿐만 아니라 우리 주변의 소소한 소리들마저도 빼앗아 가기 때문이다.

과거 인디언 갓난아이들은 칭얼대지도 울지도 않았다고 한다. 사람들은 그 이유를 인디언의 태교와 업는 방식에서 찾는다. 엄마와 등을 맞댄 채 업힌 아기의 눈과 귀는 외부 세계를 향한다. 아이는 엄마 등에서 아름다운 산과 들을 바라보고 하늘과 구름을 올려다보고 새와 동물 그리고 곤충의 소리를 듣고 바람이 부는 소리와 냇물이 흐르는 소리에 귀를 기울인다. 이렇게 해서 자신을 진정시키는 방법을 스스로 터득한 것이 아니었을까. 하지만 현대를 사는 우리에게는 자그마한 소리에 귀를 기울일 만한 마음의 여유도 물리적 공간도 없다. 그래서 더더욱 마음의 안정을 찾지 못하고 신경이 날카로울 대로 날카로워져서 불화를 일으키고 싸움을 벌이는 것은 아닐까.

결국 침묵과 소음의 조화가 중요하리라는 생각이 들었다. 그래야 복작거리는 소음에 파묻혀 살면서도 가끔은 놀이터에서 깔깔거리며 노는 아이들의 웃음소리, 유리창에 부딪치는 빗방울 소리, 바람에 커튼이 날리는 소리를 듣고 기쁨과 평화를 맛보지 않을까. 가끔은 자기 내면을 들여다보고 자기 목소리를 듣고 성찰의 시간을 누릴 수 있지 않을까. 저자 또한, 엄청난 불협화음을 만들어 내는 일부 대도시의 한 복판에 물이 떨어지고 잎이 바스락거리고 새가 노래하는 정적의 오아시스를 만들어 사람들에게 상상력과 평화를 안겨 주었던 시도에서 미래의 희망을 보았다.

안기순

미주

1) *Saia v. People of State of New York,* 334 U.S. 558(1948), http://caselaw.lp.findlaw.com/cgi-bin/getcase.pl?court=US&vol=3348&invol=558

2) Henry David Thoreau, *A Week on the Concord and Merrimack Rivers*, Robert F. Sayer, ed.(New York: Literary Classics of America, Inc., 1985), 317-18

3) John Ayto, *Dictionary of Word Origins*(New York: Arcade Publishing, 1990), 477

4) J. A. Brefczynski-Lewis et al., <Neural Correlates of Attentional Expertise in Long-term Meditation Practitioners>, *Proceedings of the National Academy of Sciences* 104, 27(2007. 7. 3.)

5) Devarajan Sridharan et al., <Neural Dynamics of Event Segmentation in Music: Converging Evidence for Dissociable Ventral and Dorsal Networks>, *Neuron* 55, 3(2007. 8. 2.)

6) Andrew Stern, <U.S. Facing Possible Hearing Loss Epidemic>, *Reuters*, 2008. 7. 28.

7) Today@UCI, <Greater Parental Guidance Suggested for Noisy Toy Use>, http://archive.today.uci.edu/news/release_detail.asp?key=1702

8) Saint Benedict, *The Rule of Saint Benedict*, Timothy Fry, ed.(New York: Vintage, 1998), 16

9) André Louf, *The Cistercian Way*(Kalamazoo, MI: Cistercian Publications,

Inc., 1983), 60

10) Peter France, *Hermits: The Insights of Solitude*(New York: St. Martin's Press, 1996), 29

11) Benedicta Ward, *The Desert Fathers: Sayings of the Early Christian Monks*, revised edition(New York: Penguin Classics, 2003), 2

12) 위의 책, 27

13) Gershom Scholem, *On the Kabbalah and Its Symbolism*, Ralph Manheim, trans.(New York: Schocken Books, 1965), 110-11

14) Avraham Yaakov Finkel, *Kabbalah: Selections from Classic Kabbalistic Works from Raziel HaMalach to the Present Day*(Southfield, MI: Targum Press, Inc., 2002), 203-7

15) Lawrence Fine, *Safed Spirituality: Rules of Mystical Piety*, the Beginnings of Wisdom(Mahwah, NJ: Paulist Press, 1984), 62

16) cited by Gershom Scholem in *Origins of the Kabbalah*, F. J. Zwi Werblowsky, ed., and Allan Arkush, trans.(Princeton, NJ: Princeton University Press, 1990), 450

17) Arthur Green, *Tormented Master: The Life and Spiritual Quest of Rabbi Nahman of Bratslav*(Woodstock, VT: Jewish Lights Printing, 1992), 317

18) <Women Who Prefer Silence>, *New York Times*, 1908. 9. 20.

19) Patrick Leigh Fermor, *A Time to Keep Silence*(New York: New York Review Books Classics, 2007), 52-59

20) Scott G. Bruce, *Silence and Sign Language In Medieval Monasticism: The Cluniac Tradition. c. 900-1200*(Cambridge: Cambridge University Press, 2007), 25-28

21) William S. Walsh, *Curiosities of Popular Customs and of Rites, Ceremonies, Observances, and miscellaneous Antiquities*(Philadelphia: J. B. Lippincott Company, 1897), 190

22) Dr. Adrian Gregory, <The Silence and the History>, in Jonty

Semper, *Kenotaphion*(Charm, 2001)

23) Benedict Julian Hussman, <Voices from the Cloister; Oral Perspectives on the Recent History of New Melleray Abbey>, master's thesis(University of Northern Iowa, 1989. 8.)

24) <Listen to the Warnings>, *Missouri Soybean Farmer*(2004. 1.)

25) Pieter W. van der Horst, <Silent Prayer in Antiquity>, *Numen* 4(1994)

26) Ludwig Wittgenstein, *Tractatus Logico-Philosophicus*, trans. C. K. Ogden(New York: Routledge and Kegan Paul Ltd., 1933), 189

27) Martin Heidegger, *On the Way to Language*, Peter D. Hertz, trans.(San Francisco: HarperSanFrancisco, 1971), 52

28) Max Picard, *The World of Silence*, Stanley Godwin, trans.(Wichita, KS: Eighth Day Press, 2002), 20

29) Keth Basso, <'To Give Up on Words': Silence in Western Apache Culture>, in *A Cultural Approach to Interpersonal Communication: Essential Readings*, Leila Monaghan and Jane Goodman, eds.(Malden, MA: Blackwell Publishing, 2007), 77-87

30) Walsh, 350-52

31) Lucinda Lee Orr, *Journal of a Young Lady of Virginia*(Baltimore, MD: John Murphy and Company, 1871), 44

32) Janice Van Cleve, <Traditions of the Dumb Supper>, *Widdershins* 7, 5(2007. 10.), http://www.widdershins.org/vol7iss5/02.htm

33) Angela Castellanos, <Mapping the Brain's Response to Music: fMRI Studies of Musical Expectations>, *Stanford Scientific Magazine*(2008. 2. 17.)

34) S. S. Stevens and Fred Warshofsky, *Sound and Hearing*(New York: Time Incorporated, 1965), 102-3

35) Morris Kaplan, <Surgeon to Study Noise-Free Tribe>, *New York Times*, 1960. 12. 4.

36) Robert E. Tomasson, <Surgeon Suggests Hearing Tests May Help to Diagnose Heart Ills>, *New York Times*, 1963. 10. 27.

37) Zhe-Xi Luo et al., <A New Eutriconodont Mammal and Evolutionary Development in Early Mammals>, *Nature* 446(2007. 3. 15.), http://www.nature.com/nature/journal/v466/n7133/full/nature05627.html

38) Randall Stross, <Edison the Inventor, Edison the Showman>, *New York Times*, 2007. 3. 11.

39) George Bryan, *Edison: The Man and His Work*(Whitefish, MT: Kessinger Publishing, 2007), 102

40) <Professor Says Hitler Hypnotizes Listeners with Voice at 228 Vibrations a Second>, *New York Times*, 1938. 12. 29.

41) <The Voice of Hitler>, *New York Times*, 1944. 4. 19.

42) <Adolf Hitler's address on His War Aims Before the German Reichstag>, *New York Times*, 1939. 10. 7.

43) Charles Darwin, *The Expression of the Emotions in Man and Animals*(Chicago: University of Chicago Press, 1965), 84

44) Eugene S. Morton, <Animal Communication: What Do Animals Say?>, *The American Biology Teacher* 45, 6(1983. 10.): 343-48; Eugene S. Morton, <On the Occurrence and Significance of Motivation-Structural Rules in Some Bird and Mammal Sounds>, *The American Naturalist* 111, 983(1977. 9-10.): 855-69

45) Herbert N. Casson, *The History of the Telephone*(Chicago: A. C. McClurg & Co., 1910), 153-55

46) Elisabetta Vannoni and Alan G. McElligott, <Low Frequency Groans Indicate Larger and More Dominant Fallow Deer(Dama dama) Males>, *PloS One* 3, 9(2008. 9.): 1-8

47) Kirsten M. Parris, Meah Velik-Lord, and Joanne M. A. North, <Frogs Call at a Higher Pitch in Traffic Noise>, *Ecology and Society* 14, 1(2009), http://www.ecologyandsociety.org/vol14/iss1/art25/

48) John J. Ohala, <The Acoustic Origin of the Smile>, *Journal of the*

Acoustical Society of America 68, S1(1980. 11.): S33

49) John J. Ohala, <The Frequency Code Underlies the Sound-Symbolic use of Voice Pitch>, in *Sound Symbolism*, Leanne Hinton, Johanna Nichols, and John J. Ohala, eds.(Cambridge: Cambridge University Press, 2006), 325-47

50) Reuven Tsur, <Size-Sound Symbolism Revisited>, *Journal of Pragmatics* 38(2006): 905-24

51) Mircea Eliade, *Patterns of Comparative Religion*, Rosemary Sheed, trans.(New York: Sheed & Ward, 1958), 41-42

52) Dr. Kenny Handelman, <White Noise Helps with Concentration in ADD/ADHD>, the ADD ADHD Blog, 2007. 9., http://www.addadhdblog.com/white-noise-helps-with-concentration-in-addadhd

53) Chris Chatham, <When Noise Helps: Stochastic Resonance and ADHD>, Developing Intelligence Blog, 2007. 9. 21., http://scienceblogs.com/developingintelligence/2007/09/when_noise_helps_stochastic_re_1.php; Lucy Jane Miller, 2009년 가을 저자와의 인터뷰

54) M. F. Burnyeat, <Other Lives>, *London Review of Books*, 2007. 2. 22.

55) Marc Lachièze-Rey and Jean-Pierre Luminet, *Celestial Treasury: From the Music of the Spheres to the Conquest of Space*, Joe Laredo, trans.(Cambridge: Cambridge University Press, 2001), 61

56) Edith Wysse, *The Myth of Apollo and Marsyas in the Art of the Italian Renaissance*(Cranbury, NJ: Associated University Presses, 1996), 27-28

57) Brian Brennan, <Augustine's 'De musica'>, *Vigilae Christianae* 42, 3(1988. 9.): 267-81

58) David Ian Miller, <Move Over Madonna>, *SF Gate*, 2008. 7. 28., http://www.sfgate.com/cgi-bin/article/cgi?f=g/a/2008/07/28/findrelig.DTL

59) Aristotle A. Esguerra, <Gregorian Chanting Can Reduce Blood Pressure and Stress>, *Daily Mail*, 2008. 5. 2.

60) Umberto Eco, *Art and Beauty in the Middle Ages*(New Haven, CT: Yale

University Press, 1986), 31

61) Sukhbinder Kumar et al., <Mapping Unpleasantness of Sounds to Their Auditory Representation>, *Journal of Acoustical Society of America* 124, 6(2008. 12.): 3810-17

62) <Hitler at the Top of His Dizzy Path>, *New York Times*, 1933. 2. 5.

63) Leni Riefenstahl, *Leni Riefenstahl: A Memoir*(New York: Picador, 1992), 101

64) Mark Whittle, <Primal Scream: Sounds from the Big Bang>, http://www.astro.virginia.edu/~dmw8f/griffith05/griffith.html

65) Irving Howe, *World of Our Fathers*(New York: Galahad Books, 1994), 257

66) <Mrs. Rice Seeks Noise; And Finds It, Plenty of It, on the East Side>, *New York Times*, 1908. 11. 7.

67) <East Side Pushcart Market About to Vanish>, *New York Times*, 1940. 1. 5.

68) Iegor Reznikoff, <On the Sound Dimension of Prehistoric Painted Caves and Rocks>, in *Musical Signification: Essays on the Semiotic Theory and Analysis of Music*, Eero Tarasti, ed.(Berlin: Mouton de Gruyter, 1995), 547

69) Iegor Reznikoff, <On Primitive Elements of Musical Meaning>, *JMM: The Journal of Music and Meaning* 3(Fall 2004/Winter 2005)

70) Scott S. Wiltermuth and Chip Heath, <Synchrony and Cooperation>, *Psychological Science* 3, 2(2009): 3

71) F. H. McConnell, <Riveting to Rhythm>, *New York Times*, 1941. 8. 31.

72) Michael Bauer, <Is Noise Hazardous to Your Health>, Between Meals blog, 2007. 8. 16. http://www.sfgate.com/cgi=bin/blogs/mbauer/detail?blogid=26&entry_id=19428

73) Ronald E. Milliman, <The Influence of background Music on the

Behaviour of Restaurant Patrons>, *Journal of Consumer Research* 13(1986. 9.): 286-89

74) Vincent Bozzi, <Eat to the Beat>, *Psychology Today* 20(1986. 2.): 16

75) Andrea Petersen, <Restaurants: Restaurants Bring In da Noise to Keep Out da Nerds>, *The Wall Street Journal*, 1997. 12. 30.

76) Nicholas Guéguen et al., <Sound Level of Environmental Music and Drinking Behavior: A Field Experiment with Beer Drinkers>, *Alcoholism: Clinical and Environmental Research* 32, 10(2008. 10.)

77) Michelangelo Iannone et al., <Electrocortical Effects of MDMA Are Potentiated by Acoustic Stimulation in Rats>, *BMC Neuroscience* 7, 13(2006. 2. 16.)

78) C. Ferber and M. Cabanac, <Influence of Noise on Gustatory Affective Ratings and Preference for Sweet or Salt>, *Appetite* 8, 3(1987. 6.): 229-35

79) Massimiliano Zampini and Charles Spence, <The Role of Auditory Cues in Modulating the Perceived Crispness and Staleness of Potato Chips>, *Journal of Sensory Studies* 19, 5(2004. 10.): 347-63

80) Wikipedia, Arrowhead Stadium, http://armchairgm.wikia.com/Arrowhead_Stadium

81) Frank Schwab, <Visitors Not Welcome/Rowdy Fans in the 'Black Hole' Make Games>, *The Gazette*, 2003. 11. 30.

82) MCT News Service, <Autzen is a nightmare for opposing teams; can USC handle hostile pregon crowd?>, *Daily Press*, 2009. 10. 28.

83) John Branch, <For N.F.L., Crowd Noise Is a Headache>, *New York Times*, 2006. 9. 24.

84) <In Seattle, 49ers Must Deal with Crowd Noise>, *The Mercury News*, 2008. 9. 13.

85) Doug Robinson, <Games Have Gotten Way Too Loud>, *Deseret News*, 2008. 5. 27.

86) Judy Battista, <Colts' Crowd Noise Is 'Like a Loud Train That

Never Stops'>, *New York Times*, 2006. 1. 15.

87) Karen M. Warkentin, <How Do Embryos Assess Risk? Vibrational Cues in Predator-Induced Hatching of Red-eyed Treefrogs>, *Animal Behaviour* 70, 1(2005. 7. 2.): 59-71

88) <Roar of Cities Has Musical Undertone>, *New York Times*, 1931. 1. 4.

89) Warren Moscow, <Protests Cause End Tonight of Grand Central Broadcasts>, *New York Times*, 1950. 1. 2.

90) Ralph Blumenthal, <Paley Is Donation a Vest Pocket Park to the City on Stork Club Site>, *New York Times*, 1967. 2. 2.

91) Jack Manning, <Tiny Paley Park Opens with a Splash>, *New York Times*, 1967. 5. 24.

92) <To Reduce City's Din>, *New York Times*, 1967. 6. 5.

93) Thomas P. F. Hoving, <Think Big About Small Parks>, *New York Times*, 1966. 4. 10.

94) William H. Whyte, <Please Just a Nice Place to Sit>, *New York Times*, 1972. 12. 3.

95) Gilbert Chinard, <The American Philosophical Society and the Early History of Forestry in America>, *American Philosophical Society Proceedings* 89, 2(1945. 7.)

96) Michael Fried, *Absorption and Theatricality*(Chicago: University of Chicago Press, 1981), 78

97) 위의 책, 41

98) Ladislav Kesner, <The Role of Cognitive Competence in the Art Museum Experience>, *Museum Management and Curatorship* 21, 1(2006. 3.): 1-16

99) F. T. Marinetti, *Futurist Manifesto*, Umbro Apollonio, ed., Robert Brain et al., trans.(New York: Viking Press, 1973), 19-24

100) Luigi Russolo, <The Art of Noises: A Futurist Manifesto(1913. 3.)> in *Modernism: An Anthology*, Lawrence S. Rainey, ed.(Malden, MA: Blackwell

Publishing, 2005), 23

101) Marjorie Perloff, <'Violence and Precision': The Manifesto as Art Form>, *Chicago Review* 34, 2(Sping 1984), http://humanities.uchicago.edu/orgs/review/60th/pdfs/56perloff.pdf

102) Anne Bowler, <Politics as Art: Italian Futurism and Fascism>, *Theory and Society* 20, 6(1991. 12.): 763–94

103) F. T. Marinetti, <Futurist Venice>, *New York Times*, 1910. 7. 24.

104) *Early Western Travels: 1748-1846*, Reuben Gold Thwaite, ed.(Cleveland, OH: Arthur H. Clark Company, 1905), 230

105) Friedrich Nietzsche, *Twilight of the Idols*, R. J. Hollingdale, trans.(London: Penguin Books, 1990), 31

106) Luigi Russolo, *The Art of Noises*, Barclay Brown, trans.(New York: Pendragon Press, 1986), 26

107) <Rome Starts Drive to Suppress Noise>, *New York Times*, 1925. 10. 17.

108) Bettina Boxall, <Sound of Music?>, *Los Angeles Times*, 1989. 7. 16.

109) Lawrence Baron, <Noise and Degeneration: Theodor Lessing's Crusade for Quiet>, *Journal of Contemporary History* 17, 1(1982. 1.): 165-78

110) Texas Environmental Profiles, http://www.texasep/org/html/air/air_5mob_carred.html

111) Tom Vanderbilt, *Traffic*(New York: Knopf, 2008), 131

112) Quiet Solution Decibel Chart, http://www.quietsolution.com/Noise_Levels/pdf

113) European Environment Agency, <Transport at a Crossroads: TERM 2008: Indicators Tracking Transport and Environment in the European Union>, EEA Report no.3/2009(Copenhagen, 2009)

114) Compound Security, http://www.compoundsecurity.co.uk/mosquito-products-0

115) <Teen-Repellent to Be Regulated>, *Health24*(2008. 4.), www.health24.com/news/Teens/1-950,45864.asp

116) Melissa Block, <Teens Turn 'Repeller' Into Adult-Proof Ringtone>, *NPR*, 2006. 5. 26.

117) Dr. Amanda Harry, <Wind Turbines, Noise and Health>, 2007. 2., http://www.windturbinenoisehealthhumanrights.com/wtnoise_health_2007_a_barry.pdf

118) Clive Stafford Smith, <Welcome to 'the Disco'>, *The Guardian*, 2008. 6. 19.

119) Cynthia Kellogg, <Music in Dentist's Chair Soothes Child and Adults>, *New York Times*, 1960. 8. 12.; Thomas E. Morosko and Fred F. Simmons, <The Effect of Audio-Analgesia on Pain Threshold and Pain Tolerance>, *Journal of Dental Research* 45(1966): 1608-17

120) Stacy V. Jones, <New Device for Seeing in Dark>, *New York Times*, 1961. 6. 3.

121) Benjamin Schwaid, <Audio-Analgesia May Be Hazardous>, The *Journal of the American Dental Society of Anesthesiology* 7, 10(1960. 12.): 24-25

122) Sound Pain Relief, http://www.soundpainrelief.com

123) Ron Alexander, <Stereo-to-Go and Only You Can Hear It; For the Thinking Man>, *New York Times*, 1980. 7. 7.

124) Georgia Harbison, J. D. Reed, and Nick Balberman, <A Great Way to Snub the World>, *Time*, 1981. 5. 18.

125) Steve Crandall, <Sony Walkman History>, tingilinde blog, 2003. 10. 19., http://tingilinde/typepad.com/starstuff/2003/10/sony_walkman_hi.html

126) <Classic Sony Walkman Commercial>, YouTube, 1985. 6. 8., http://www.youtube.com/watch?v=iO8FDPtN_8M

127) 2009년 9월 9일, 샌프란시스코에서 열린 애플 로큰롤 이벤트에

서 마케팅 담당 수석부사장인 필 실러(Phil Schiller)가 발표하였다.

128) Priya Johnson, <Timeline and the History of the Walkman>, Buzzle.com, 2009. 4. 30., http://www.buzzle.com/articles/timeline-and-history-of-the-walkman.html

129) Census figures, http://www.nyc.gov/html/dcp/pdf/census/1790-2000_nyc_total_foreign_birth.pdf

130) http://www.demographia.com/dm-lonarea.htm

131) Tokyo Statistical Yearbook 2005, http://www.toukei.metro.tokyo.jp/tnenkan/2005/tn05qyte0510b.htm

132) Dawn Foster, <Why I Love My iPod(Yes, This Is Work-Related)>, Web Worker Daily, 2009. 1. 2., http://webworkerdaily.com/2009/01/02/why-i-love-my-ipod-yes-this-is-work-related/

133) Gina Hughes, <One in 10 Minor Traffic Accidents Caused by 'Podestrians'>, Yahoo Tech blog, 2008. 10. 9., http://tech.yahoo.com/blogs/hughes/34543

134) Joyce Purnick, <Council Bill Seeks Headphone Curbs>, *New York Times*, 1982. 8. 19.

135) <Jersey Township Passes Curb on Headphones>, *New York Times*, 1982. 7. 12.

136) <New iPod Listening Study Shows Surprising Behavior of Teens>, ScienceDaily, 2009. 2. 28., http://www.sciencedaily.com/releases/2009/02/090218135054.htm

137) Noise-Con 2008, Hyatt Regency, Dearborn, Michigan, 2008. 7. 28-31.

138) <Ancient Greek Amphitheater: Why You Can Hear from Back Row>, ScienceDaily, 2007. 4. 6., http://www.sciencedaily.com/releases/2007/04/070404162237.htm

139) Theodore H. M. Prudon, <Deafening: An Early Form of Sound

Insulation>, *Bulletin of the Association for Preservation Technology* 7, 4(1975): 5-132

140) Thomas Carlyle to Geraldine E. Jewsbury, 1840. 6. 15., The Carlyle Letters Online: A Victorian Cultural Reference(Durham, NC: Duke University Press), http://carlyleletters.dukejournals.org/cgi/content/full/12/1/It-18400615-TC-GEJ-01?maxtoshow=&HITS=10&hits=10&RESULTFORMAT=&fulltext=%22SILENCE+SILENCE%22&searchid=1&FIRSTINDEX=0&resourcetype=HWCIT

141) John M. Picker, <The Soundproof Study: Victorian Professionals, Work Space, and Urban Noise>, *Victorian Studies* 42, 3(1999. 4. 1.): 427-53

142) Thomas Carlyle to James Marshall, 1853. 9. 19., The Carlyle Letters Online, http://carlyleletters.dukejournals.org/cgi/content/full/28/1/It-18530919-TC-JMA-01?maxtoshow=&HITS=10&hits=10&RESULTFORMAT=&fulltext=We+are+again+building&searchid=1&FIRSTINDEX=0&resourcetype=HWCIT

143) Jane Carlyle to Thomas Carlyle, 1853. 12. 19., The Carlyle Letters Online, under Sourcenote, http://carlyleletters.dukejournals.org/cgi/content/full/28/1/It-18531219-JWC-TC-01?maxtoshow=&HITS=10&hits=10&RESULTFORMAT=&fulltext=%22our+house+once+more+a+mere+dust-cloud&searchid=1&FIRSTINDEX=0&resourcetype=HWCIT

144) Jane Carlyle to John A. Carlyle, 1852. 7. 27., The Carlyle Letters Online, http://carlyleletters.dukejournals.org/cgi/content/full/27/1/It-18520727-JWC-JAC-01?maxtoshow=&HITS=10&hits=10&RESULTFORMAT=&fulltext=%22Now+that+I+feel+the+noise%22&searchid=1&FIRSTINDEX=0&resourcetype=HWCIT

145) <Carlyle's Soundproof Room>, *New York Times*, 1886. 2. 24.

146) Jane Carlyle to Thomas Carlyle, 1853. 7. 21., The Carlyle Letters Online, under Sourcenote, http://carlyleletters.dukejournals.org/cgi/content/full/28/1/It-18530721-JWC-TC-01?maxtoshow=&HITS=10&hits=10&RESULTFORMAT=&fulltext=%22was+a+flattering+delusion%22&searchid=1&FIRSTINDEX=0&resourcetype=HWCIT#FN6_REF

147) Franz Kafka, *Letters to Felice*, Erich Heller and Jurgen Börn, eds., James Stern and Elizabeth Duckworth, trans.(New York: Schocken Books, 1973), 449

148) Floyd Watson, *Sound-proof Partitions: An Investigation of the Acoustic Properties of Various Building Materials with Practical Applications*(Urbana, IL: University of Illinois Bulletin, 1922. 3.), http://www.archive.org/stream/soundproofpartit00watsuoft#page/n1/mode/2up

149) Shepherd Ivory Franz, <A noiseless Room for Sound Experiments>, *Science* 26, 677(1977. 12. 20.): 878-81

150) John Cage, *Silence*(Middletown, CT: Wesleyan University Press, 1961), 8

151) advertisement, *Western Architect & Engineer* 52-53(1918): 152

152) <Use Seaweed for Soundproofing>, *New York Times*, 1929. 2. 17.

153) <Silent House Shown: Doors of One at London Can Be Slammed Without Noise>, *New York Times*, 1930. 9. 21.

154) <Problem of Sound-Proof House Engages Bureau of Standards>, *New York Times*, 1927. 10. 2.

155) <Sing Sing Chapel Opened: Sound-Proof Partitions Permit Two Services There at One Time>, *New York Times*, 1929. 9. 2.

156) <Lighter Views of Life in New York City>, *New York Times*, 1909. 5. 2.

157) R. V. Parsons, *Station WJZ*, 1929. 12. 26.

158) <Anti-Noise Experts Experiment in Secret: Find Their Sound-Proof Room a 'Torture Chamber' When City's Clamor Is Reproduced There>, *New York Times*, 1930. 4. 24.

159) <Longer Life Amidst Noise but Bad Effects Noted Also>, *The Science News-Letter* 30, 802(1936. 8. 22.): 119

160) Super Soundproofing Community Forum, 2008. 5. 7., http://supersoundproofing.com/forum/index.php?topic=2262.0

161) Marina Murphy, <'Silence Machine' Zaps Unwanted Noise>, *New Scientist, 2002. 3. 28.*

162) Gladwin Hill, <Clamor Against Noise Rises Around the Globe>, *New York Times*, 1972. 9. 3.

163) <Mayor La Guardia's Plea and Proclamation in War on Noise>, *New York Times*, 1935. 10. 1.

164) <Whole City Joins in War on Noise>, *New York Times*, 1935. 10. 6.

165) <It's Still Bedlam-on-the-Subway>, *New York Times*, 1940. 9. 29.

166) Arnaldo Cortesi, <Rome a New City in Humbler Things>, *New York Times*, 1933. 9. 10.

167) <Physicians Combine to Abolish Noise>, *New York Times,* 1912. 8. 5.

168) Henry Strauss, <The Law and Noise: Wartime Regulations>, *Quiet* 2, no. 12 (1941. 3.): pp.13-14

169) Mrs. John A. Logan, *The Part Taken by Women in American History*(Wilmington, DE: Perry-Nalle Publishing Co., 1912), 602

170) Christopher Gray, <A Fading Reminder of Turn-of-the-Century Elegance>, *New York Times,* 1997. 8. 24.

171) batgirl, <Rice's Gambit>, Chess.com, 2008. 9. 29., http://blog.chess.com/batgirl/rices-gambit

172) Mrs. Isaac Rice, <An Effort to Suppress Noise>, *Forum* 37, 4(1906. 4.). 이 글에는 줄리아가 예인선의 소음에 대항해 행한 다각도의 노력과 사건 전말이 자세히 기록되어 있다.

173) <River Craft Ordered to End Their Noise>, *New York Times*, 1906. 11. 25.

174) <Two Skippers Up for Loud Tooting>, *New York Times*, 1907. 5. 9.

175) <Mrs. Rice Put at Head of Anti-Noise Society>, *New York Times*, 1907. 1. 15.

176) <Canned Din Phonograph>, *New York Times*, 1908. 10. 31.

177) <Makes Quiet Zones for City Hospitals>, *New York Times*, 1907. 6. 24.

178) Mrs. Isaac Rice, <The Children's Hospital Branch of the Society for the Suppression of Unnecessary Noise>, *Forum* 39, 4(1908. 4.). 이 에세이에는 병원 내 정숙 공간을 마련하는 운동의 과정이 상세하게 쓰여 있다.

179) Frank Parker, <The War>, *The New McClure's*, 1928. 12.

180) <Automobile Cars Barred: Jefferson Seligman and Isaac L. Rice Lose Park Permits>, *New York Times*, 1899. 12. 16.

181) Frank L. Valiant, <Motor Cycling Fad Strikes Fair Sex>, *New York Times*, 1911. 1. 15.

182) <From Her Sick Bed Plans New Flights>, *New York Times*, 1916. 11. 28.

183) E. E. Free, <How Noisy Is New York?>, *Forum* 75, 3(1926. 2.): 21-24

184) Shirley H. Wynne, <Saving New York from Its Own Raucous Din>, *New York Times*, 1930. 8. 3.

185) Mrs. Isaac Rice, <An Effort to Suppress Noise>

186) http://ec.europa.eu/environment/noise/directive.htm

187) <Harley-Davidson: The Sound of a Legend>, *Automotive Industries*(2002. 11.), http://findartcles.com/p/articles/mi_m3012/is_11_182_ai_95614097/?tag=content;col1

188) Paul Jennings, 2008년 봄 저자와의 인터뷰

189) Max Dixon, 저자에게 보낸 이메일

190) Jian Kang, Wei Yang, and Dr. Mei Zhang, <Sound Environment and Acoustic Comfort in Urban Spaces>, in *Designing Open Spaces in the Urban Environment: A Bioclimatic Approach*, Dr. Marialena Nikopoulou, ed.(Center for Renewable Energy Sources, 2004), 32-37, http://alpha.cres.gr/ruros/dg_en.pdf

191) G. R. Watts et al., <Investigation of Water Generated Sounds for

Masking Noise and Improving Tranquillity>, presented at Inter-Noise 2008: From Silence to Harmony, Shanghai, China, 2008. 10. 26-28., http://tadn.net/blog/wp-content/uploads/2008/10/in08_0375.pdf

192) The Gigdoggy blog, <Groove Encrusted Asphalt to Bring Musical Roads at the Top of the Charts>, 2008. 9. 23. http://gigdoggy.wordpress.com/2008/09/23/groove-encrusted-asphalt-to-bring-musical-roads-at-the-top-of-the-charts/

193) Jorge Luis Borges, <On Exactitude in Science>, Andrew Hurtey, trans. in *Collector Fiction*(New York: Viking, 1998), 325

194) Henry J. Spooner, <The Progress of Noise Abatement>, in *City Noise II*, James Flexner, ed.(New York Department of Health, 1932), 27-37

195) *City Noise: The Report of the Commission Appointed by Dr. Shirley W. Wynne, Commission of Health, to Study Noise In New York City and to Develop Means of Abating It,* Edward F. Brown et al., eds.(New York: Department of Health, 1930), 273

196) *City Noise II*, James Flexner, ed.(New York: Department of Health, 1932)

197) Marie Evans Schmidt et al., <The Effects of Background Television on the Toy Play Behavior of Very Young Children>, www.srcd.org/journals/cdev/0-0/Schmidt.pdf

198) <Brains of Autistic Children Slower at Processing Sound>, *New Scientist*(2008. 12. 1.), http://www.newscientist.com/article/dn16174-brains-of-autistic-children-slower-at-processing-sound.html

199) Japanese Buddhist Statuary, http://www.onmarkproductions.com/html/dragon.shtml

200) Graham Parkes, <Further Reflection on the Rock Garden of Ryōanji: From Yūgen to Kire-tsuzuki,> in *The Aesthetic Turn: Reading Eliot Deutsch on Comparative Philosophy*, Roger T. Ames, ed.(Peru, IL: Open Court Publishing Company, 2000), 15-17

201) Eliot Deutsch, *Studies in Comparative Aesthetics*(Honolulu: University of Hawaii Press, 1975), 25-32

202) Yuriko Saito, <The Japanese Aesthetics of Imperfection and Insufficiency>, *The Journal of Aesthetics and Art Criticism* 55, 4(Autumn 1997): 377-85

203) A. L. Sadler, <The Tea Philosophy of Japan, a Western Evaluation>, *Pacific Affairs* 2, 10(1929. 10.): 635-44

204) *The Deaf Experience: Classics in Language and Education*, Harlan Lane, ed.(Washington, DC: Gallaudet University Press, 2006), 37

205) Jonathan Rée, *I See a Voice: Deafness, Language and the Senses—A Philosophical History*(New York: Metropolitan Books, 1999), 185-86

206) M. Miles, <Deaf People Living and Communication in African Histories, c. 960s–1960s>, *Independent Living Institute*(2005), http://www.independentliving.org/docs7/miles2005a/html

207) Josh Swiller, 저자와의 메신저 대화에서. 2009. 1. 30.

208) Frederick Law Olmsted, <Report of Olmsted, Vaux & Co., Architects>, in Edward Miner Gallaudet, *History of the College for the Deaf 1857-1907*(Washington, DC: Gallaudet College Press, 1983), 236-38

209) Le Corbusier, *Toward a New Architecture*(New York: Dover Publications, 1986), 29-30

210) Louis Kahn, <Silence and Light II>, in *Louis Kahn: Essential Texts*, Robert Twombly, ed.(New York: W. W. Norton & Company, 2003), 232, 240

211) Louis Kahn, <Space and the Inspirations>, in *Louis Kahn: Essential Texts*, 225

212) Rebfile.com, www.rebfile.com/quietpartyabout.htm

213) V. S. Ramachandran and E. M. Hubbard, <Synaesthesia—A Window into Perception, Thought and Language>, *Journal of Consciousness Studies* 8, 12(2001): 3-34

214) Dalai Lama, Werner Herzog와의 인터뷰, *Wheel of Time*(Werner Herzog Filmproducktion, 2003)

215) Louis Kahn, <Silence and Light II>, 236

216) Charles Darwin, *The Origin of Species*(New York: New American Library, 1958), 80

217) Adam Phillips, *Darwin's Worms: On Life Stories and Death Stories*(New York: Basic Books, 2000)

218) Charles Darwin, *The Voyage of the Beagle*(New York: Modern Library, 2001), 12

219) Charles Darwin, *The Life and Letters of Charles Darwin: Including an Autobiographical Chapter, volume 1*, Francis Darwin, ed.(London: John Murray, 1887), 77

220) Charles Darwin, <On the Formation of Mould>, *Proceedings of the Geological Society of London* 2(1938): 576

221) John Cage, *Silence*(Middletown, CT: Wesleyan University Press, 1961), 8

222) Lawrence Baron, <Noise and Degeneration: Theodor Lessing's Crusade for Quiet>, *Journal of Contemporary History* 17, 1(1982. 1.): 165-78

223) Theodor Lessing, <Jewish Self-Hatred>, in *The Weimar Sourcebook*, Anton Kaes, Martin Jay, and Edward Dimendberg, eds.(Berkeley and Los Angeles: University of California Press, 1994), 271

224) <Germans to War on Street Noises>, *New York Times*, 1908. 8. 9.

225) <Lessing German Refugee, Slain in Prague; Attacks on Others Abroad Are Feared>, *New York Times*, 1933. 8. 31.

226) *Sounder City: The Mayor's Ambient Noise Strategy*(London: Greater London Authority, 2004), 181-87

227) Mistra: The Foundation for Strategic Environmental Research, <The Right to a Good Soundscape>, 2008. 2. 29. www.mistra-research.se/mistra/english/news/news/therighttoagoodsoundscpae.5.61632b5e117dec92f47800028

054.html

228) Mary Beard, *The Fires of Vesuvius: Pompeii Lost and Found*(Cambridge, MA: Belknap Press of Harvard University Press, 2008), 62

229) *City Noise: The Report of the Commission Appointed by Dr. Shirley W. Wynne, Commission of Health, to Study Noise In New York City and to Develop Means of Abating It*, Edward F. Brown et al., eds.(New York: Department of Health, 1930), 5-6

230) Maurice Merleau-Ponty, *The Visible and the Invisible*, Alphonso Lingis, trans.(Evanston, IL: Northwestern University Press, 1968), 197

찾아보기

ㄱ

갤로뎃대학(Gallaudet University) 192, 277~280, 285~288, 290~294, 300

관타나모 만(Guantánamo Bay) 185

그래퍼폰(graphophone) 241

그린 글루(Green Glue) 203, 204

그린에이커 공원(Greenacre Park) 138

기본 주파수(fundamental frequency) 82, 84, 90~92, 94

김록호 박사 234

ㄴ-ㄷ

나만(Nahman of Bratslav) 39, 40

뉴 멜러레이 수도원(New Melleray Abbey) 28, 33, 35, 47, 53, 55, 329

뉴욕 시 소음감소위원회(New York City Noise Abatement Commission) 213, 264, 265

다니엘 게이도스(Daniel Gaydos) 84~92, 183, 204

다도(茶道) 268~274, 297, 329

더그 만벨(Doug Manvell) 247~250, 255, 256, 258, 261

데시벨 드래그 레이스(dB Drag Race) 146, 169, 173~177

드니 디드로(Denis Diderot) 140

디륵센 바우만(Dirksen Bauman) 192, 294

ㄹ

랑세(Rancé) 44

레니 리펜슈탈(Reni Riefenstahl) 95

로버트 서베이지(Robert Sirvage) 294~297

로빈 버틀러(Robin Butler) 155~169, 172

루이 프랑수아 조제프 알로이(Louis-François-Joseph Alhoy) 280

루이스 칸(Louis Kahn) 276, 289, 300

루이지 루솔로(Luigi Russolo) 148

루트비히 비트겐슈타인(Ludwig Wittgenstein) 52

루트비히 판 베토벤(Ludwig van Beethoven) 73, 74

르 코르뷔지에(Le Corbusier) 288

르포르텔(Le Portel) 107

리디아 글로직 소반스카(Lidia Glodzik-Sobanska) 41, 96

리미티드(The Limited) 109

리앤 플래스크(Leanne Flask) 101, 103~110, 304

리케 헤프너(Rickye Heffner) 58~66, 72, 73

ㅁ

마르틴 하이데거(Martin Heidegger) 29, 52
마리오 스버스키(Mario Svirsky) 14, 15
마반 부족(Mabaan tribe) 66, 67
마이클 메르체니히(Michael Merzenich) 265, 266
마이클 코로스트(Michael Chorost) 279
마크 휘틀(Mark Whittle) 95
마터호른(Matterhorn) 182~184
막스 피카르트(Max Picard) 30, 52
맥스 딕슨(Max Dixon) 251, 317
모리스 메를로 퐁티(Maurice Merleau-Ponty) 329
모스키토(Mosquito™) 181
뮤자크(Muzak) 110, 111, 128, 129
미니 공원(pocket park) 136~139, 324
미래파(Futurist) 147~151, 184

ㅂ

배음(倍音, harmonic overtone) 92~96, 185
백색소음(white noise) 20, 86, 125, 178, 265, 266
버즈 톰슨(Buzz Thompson) 172, 173, 176~178, 182
버지니아 하몬(Virginia Harmon) 268~275
베니토 무솔리니(Benito Mussolini) 232
베이스 레이스(Bass Race) 146, 174, 175, 177
베이스의 왕(King of Bass) → 토미 맥키니
볼프강 쾰러(Wolfgang Köhler) 295
불필요한 소음 억제 협회(Society for the Suppression of Unnecessary Noise) 237, 240, 242
붐 박스(boom box) 152
붐 카(boom car) 151~155, 158, 160, 178, 182, 235, 326
브루스 매스터턴(Bruce Masterton) 60, 62, 81
브루클린 프렌드 모임(Brooklyn Friends Meeting) 9
브뤼엘 앤드 케아(Brüel & Kjær) 246~255, 260
비노드 메논(Vinod Menon) 56
빅 레드(Big Red) 161~168, 172
빅뱅(big bang) 95, 96, 329
빨간눈청개구리 연구 124, 125

ㅅ

사막 교부(Desert Fathers) 36
사무엘 로젠(Samuel Rosen) 66, 67
사무엘 캐벗(Samuel Cabot) 211
사운드 필터링(sound filtering) → 소리 여과
서브우퍼(subwoofer) 173, 177, 182, 183, 205, 224
선종(禪宗) 52, 269, 270
성 베네딕트(Saint Benedict) 28, 35
세계보건기구(WHO, World Health Organization) 231, 234, 259, 260, 261
센 리큐(Sen Rikyu) 270~275, 297
셜리 윈(Shirley Wynne) 213, 245
셰퍼드 아이보리 프란츠(Shepherd Ivory

Franz) 210
소리 그늘(sound shadow) 61, 64, 216, 225
소리 여과 15
『소음(Der Lärm)』 314
소음 제거 기술(Noise-cacellation technology) 216
소음 중화 장치(Silence Machine) 216, 225
소음 지도(noise map) 245~248, 253, 255~260
소음 회의(Noise-Con) 199, 203, 215, 226
소음규제법(Noise Control Act) 233
소음 방지 법률 158, 164
쇠얀 키르케고르(Søren Kierkegaard) 264
수니 윌리엄스(Suni Williams) 12~14, 307
슈퍼 사운드프루핑 커뮤니티 포럼(Super Soundproofing Community Forum) 215
시토 수도회(Cistercian Order) 28, 44, 50, 89, 307

ㅇ

아돌프 히틀러(Adolf Hitler) 78, 79, 94, 95, 315
아리모토(Dr. Arimoto) 213, 214
압바스 디아도쿠스(Abbas Diadochus) 36
아이제너레이션(iGeneration) 188, 191
아이팟(iPod) 85, 104, 178, 185~195, 225, 266
아잔 차(Ajahn Chah) 23, 24
알라인 브론자프트(Arline Bronzaft) 327
애버크롬비 앤드 피치(A&F, Abercrombie & Fitch) 101~109
앤디 니미엑(Andy Niemiec) 92~94, 185
앤디 폴락(Andy Pollack) 217~221
야노코노돈(Yanoconodon) 73, 74
어빙 하우(Irving Howe) 102
에피다우루스(Epidaurus) 205
엠피스리 핌프(MP3 Pimp) → 로빈 버틀러
예고르 레즈니코프(Iegor Reznikoff) 107, 108
오디세우스(Odysseus) 205
오디악(Audiac) 185, 186, 191
워크맨(Walkman) 187~195, 282
월리스 가드너(Wallace Gardner) 185, 186
위트레흐트 방(Utrecht chamber) 210, 211
윌리엄 브레이드 화이트(William Braid White) 125~128
윌리엄 페일리(William Paley) 136
유럽연합(EU, European Union) 180, 245, 247, 255, 256, 258
유럽소음강령(END, European Noise Directive) 247, 255~260
유럽환경청(European Environment Agency) 180, 259, 260
유모세포(有毛細胞, hair cell) 63, 65, 96, 223
음향 망토(acoustic cloak) 216
음향 세계 형성(soundscaping) 248~254
이삭 라이스(Isaac Rice) 237, 240, 243
이삭 루리아(Isaac Luria) 38~40

ㅈ

자폐증(autism) 86, 266, 334

전경음악(foreground music) 128

제임스 잭슨 퍼트넘(James Jackson Putnam) 232

조나단 디무스(Jonathan Demuth) 173, 174

조시 스윌러(Josh Swiller) 284

존 케이지(John Cage) 210, 211, 309

『종의 기원(The Origin of Species)』 305

주파수(frequency) 15, 20, 58, 61, 62, 78, 82, 83, 87, 90~94, 124, 125, 130, 173, 181, 182, 184, 203,

줄리아 바넷 라이스(Julia Barnett Rice) 102, 236~246, 259, 313~315

짐 허즈페스(Jim Hudspeth) 65, 194, 222, 223

쩌시 루오(Zhe-Xi Luo) 73~75

ㅊ

찰스 다윈(Charles Darwin) 79, 80, 305, 306

청각장애 건축(Deaf Architecture) 277, 278, 288, 295

청각장애 공간(Deaf Space) 276~281, 285~289, 293~299

청력 진화 59, 73, 75

청력계(Audiometer) 244, 245

침묵 파티(Quiet Party) 290, 291, 325

침묵의 여왕(Queen of Silence) → 줄리아 바넷 라이스

침묵의 창문(silent windows) 15, 16

침묵하는 홀어미(Silent Widows) 43

ㅋ—ㅌ

카를 라너(Karl Rahner) 51

케빈 버나드 진(Kevin Bernard Ginn) 249, 250

콜린 누젠트(Colin Nugent) 256~261

퀘이커 교도(Quaker) 9~11, 275

퀘이커프렌드스쿨(Quaker Friends School) 322, 323

테오도르 레싱(Theodor Lessing) 152, 153, 313~316

토니 라콜루치(Toni Lacolucci) 282~284

토마스 에디슨(Thomas Edison) 73, 74

토마스 칼라일((Thomas Carlyle) 206~209, 215, 306

토미 맥키니(Tommy McKinnie) 146, 147, 169~175

톰 댄리(Tom Danley) 182, 183

트라피스트(Trappist) 23, 28, 29, 35, 42, 44, 48

트리스탄 에드워즈(Tristan Edwards) 212

팀 메이너(Tim Maynor) 173, 174

ㅍ

퍼시 피츠패트릭(Percy Fitzpatrick) 45

페일리 공원(Paley Park) 136~138

포르피리오스(Porphyrios) 51

포틀랜드 재패니즈 가든(Portland Japanese Garden) 268~276

풋볼 경기장 115~119

프란츠 카프카(Franz Kafka) 209

프레더릭 로 옴스테드(Frederick Law Olmsted) 285

프레이저(Dr. Frazer) 43, 44

프리드리히 니체(Friedrich Nietzsche) 149, 150, 313

플로리다SPL(Sound Pressure Level) 147, 154, 155, 160, 167, 172

플로이드 왓슨(Floyd Watson) 209

피오렐로 라과디아(Fiorello La Guardia) 102, 231

피타고라스(Pythagoras) 87, 88, 90

필리포 토마소 마리네티(Filippo Tommaso Marinetti) 147~151

ㅎ

하워드 스테이플턴(Howard Stapleton) 181

틴 버즈(Teen Buzz) 181, 182

한젤 바우만(Hansel Bauman) 276~278, 285~294, 297~299

할리 데이비슨(Harley-Davidson) 248

헨리 데이비드 소로(Henry David Thoreau) 14

헨리 스푸너(Henry Spooner) 260, 264

헨리 헤프너(Henry Heffner) 59, 60

호르헤 루이스 보르헤스(Jorge Luis Borges) 255, 258

후지마키(Dr. Fujimaki) 213, 214

고즈윈은 좋은책을 읽는 독자를 섬깁니다.
당신을 닮은 좋은책—고즈윈

침묵의 추구

조지 프로흐니크 지음
안기순 옮김

1판 1쇄 발행 | 2011. 8. 25.

발행처 | 고즈윈
발행인 | 고세규
신고번호 | 제313-2004-00095호
신고일자 | 2004. 4. 21.
(121-896) 서울특별시 마포구 동교로13길 34(서교동 474-13)
전화 02)325-5676 팩시밀리 02)333-5980

값은 표지에 있습니다.
ISBN 978-89-92975-57-5

고즈윈은 항상 책을 읽는 독자의 기쁨을 생각합니다.
고즈윈은 좋은책이 독자에게 행복을 전한다고 믿습니다.